本书修订版得到教育部规划基金项目"国家公私产法律制度研究"（项目编号：13YJA820022）、江苏省高校优秀中青年教师和校长境外研修计划和江苏省"333"工程项目资助。

修订版

国有财产法原理研究

——"国有资产法"正本清源之一

李昌庚 著

RESEARCH ON THE PRINCIPLES OF
STATE-OWNED PROPERTY LAW

中国社会科学出版社

图书在版编目(CIP)数据

国有财产法原理研究："国有资产法"正本清源之一 / 李昌庚著 . —北京：中国社会科学出版社，2011.12（2015.1修订版）

ISBN 978 – 7 – 5161 – 0370 – 8

Ⅰ.①国…　Ⅱ.①李…　Ⅲ.①国有资产法 – 研究 – 中国　Ⅳ.①D922.291.04

中国版本图书馆 CIP 数据核字（2011）第 259799 号

出 版 人	赵剑英
责任编辑	任　明
特约编辑	乔继堂
责任校对	安　然
责任印制	何　艳

出　　版	中国社会科学出版社
社　　址	北京鼓楼西大街甲 158 号 （邮编 100720）
网　　址	http：//www. csspw. cn
	中文域名：中国社科网　　010 – 64070619
发 行 部	010 – 84083685
门 市 部	010 – 84029450
经　　销	新华书店及其他书店

印刷装订	北京市兴怀印刷厂
版　　次	2015 年 1 月修订版
印　　次	2015 年 1 月第 1 次印刷

开　　本	710 × 1000　1/16
印　　张	18
插　　页	2
字　　数	297 千字
定　　价	45.00 元

修订版前言

该书第一版是在笔者博士论文基础上修订出版的。当初正值笔者博士毕业不久，加以评聘职称需要，故仓促出版博士论文，似有急功近利之嫌疑。这种"嫌疑"，加上当时条件所限而对博士论文原稿某些观点做了一些调整等因素，从而使该书第一版颇显不足。

虽然理论界和实务界有人认为，中国改革开放30多年来，国有财产暨国企改革基本完成，但笔者一直并不这样认为，并认为国有财产暨国企改革尚未完成的现状恰是阻碍我国市场经济体制完善及其政治体制改革的重要因素。正是基于这种认识，笔者当初博士选题选择了"国有财产法"这个较为冷门的学科！

而这种认识正在被党的十八届三中全会提出的"全面深化改革"及其包括国企新一轮改革等所言中和实践，从而凸显该选题的必要性和重要意义！

如同该书第一版所言，笔者博士论文作为国有财产法"原理篇"仅是国有财产法研究开端，由此将展开后续研究——国有财产法"基本制度篇"和"分支部门法篇"。这种研究的意义不仅仅停留于基础理论研究及其学科建设，更着眼于我国当前的国有财产暨国有企业改革与实践！

因此，笔者其后申报立项了教育部规划基金课题"国家公私产法律制度研究"，展开国有财产法基本制度研究。顺便说明一下，当初申报教育部课题时，课题名称开始选择"国有财产法基本制度研究"，但担心非研究此领域的评审专家认为该题目过于宽泛，故选择了"国家公私产法律制度研究"这一题目，但其实质内容都是一致的。因为国有财产法基本制度研究及其构建均需要从国家公私产或类似划分的角度展开。或许我国诸如此类的项目申报与课题立项也有值得反思与改进之处。

笔者利用美国访学期间，在从事国有财产法基本制度研究时，进一步发现该书第一版的不足，尤其其中关于国家公私产或类似划分的国有财产分类等内容。为此，笔者希望修订完善《国有财产法原理研究》，并在此基础上进一步展开国有财产法基本制度研究，从而完成该书修订版和《国有财产法基本制度研究》两部专著的出版。这既是教育部项目的结项成果，也是对笔者关于国有财产法研究的阶段性总结，从而有利于笔者的进一步后续研究，也有利于我国当前的国有财产暨国企改革实践！

此外，还需说明如下两点：一是笔者利用博士论文修订再版之际，基于条件成熟，还原了博士论文原稿的某些思想观点。而这些思想观点恰恰印证了我国当前国有财产暨国企改革实践！二是该书第一版的副标题是：迈向法治的公共财产，但为了扩大读者面，进一步深化"国有财产法"的理解，从而有别于"国有资产法"，故利用该书修订版之际将该书副标题改为："国有资产法"的正本清源之一。之所以有其"之一"，就在于《国有财产法基本制度研究》将作为"国有资产法"的正本清源之二。

当然，由于笔者能力有限，加上国有财产管理实践经验不足，即便该书修订再版，其中错误与不足也在所难免，故还请读者尤其实务界人士多批评指正！

一版序言

    国有财产法（或人们习惯所称的国有资产法）是我一直以来关注的课题。国有财产古已有之，与国家共始终。而在当代市场经济条件下，伴随着国家职能的转变，国有财产空前地渗入经济和社会生活，愈益承担起经营功能，如基础设施、公用事业、资源开发等，在民生国计、国民经济调控中发挥着不可或缺的作用，在西方国家也俨然成为与私营经济部门相对的另一"极"，更何况社会主义市场经济。这也是公共管理融入经济也即我主张的"经济国家"的题中应有之义。市场经济是法治经济，国有财产法是其中的一个重要组成部分。

    然而，由于国有财产法看似简单、实则贯通一国法律体系的复杂性，迄今鲜见对它的全面深入研究。从民事的角度看，国有财产无非是与私人财产、至多再加上集体财产和团体财产并列的一种物或物权，就是国家的财产或国家对其财产的占有、使用、收益和处分的权利，基于此的研究，不免浅尝辄止。而国有财产的主体是国家，国家对其财产如何管理、决策和利用，是与整个政权体系及其运作密切联系在一起的。从这个角度看，对各种国有财产如资源性、行政事业性和经营性的国有财产作概括而深入的研究，似乎又是一个不可能的任务。

    李昌庚基于一种责任感，选择了国有财产法这一少有人问津而又值得研究的课题，撰写博士论文。其学术勇气和甘坐"冷板凳"的精神，十分可嘉。鉴于我国法学界对国有财产法的研究尚不充分，有许多原理性问题还未解决，因而我建议他，先从"大处"着眼，挖掘、吃透国有财产法的基本原理。

    本专著正是昌庚在博士论文的基础上修改而成，主要是从国家所有权入手，阐述国有财产的概念、特征、国有财产法的历史沿革、中外国有财产法的比较分析、国有财产的市场转型、国有财产的中央与地方关系以及国有财产的立法体系等基本问题。从理论层面看，该专著填补了我国国有财产法领域的研究不足，在国有财产法原理研究方面具有一定的开拓性与创新性，也有利于丰富并完善经济法学研究。从实践层面看，本专著的研究对国有财产的市场转型、理顺国有财产的中央与地方关系、国有财产立法、国有财产法治等也具有诸多启发价值，有利于现实生活中的国有财产从"私产"向"公共财产"转型，并可借此推动我国市场经济体制的进一步完善暨国家的民主法治进程。

值得一提的是，昌庚不是将博士论文作为他研究国有财产法的终结，而是将此作为后续研究的一个起点，以此专著作为国有财产法的原理篇，继而展开国有财产法的具体制度篇和分支部门法篇的研究，进而在后续研究的基础上，再反思和完善国有财产法的基本原理。在学术研究流行急功近利的当下，应该说这是难能可贵的。

当然，如同任何课题研究及专著一样，本课题研究也存在着一些不足。比如所搜集的国外及港澳台地区的国有财产法资料有待进一步挖掘，有关国家所有权的争议与质疑也影响到本专著关于国有财产的定义和范围，源于西方国家的国有财产理论如何与国有财产法的一般规律和现实的中国国情相结合等。这些也是昌庚自己本着学术严谨的态度所感悟到的，并将作为其后续研究的注意事项。尽管如此，瑕不掩瑜！

我欣喜地得知该专著被中国社会科学出版社慧眼所识，将要付梓问世。作为昌庚的博士生导师，我也深感欣慰。期望昌庚以此为新的起点，展开其计划的国有财产法后续研究，为我国国有财产的学术和法治实践作出应有的一份贡献。

是为序！

史际春

2011 年 9 月于人大明德法学楼

目　　录

绪　　论

第一节　选题的背景和意义

在国内，人们习惯把"国有资产"与"国有财产"等同，二者表述的内涵和外延也是相同。因此，早期关于国有财产立法往往称为"国有资产"立法。实际上，"国有财产"与"国有资产"概念不完全相同，可以在不同语境下使用。从法学角度来看，笔者采用"国有财产"及其相应的"国有财产法"概念。[①]

众所周知，早先的"大国资立法思路"最后被"小国资立法思路"所取代，并于2008年出台了《企业国有资产法》。相应的，关于国有财产立法（当初称为"国有资产立法"）长达十多年的争论也暂时尘埃落定。这似乎为此画上了完满句号，但恰恰因此把问题留给了后人。

问题不在于是否有必要立即采纳"大国资立法的思路"，而在于：虽然《企业国有资产法》的颁布已经考虑到了国家出资企业尤其其中的国有企业与其他企业的差异，[②] 但并没有充分考虑到国家所有权的特殊性及其市场定位，即国家所有权与私人所有权实现机制的差异，[③] 从而导致该

[①] 对此，本书第二章节将详细论证。但在尚未论证之前，本"绪论"中涉及"国有财产"的话题即指当时所谓的"国有资产"话题，"国有财产"和"国有资产"常是相互通用。

[②] 国家出资企业与国有企业是不同的概念。对此，本书第二章节将详细论证。

[③] 民法学界关于所有权分类一直存有争议，尤其《物权法》起草当中，国家所有权和集体所有权概念是否有存在必要，也一直颇受学界质疑。而且，这一争论也延伸到行政法学界，有些学者将国家所有权称为行政物权，视为行政权力。笔者以前论文也提及此问题。本书第一章节将详细论证。但在尚未论证之前，本"绪论"暂且使用当时国家所有权概念，以便读者了解本书的背景资料。

法未足够重视国有企业既有普通企业的情形，也有特殊企业的情形，[①] 以致该法并没有充分考虑到与《全民所有制工业企业法》及其实施条例和《公司法》等相关法律法规的配套与衔接，从而决定了《企业国有资产法》从其产生之日起就存在固有缺陷。包括但不限于：一是作为出资人机构的国资委设置本身随着国有财产改革深化值得商榷；二是出资人机构在某些方面出现了出资人职能与社会公共管理职能混淆的现象；三是对国家出资企业的资产处置、经营等未按照国家公私产或类似划分加以区别法律规制等。[②] 正如有学者所言，《企业国有资产法》表现出过渡性质，一旦国有财产投资经营的逻辑深入人心、政府学会了像私人一样在市场经济条件下当老板，该法也就没有存在的必要，届时所需要的将是像日本、韩国的"国有财产法"那样关于国有财产管理的基础性法律。[③]

与此相应的，行政事业性国有财产和资源性国有财产的相关立法也存在类似《企业国有资产法》问题。[④] 姑且不论我国缺乏有效的国有财产公权力制度安排，即使现有的行政事业性国有财产立法和资源性国有财产立法也存在诸多不足。包括但不限于：一是现有立法无法解决国有财产的中央与地方关系以及国有财产的市场转型等问题。二是现有立法缺乏国家公私产或类似划分的区别法律规制。一度流行的"非经营性财产转为经营性财产"的改革在缺乏国家公私产或类似划分的情形下，即便有《事业单位非经营性资产转经营性资产管理实施办法》等，也必然存在失范与无序问题，既容易扭曲行政事业单位的公益目标，也容易产生官僚经济，滋生"小金库"，导致国有财产流失。同样，资源性国有财产立法在资源的市场化与非市场化方面存在不足，导致自然资源的公益目标与私益目标的错位，不仅影响到可持续发展，也是影响目前房价居高不下、资源浪费等的原因之一。三是就现有行政事业性国有财产立法而言，未能足够关注本应

---

① 特殊企业是与普通企业相对应的概念，常用于经济法学界，主要源于日本。所谓特殊企业是指依据特别法、专门法或行政命令而设立并承担国家特殊任务的企业，一般为国有独资或国有控股企业，适用专门的特殊企业立法。除此以外的企业即为普通企业，既有可能是国有或国有参股企业，但更多地属于私有企业，适用《公司法》等私法规范。以下遇此概念作同样解释。

② 关于国家公私产或类似划分问题，本书第二章将详细阐述。

③ 史际春等：《企业国有资产法理解与适用》，中国法制出版社 2009 年版，"序"第 4 页。

④ 关于国有财产分类存在多种争议，本书第二章节将详细论证。笔者在此暂且以我国现有的分类立法加以表述，以便读者了解本书的背景资料。

是行政事业性国有财产立法重点的管理体制问题。四是就现有资源性国有财产立法而言，难以适应社会公共管理职能与出资人职能分离的原则，也缺乏与《物权法》、国有企业法、行政事业单位立法等法律法规及其规章制度的衔接与配合等。在此背景下，如果立法界紧随《企业国有资产法》颁布之后又提出制定《行政事业性国有资产法》的设想，[①] 那么这是一种缘木求鱼、治标而不治本的做法，即便将来制定的《行政事业性国有资产法》也难逃《企业国有资产法》所面临的问题。

这就不难理解为何国际上普遍没有像中国所谓的《企业国有资产法》或考虑制定的《行政事业性国有资产法》等相关法律法规？[②] 而表现出针对国家所有权的特殊性而进行的市场转型、合理定位及其专门立法，要么制定《国有财产法》并辅以特殊单行立法，要么没有国有财产法典但却有专门的特殊单行立法。以什么样的立法形式出现仅是形式问题，不是问题的关键；国家所有权是否实现了市场转型和合理定位，以及是否将国家所有权与私人所有权加以区别立法并有相应的公权力制度安排才是问题的关键所在。

问题不仅仅局限于此。即便国家所有权的市场转型及其合理定位的过程中，如若没有相应的立法及公权力制度安排的支撑，问题也是层出不穷，甚至引发对国家所有权市场转型的怀疑而丧失信心，进而阻碍改革进程，这才是可怕的问题！姑且不论我国清末、北洋军阀、国民政府时期存在着大量的官商勾结的官僚经济外，即使在当今中国，由于国家所有权的市场定位不清及其法律规制等制度环境的贫乏，依然因国家所有权的异化而产生假借"全民名义"的官僚经济现象。对此，世界上几次私有化浪潮所带来的一些经验教训足以验证。相比较而言，英国、日本等西方国家私有化成功的经验较多，往往立法先行，比如日本对特殊法人企业"国铁"进行改革时，先后制定了八部法律，其中较重要的有《日本国有铁路改革法》。日本对电信电话株式会社的改革也是如此，比如《日本电信电话株式会社法》等。[③] 我国台湾地区也是如此，比如《公营事业移转民营

---

① 袁祥：《企业国有资产法的三个"为什么"》，《光明日报》2008年10月29日第5版。

② 并非说国际上没有的法律，我国就不可以制定。问题是，我们应当考虑到国家所有权的特殊性立法。

③ 李源山、黄忠河：《日本国有财产管理与监控的启示》，载《外国经济与管理》1998年第6期，第27页。

条例》及其《公营事业移转民营条例施行细则》等。而原苏联东欧国家私有化由于缺乏法制保障等因素而付出较多的成本与代价，比如俄罗斯早期私有化由于缺乏法制保障等因素导致瓜分国有财产暨官僚经济的现象严重，后来俄罗斯吸取教训并于2002年制定了《俄罗斯联邦国有资产和市政资产私有化法》等。以上均对我国具有启示价值。

问题的存在并非意味着我国急需采纳"大国资立法思路"而加快制定国有财产法典及其配套法律法规。由于国家所有权市场转型尚未完成，相应立法及国家所有权的实现机制也难以全部体现。因此，我国目前拥有着世界上最庞大的国有财产，国有财产流失也成为世界上"重灾区"。或许这正成为某些人认为加快我国国有财产法典制定的理由，而笔者恰恰认为，这正说明我国制定国有财产法典的时机尚未成熟。"大国资立法""胎死腹中"即是明证。我国当务之急是如何实现国家所有权市场转型和合理定位及其相应立法。

其实，国有财产立法仅是形式问题，问题的实质在于：立法的背后渗透着国有财产法律制度及其价值理念是否吻合了国家所有权的公权力属性。而这恰是问题的研究价值所在！

综上所述，在当下中国国家所有权市场转型的语境下，选择国有财产法研究就显得非常迫切而有必要，具有很强的理论意义和实践价值。

从理论意义来看，由于国家所有权长期以来越位于经济生活中而发生异化，导致包括国有企业在内的国有财产背负着种种消极因素；加以市场经济社会国有企业私有化浪潮暨国有财产的市场转型趋势，以致学界从实用主义角度出发很少有人问津国有财产问题，无论是经济学界还是法学界等。学界即使研究国有财产问题，也主要着眼于国有企业产权多元化的研究。从法学领域来看，民商法学界主要是从国家所有权和国有控股公司的视角研究；行政法学界主要是从行政公产的视角研究等。① 即便这样的研究也是少得可怜。虽然经济法学界有所涉及国有财产法相关问题，但主要涉及企业国有资产法的相关问题，却很少从部门法的角度涉及国有财产法理论体系。即使极少数的相关研究，也多是简单照搬或借鉴了经济学界国有资产管理研究的诸多词汇，比如国有资产收益、统计、评估、产权登记

---

① 所谓行政公产，是指行政主体行使行政职权、作出行政行为过程中所涉及的公物，包括公务用的财产和行政主体提供给公众直接使用的财产等。对此，本书第二章节将详细阐述。

等。虽然其中冠以"法律制度"字样，但缺乏法律思维及其内容，难以取代或弥补经济学界的研究内容。总之，国有财产法尚未形成自己的理论体系。因此，本书研究有助于填补国有财产法原理研究的不足，奠定国有财产法在经济法中的分支部门法理论基础，不仅完善了经济法学理论体系，而且还丰富了国有财产法相关基础性史料。从此意义上来说，本书是一项基础理论研究。

从实践价值来看，本书不仅仅停留于基础理论研究，希望通过基础理论研究推动实践价值。任何一项基础理论研究最终目的也是为了解决现实问题。对于国有财产法来说，由于国有财产立法的现实缺陷以及基础理论研究的不足，其基础理论研究就更突显其实践价值。具体而言，主要包括如下几点：（1）有助于解决国家所有权暨国有财产异化问题，实现其市场转型及合理定位，这是我国国有财产法治化的前提和基础。（2）有助于吸取原苏联东欧等国家的经验教训，推动国有财产市场转型立法进程，遏制国有财产市场转型过程中的官僚经济及其权贵资本主义现象的出现，减少或避免国有财产流失，借此推动国家现代化进程。（3）有助于解决并理顺国家所有权暨国有财产的中央与地方关系。（4）有助于推动国有财产取得、界定、登记、使用、收益、处分、监管和法律责任等基本制度瓶颈性障碍的突破。（5）有助于明晰国有财产立法思路，推动国有财产立法进程，完善国有财产法律体系。笔者希望借此研究，正确认识和对待现有的《企业国有资产法》和立法界想要制定《行政事业性国有资产法》等，认清问题本质，抓住主要矛盾，节省时间，减少不必要的立法资源浪费，推动体制改革，为符合中国国情暨国际惯例的国有财产立法创造条件等。

或许有人认为，本书作为博士论文选题题目显得过大。诚然，如果说国有财产法是一门很成熟的分支部门法，既有较为成熟的基础理论研究，也有相应的法律体系，并能有效构建国有财产法的基本制度，则选择"国有财产法原理研究"作为博士课题似乎显得题目过大，而应选择其中的某个具体问题展开研究。但问题是，国有财产法尚未形成自己的理论体系，区别于私有财产立法的国有财产立法思路尚不明朗。笔者也曾尝试选择国有财产法的某个具体问题展开研究，比如国有财产监管、国有财产取得等，但笔者发现，在国有财产法体制性问题及其立法思路尚未解决的情况下，难以解决国有财产法具体问题及其制度构建，至多是治标不治本的做法。比如目前学界研究较多的"国有资产监管问题"等。因此，本书研究，既是一项开创性的基础理论研究，也是一项国有财产法体制瓶颈性障碍突破的实践研究，同时也是一项国家现代化进程的某种路径研究。

第二节　选题的国内外文献综述

一　国外研究文献状况及评述

从西方国家来看，长期以来一直奉行自由市场经济，遵循私有制主导的价值理念，推行"小政府、大社会"的治理模式，因而无论是行政事业性国有财产还是企业性国有财产等比重均相对较低。尽管西方国家历史上出现过强调国家干预的凯恩斯主义思想、美国的"罗斯福新政"，以及英国、法国等国的多次国有化浪潮，但自由经济思想依然根深蒂固，人们始终怀有对政府的不信任。因此，即使在西方国家国有化浪潮中，国有经济比重也始终处于较低水平。比如英国在 1974 年至 1979 年经过第二次国有化浪潮后，国有企业也才约占国民生产总值的 13%。即使在西方国家国有企业比重较高的法国，到 1990 年，法国国有企业的产值仅占国内生产总值的 18%。① 自英国 1979 年撒切尔夫人执政掀起私有化浪潮开始，世界各国由于国有经济弊端等因素纷纷掀起了私有化浪潮，国有经济暨国有财产比重进一步降低。

从原苏联东欧国家以及其他社会主义国家来看，由于受到公有制为主导的传统意识形态影响，国有经济暨国有财产比重长期以来一直占据主导地位，不仅存在着庞大的国有企业，而且还存在着庞大的行政事业性国有财产等。自从 20 世纪 80 年代原苏联东欧国家解体以来，各国掀起了大规模的私有化浪潮，而且这一过程一直延续至今，国有经济暨国有财产比重大幅度减低，已经逐步与西方国家有趋同现象。只有朝鲜、古巴等极少数国家依然保持着很高的国有财产比重。

从广大发展中国家来看，早期由于受到原苏联东欧国家传统计划经济的影响，也曾有过多次国有化程度远高于西方国家的国有化浪潮，国有经

---

① 参见史树林、庞华玲等《国有资产法研究》，中国财政经济出版社 2003 年版，第 482—490 页。

济暨国有财产一度占据重要地位。比如印度、马来西亚、巴西以及非洲的
许多国家如加纳、莫桑比克等。但自从 20 世纪 70 年代尤其 80 年代以来，
由于国有经济弊端，以及受到西方国家的私有化浪潮和原苏联东欧国家的
解体等因素影响，广大发展中国家也随同西方国家一起掀起了大规模的私
有化浪潮，国有经济暨国有财产比重大幅度减低，已经逐步与西方国家有
趋同现象。

尽管世界各国国有经济暨国有财产比重因国情不同而有所差异，但总
体趋势是国有经济较低，而且主要用于弥补市场失灵而存在于非市场竞争
性领域已经成为共识。比如美国在科学技术研究、基础设施和公用事业等
方面主要由国家发挥着重要作用等。

总结世界各国国有经济暨国有财产发展轨迹，笔者发现，无论是遵循
私有制价值理念的国家还是遵循公有制价值理念的国家，由于国家所有权
定位清晰（无论是遵循自然规律还是人为强制），故很少有国有经济暨国
有财产方面的理论研究。但在国有私有化或私有国有化浪潮中，往往会有
相对多的涉及国有经济暨国有财产方面的争议及研究。这就不难理解为何
西方国家常态时期和原苏联东欧国家计划经济时期很少有此方面的争议及
研究，而在原苏联东欧等社会主义国家社会转型时期或在西方国家国有经
济私有化浪潮时期却有相对多的研究及相关立法。

国外学者关于国有财产研究，往往是从一般意义上的财产及私有财产
价值理念加以考量；① 或是从公私混营企业角度研究；② 或是从国有经济
私有化角度研究等。③ 关于国有财产的法律研究很少，即使有，也多在行
政法等公法中涉及国有财产问题。④ 凡是涉及财产法的研究主要着眼于私

---

① 参见［美］克里斯特曼《财产的神话——走向平等主义的所有权理论》，张绍宗译，广
西师范大学出版社 2004 年版；［美］斯蒂芬·芒泽：《财产理论》，彭诚信译，北京大学出版社
2006 年版等。

② 参见［美］沃尔根·弗里德曼《混合经济中的公私企业》，哥伦比亚大学出版社 1974 年
英文版。转引自王利明《国家所有权研究》，中国人民大学出版社 1991 年版，第 60 页等。

③ See Cento Veeijanorski: Selling the State: Privatization in Britain, Weidenfeld and Nicolson, Lon-
don, 1987; Jahn Vickers & George Yarrow: Privatization: An Economic Analysis, Cambridge, London,
England, 1988. Etc.

④ 参见［德］汉斯·J. 沃尔夫、奥托·巴霍夫、罗尔夫·施托贝尔《行政法》，高家伟译，
商务印书馆 2002 年版；［法］古斯塔夫·佩泽尔《法国行政法》（第十九版），廖坤明、周洁译，
张凝校，国家行政学院出版社 2002 年版等。

有财产，财产法一般纳入私法范畴。① 只有极个别财产法专题研究涉及国有财产问题，比如法国的弗朗索瓦·泰雷和菲利普·森勒尔所著的《法国财产法》。② 姑且不论英美法系，即使大陆法系也是如此。相比较而言，无论法学界还是经济学界，中国学者基于中国改革的需要对国外国有财产的研究相对较多。经济学界一般是从国有企业、国有资产管理等角度考虑；③ 法学界一般是从国家所有权、行政公产、国有企业法、国有资产管理体制等角度考虑。④ 但都缺乏涉及国外国有财产法原理的系统研究。

　　总体而言，国外国有财产法研究及其现状主要包括如下几个方面：

　　1. 从国外国有财产立法形式来看，主要包括如下几点：（1）西方国家普遍将国有财产分为国家公产和国家私产或类似划分，并加以区别法律规制，并已影响到广大发展中国家。这一分类起源于罗马法，并且一直影响至今，并对当今的国家所有权实现机制具有较强的启发意义。（2）由于国有经济暨国有财产比重较低，且有相应的公权力制度安排，故许多西方国家并没有专门的国有财产法典，但在许多国家的民法典中予以规定。比如《法国民法典》、《德国民法典》和《意大利民法典》等。尽管如此，哪怕同在《民法典》中，西方国家也是普遍将国家所有权作例外规定，以与私人所有权加以区别法律规制。（3）世界上也有一些国家尤其亚洲新兴发达国家纷纷对国有财产加以专门立法，制定了相应的国有财产法典。比如 1962 年版的法国《国有财产法典》（后被 2006 年的《公法人财产总法典》所取代）、2002 年修订版的日本《国有财产法》、2001 年修订

---

① 参见［英］F. H. 劳森、B·拉登《财产法》，施天涛等译，中国大百科全书出版社 1998 年版；［美］约翰·G. 斯普兰克林：《美国财产法精解》，钟书锋译，北京大学出版社 2009 年版；Joseph William Singer: Property Law: rules, policies, and practices, CITIC Publishing House, Aspen Publisher inc., 2003 等。

② 参见［法］弗朗索瓦·泰雷、菲利普·森勒尔《法国财产法》（上、下），罗结珍译，中国法制出版社 2008 年版。

③ 参见刘玉平《国有资产管理》，中国人民大学出版社 2008 年版；罗红波、戎殿新：《西欧公有企业大变革》，对外经济贸易大学出版社 2000 年版；王金存：《破解难题—世界国有企业比较研究》，华东师范大学出版社 1999 年版；伍柏麟、席春迎：《西方国有经济研究》，高等教育出版社 1997 年版等。

④ 参见王利明《国家所有权研究》，中国人民大学出版社 1991 年版；王名扬：《法国行政法》，中国政法大学出版社 1988 年版；屈茂辉：《中国国有资产法研究》，人民法院出版社 2002 年版；杨文：《国有资产的法经济分析》，知识产权出版社 2006 年版等。

版的韩国《国有财产法》等。（4）西方国家对于不同类型的国有企业也是普遍加以区别法律规制，并影响到广大发展中国家。对于国家公产性质的国有企业，一般为独资的国有企业，其成立和解散要受特别法或公法规定支配；对于国家私产性质的国有企业，多是公私混营企业，其成立和解散则受公司法支配，而与私人公司无异。但是，两类企业在外部关系上都要适用于私法规则的支配。① 其中，关于国家公产性质的国有企业立法，虽然有些国家也有统一适用的《国有企业法》，比如法国的《国有企业法》、韩国的《国有企业管理法》、澳大利亚的《联邦公营企业法》、美国的《联邦公司控制法》、我国台湾地区的《国营事业管理法》等，但无论有无统一的《国有企业法》，普遍都以特殊企业形态加以立法，采取"一特一法"或"一类一法"的立法模式。比如日本关于国有高速铁路专门立法等；美国的田纳西流域管理局（TVA）有专门的《田纳西流域管理局法》、阿巴拉契亚区域开发委员会有专门的"阿巴拉契亚开发法案"、全国铁路客运公司有专门的《铁路客运法》等；新加坡议会为每个法定机构专门立法等。② （5）许多国家在国有经济私有化过程中，往往通过立法保障私有化进程，避免国有财产流失。比如日本为"国铁"的改革先后制定了八部法律，其中较重要的有《日本国有铁路改革法》；对电信电话株式会社的改革则制定了《日本电信电话株式会社法》等。③ 俄罗斯1991年通过了《俄罗斯联邦国有和市有企业私有化法》，后来陆续颁布了《私有化纲要》等。尽管如此，俄罗斯早期私有化缺乏系统性法制保障，后于2002年制定了《俄罗斯联邦国有财产和市政财产私有化法》等。

2. 从国外国有财产立法内容及其体系来看，一般包括国有财产的概念、范围、分类、管理机构、管理及其处理、监管及其法律责任等。日本的《国有财产法》内容体系主要包括总则（包括国有财产的概念、范围、分类等）、管理及处理机关、管理及处理（包括通则、行政财产和普通财

① 参见［美］沃尔根·弗里德曼《混合经济中的公私企业》，哥伦比亚大学出版社1974年英文版，第10页。转引自王利明《国家所有权研究》，中国人民大学出版社1991年版，第60页等。

② 法定机构是新加坡政府设立的专门管理和监督国有财产的具有准行政性质的一种特殊国有企业，下设各种国联公司（即国家参与投资的公司）。

③ 李源山、黄忠河：《日本国有财产管理与监控的启示》，载《外国经济与管理》1998年第6期，第27页。

产）、台账、报告书和计算书以及其他规定和附则。韩国的《国有财产法》内容体系包括总则（包括国有财产的概念、范围、分类等）、总括厅、行政财产和保存财产的管理和处理、杂项财产的管理和处理、账簿和报告以及补则、罚则和附则等。

从国外国有财产的分类来看，国际上普遍受到罗马法的国家公私产或类似分类的影响。1962 年版的法国《国有财产法典》则从成文法上首先对国有财产进行国家公产与国家私产的划分，2006 年颁布的以取代《国有财产法典》的《公法人财产总法典》也对国家公私产作了明确规定。《法国民法典》和《德国民法典》等也对国家公私产作了类似规定。亚洲一些新兴发达国家制定的《国有财产法》则对国家公私产予以具体化规定。比如韩国将国有财产根据其用途分为行政财产、保存财产与杂项财产。所谓"行政财产"是指如下种类的财产：（1）公用财产：国家直接作为其办公用、事业用，以及当作公务员居住用的正在使用或决定将要使用的财产；（2）公共财产：国家直接作为公共用的正在使用或决定使用的财产；（3）企业用财产：政府企业直接作为其办公用、事业用正在使用的财产或在相应企业工作的职员正在居住使用或决定要使用的财产。所谓"保存财产"是指根据法律法规或其他需要，国家所保存的财产。所谓"杂项财产"是指行政财产以及保存财产以外的所有国有财产。又如日本将国有财产分为行政财产和普通财产。行政财产，可分为下列种类的财产：（1）公共财产，指在国家中供国家的事务、事业及其职员居住使用或已决定供其使用的财产；（2）公共用财产，是指在国家中直接供公共使用的或已经决定供其使用的财产；（3）皇室用财产，指在国家中直接供皇室使用或已经决定供其使用的财产；（4）企业用财产，指在国家中供国家企业或其从业的职员居住使用或已经决定供其使用的财产。普通财产，是指除行政财产以外一切国有财产等。

3. 从国外国有财产中央与地方关系来看，一方面从国有财产职能分析，无论是单一制国家还是联邦制国家，总体而言，中央与地方政府职能分工比较明确，中央政府所拥有的国有财产主要作为国家宏观调控经济的重要手段；地方政府所拥有的国有财产相对较少，一般只负责城市基础设施和社会福利项目等。这一点在西方发达国家非常明显。另一方面从国有财产权属分析，主要包括两种：（1）国家统一所有，比如朝鲜、古巴等。

（2）中央与地方分别所有，典型国家如美国、德国、法国、日本、澳大利亚、意大利、俄罗斯等。比如美国国有财产分为联邦、州和市镇三级所有；日本国有财产分为国家、都道府县、市镇村三级所有；意大利分为国有财产、省有财产和市有财产三级所有等。总体而言，国外普遍实行分别所有，普遍将中央政府所有的企业暨国有财产称为国有企业暨国有财产，将地方政府所有的企业暨财产类似于地方公营企业暨地方财产等称呼，并将国有财产和地方财产统称为公共财产。

4. 从国外国有财产管理模式来看，又分为如下两个方面：

一是从国外行政财产的管理模式来看，政府的行政财产从过去的分散管理向相对集中管理以及"统分结合"的模式转变，实行决策机构与执行机构分离的原则。财政部或国库部门一般为国有财产管理的政府综合部门，处于管理的中心地位，各主管部门一般负责各自国有财产的归口管理。① 同时，政府财产的政策目标、产权界定标准等宏观事项则由隶属于财政部的统一的宏观协调部门负责，而对于政府财产的具体工作如政策的执行、财产的日常维护等则由各使用单位和执行机构各自负责。比如：日本、法国、英国、德国、巴西等。美国综合管理部门虽然不是财政部，但管理模式大致相同。

二是从国外国有企业的管理模式来看，主要有四种典型模式：

（1）不设立专职管理部门，由政府设立专门的常设委员会、辅以政府各主管部门管理的模式。典型国家如美国等。比如：美国除了田纳西河流域管理局、阿巴拉契亚区域开发委员会、进出口银行、联邦存款保险公司和宾夕法尼亚道路发展公司等五家国有企业由美国总统直接负责外，其他国有企业由地方政府和有关主管部门以及各种专门的常设委员会管理。这种模式不常见。

（2）采取政府财政、预算或国库部门管理国有财产，行业部门分工具体管理的模式。这种模式做到了国有资本预算与政府财政预算相结合，更加符合财政预算部门或国库部门的职责。以法国、意大利、日本、澳大利亚、德国、新西兰、印度、巴西、新加坡等为代表。这类国家常常在政府财政、预算或国库部门下设专门的国有企业管理机构。比如：法国于

① 作为世界上最发达的国家美国却例外，美国于1949年成立联邦事务服务总局，专门履行联邦政府财产的综合管理职能。

2003 年在经济财政部下设国家参股局，专门行使国有企业的管理职能；意大利 1992 年成立了国库部，并与预算部和工业部一起行使国家参与制企业的管理；① 日本政府在大藏省（相当于我国的财政部）内设立理财局，负责国有企业管理；澳大利亚在财政部下设财产管理局；印度政府于 1965 年在财政部下设了印度公营企业局，作为国有企业管理的专门服务机构；② 巴西政府于 1979 年在国家计划预算管理部下设了国有企业控制署，专门负责国有企业的管理等。除此以外，对于国有企业，按照不同的国有企业形态，政府相关主管部门还要实施对口管理。

（3）设立专职管理部门，辅以政府财政部和各主管部门管理的模式。典型国家如俄罗斯、韩国、中国等。这种模式的特点在于：主要由专职管理部门履行企业性国有财产的出资人职能，除此以外，政府财政部和各主管部门根据职能分工对国有企业也行使相应的管理职能。比如：俄罗斯早在沙皇俄国时期就有专门的国有财产大臣，苏联解体后，则通过联邦财产关系部等专门负责国有企业的管理；韩国于 1998 年废止了政府综合部门和各主管部门对国有企业的直接管理权，成立了国有企业管理委员会，由其专门管理国有企业等。我国也是采取这种模式，即主要由国资委统一履行企业性国有财产的出资人职能。

（4）在相关政府部门下设国有企业管理机构，辅以政府财政部和各主管部门管理的模式。典型国家如英国、瑞典、奥地利等。这种模式的特点在于：主要由政府相关部门下设机构履行企业性国有财产的出资人职能，除此以外，政府财政部和各主管部门根据职能分工对国有企业也行使相应的管理职能。比如：英国则于 1981 年组建了英国技术集团，负责国有企业控股及其关联企业的出资人管理；③ 瑞典政府工业部于 1998 年下设国有企业局，行使企业性国有财产的出资人职能；奥地利政府通过经济计划部际委员会和国家参与部再下设奥地利工业控股股份公司，代表国家负责国有企业管理等。由此可见，关于国有企业管理并没有统一的标准和模式。总体而言，设立国有企业管理的专职机构，尤其在财政预算部门下设

---

① 意大利在 1956 年设立了国家参与部，1976 年又成立了国会两院常务委员会，1992 年撤销了国家参与部，成立了国库部。

② 印度公营企业局不行使企业性国有财产的出资人职能。

③ 英国政府工业部在 20 世纪 70 年代下设国家企业局，1981 年该局与英国研究开发公司合并，组建了英国技术集团。

国有企业管理的专职机构相对比较普遍。

　　5. 从国外国有财产监督的方式和手段来看，大都采用了议会监督、政府主管部门监督、审计监督等做法。其中，议会监督在国外尤其西方国家非常普遍。但或许是源于不同的历史背景，或许是出于对监督理念的不同理解，抑或是民族性格使然，各国在国有财产监督上不乏特色。美国通过国会立法，决定有关国有企业的一系列重大问题；美国审计署对国有企业的经营状况、财务收支和债务前景等进行监督；美国的国有民营方式是国有企业监督体制的最大特点。法国政府向国有企业派驻稽查特派员的做法在当时可谓独树一帜。在新加坡，除了政府作为所有者可以随时对国有企业进行检查之外，社会公共监督也是非常有效的。任何机构或个人，只需交纳很少费用，都可以在注册局调阅任何一家企业的资料，在这一点上，政府对国有企业的监督与社会对私有企业的监督是一样的。韩国对国有企业的监督，在更大意义上是通过经营评价委员会每年的评估来实现的。根据评价结果，可向企业提出纠正事项，也可要求罢免有关人员。德国的董事会和监事会双重体制在西方并不多见，董事会负责企业的日常经营与管理，但对企业重大问题所作的决策需得到监事会的批准。政府对企业的监督和控制主要是通过监事会来实现的。在瑞典，议员有权出席国有控股企业股东大会并发表意见等。除此以外，西方国家普遍建立起成熟的市场经济体制，资本市场（比如银行等金融机构）、产权市场、商品市场、经理人市场等比较发达，从而起到政府所无法替代的对国有财产的外部监督效果。

二　国内研究文献状况及评述

　　从国内来看，由于大陆与港澳台地区在政治制度和经济制度等方面存在很大差异，加以殖民历史等因素，导致我国大陆地区和港澳台地区在国有财产法制方面也存在较大差异。

　　（一）我国港澳台地区

　　从我国香港和澳门地区来看，在香港和澳门处于殖民统治时期，由于其法律制度受到英国判例法和葡萄牙大陆法的影响，因而从财产制度来看，就是典型的遵循西方国家私有财产的价值理念。相应的，财产法是作为私法的一个分支。在殖民统治时期的香港、澳门地区，所谓的国有财产及其法制是指宗主国的国有财产及其法制。比如在香港殖民统治时期，香

港的土地名义上是英王财产，即为当时英国所谓的"国有财产"，具体由
香港政府管理。香港政府所拥有的土地被称为"官地"。在香港岛和九龙
地区，政府所有的官地遵守《官地条例》等，采取拍卖售出或批租方法
等。但对于新界地区，因其本身也为英王的租借地，有期限限制，而且新
界地区的居民一直沿用中国的习惯权利，所以对新界土地不适用香港岛和
九龙地区的方法，而另依《新界条例》的规定等。① 自从香港和澳门回归
祖国以后，就有了我国法律意义上的国有财产暨国有财产法概念。比如
《中华人民共和国香港特别行政区基本法》和《中华人民共和国澳门特别
行政区基本法》第七条均规定，特别行政区境内的土地和自然资源属于国
家所有，由特别行政区政府负责管理、使用、开发、出租或批给个人、法
人或团体使用或开发，其收入全归特别行政区政府支配。但不管如何，私
有财产的价值理念一直是香港和澳门地区的主导财产制度。至于香港和澳
门地区政府及政府投资企业等的财产，比如澳门的一些专营企业如澳门电
讯有限公司、澳门公共汽车有限公司等，② 可否称为"国有财产"呢？笔
者认为，鉴于特别行政区制度，即使香港和澳门特别行政区政府及政府投
资企业的财产也不能适用我国国有财产现行的"国家统一所有、分级管
理"的原则，③ 因而，这类财产就不能称为"国有财产"，而是特别行政
区的公共财产。④

从我国台湾地区来看，在所谓"中华民国"的旗号下，就有了所谓
的"国有财产暨国有财产法"等概念，而不同于香港和澳门地区。由于
台湾和香港、澳门地区一样长期以来均实行市场经济体制，遵循私有制
的价值理念，故台湾地区的"国有财产"比重也相对较低。这是台湾地
区"国有财产"法制的前提和基础。从"国有财产"立法来看，台湾
地区于 1969 年实施《国有财产法》，后历经多次修改，目前是 2002 年

---

① 张学仁主编：《香港法概论》，武汉大学出版社 1992 年版，第 152 页。

② 参见何超明《澳门经济法的形成与发展》，广东人民出版社 2004 年第 2 版，第 99—
100 页。

③ 我国国有财产现行的"国家统一所有，地方分级管理"的原则一直备受学界争议。一旦
打破此原则，地方政府所有的财产能否称为"国有财产"将存有不同解读。对此，本书第二章节
将详细论证。

④ 本书所指的我国"公共财产"不同于"国有财产"，但包括本书定义的"国有财产"；也
不同于国外一些国家财产分类中所谓的"公共财产"。本书第二章节将详细论证。在尚未论证之
前，凡涉及我国"公共财产"的说法均作此注释。

修订的《国有财产法》。1970 年还颁布了《国有财产法施行细则》等。同时，辅以《国营事业管理法》等公营企业法以及《土地法》、《矿业法》、《森林法》等资源性财产法律。当然，在国民党"一党专政"时期，台湾的公营企业①还面临着党营企业的困境。② 此外，在 20 世纪 50 年代初战后以及 20 世纪 80 年代以来的国际私有化浪潮中，即使在以私有制为主导的台湾地区也面临着私有化改革。为此，台湾地区也借鉴了日本、英国等国国企改革立法先行的经验，于 1953 年颁布了《公营事业移转民营条例》，后历经多次修改，目前是 2003 年修订的《公营事业移转民营条例》。同时，还制定了《公营事业移转民营条例施行细则》等。通过上述"国有财产"立法来看，我们发现，台湾深受日本及西方国家的影响，也是实行分别所有，即国有、省有、市县有或乡镇有等；③并将"国有财产"区分为公用财产与非公用财产，其中公用财产包括公务用财产、公共用财产和事业用财产；"国有财产"的最高主管机关为"财政部"下属的"国有财产局"；"国有财产"也包括取得、保管、使用、收益和处分等基本法律制度；同时也有相应的"国有财产"私有化的相关立法保障等。

　　（二）我国大陆地区

　　从我国大陆地区来看，在公有制"神化"的计划经济时期，对国有经济暨国有财产毫无争议，也无实质意义上的法治，自然也就无所谓真正意义上的国有财产暨国有财产法研究。随着改革开放以及市场经济道路的选择，国有企业的固有弊端日渐凸显，私有化进程大大加快，私有或公私混营企业以及"三资企业"大量出现并成为发展趋势，因而学界对包括私有企业在内的私有财产暨私有财产相关立法的研究非常繁荣，但对于国有财产暨国有财产法的相关研究则非常少，也成了"冷门"话题。即使有关国有财产的研究，也主要局限于国有企业改制为股份制企业或私有企业方面的研究，既较少国有企业的专门研究，更较少行政事业性等其他国有财产的研究。法学界研究就更少。直接以"财产法"命名的专题研究

————————————

①　台湾地区的"公营企业"包括"国营企业"和"省营企业"等各级政府创办的企业。
②　参见谢怀栻《台湾经济法》，中国广播电视出版社 1993 年版，第 107 页。
③　这里的"国有"仅指台湾地区"中央政府"所有的财产。有些学者认为，台湾的省有、市县有等财产从理论上均属于"国有"。参见谢怀栻《台湾经济法》，中国广播电视出版社 1993 年版，第 27、105 页。

如同国外一样，一般多从私有财产角度考虑，而纳入私法范畴。① 这除了与人性私欲及其财产发展规律有关外，还与我国国家所有权的市场转型及其定位尚未完成有关。

从现有的与国有财产法有关的法学研究成果来看，主要涉及经济法学、民法学和行政法学等。笔者通过中国期刊网等相关网站检索了"国有财产"和"国有资产"、"财产法"、"国有财产法"和"国有资产法"以及"国家所有权"、"行政公产"等相关概念，发现：直接以国有财产为主题的博士论文没有、硕士论文只有 1 篇；直接以国有财产法为主题的博士、硕士论文均没有；直接以国有资产为主题的博士论文 14 篇，硕士论文 277 篇，其中博士论文只有一篇与法律有关，硕士论文只有极少数与法律有关，而且都不是专门的国有资产法或国有财产法的论文；直接以国有资产法为主题的博士、硕士论文都没有；直接以行政公产为主题的博士论文没有，硕士论文有 11 篇；直接以国家所有权为主题的博士论文有 5 篇，硕士论文有 9 篇等。②

通过上述博士、硕士论文的检索，再加以其他论文的检索比较，笔者发现，经济学界关于国有财产（或国有资产）相关问题的研究相对于法学界多得多，即使法学界的研究也主要是从民法视野的国家所有权、行政法视野的行政公产以及经济法视野的企业国有资产法相关问题等角度展开，博士、硕士论文中没有一篇涉及国有财产法（或国有资产法）原理的专门研究，其他论文中仅有一篇涉及国有财产法原理的研究。③

除了上述检索的论文，再加以法学界已经出版的相关论著，关于国有财产法的现有研究成果综述如下：

首先，从民法视野来看，与国有财产法相关也是其理论根基的就是国家所有权问题。基于人性自私的一面和市民社会的特质，人们长期以来更多地关注私人所有权，而较少关注国家所有权。社会的转型时期往往使国家所有权异化的问题得以凸显，从而使国家所有权问题一度成为人们关注

---

① 参见王贵国总主编、梁慧星、龙翼飞、陈华彬《中国财产法》，法律出版社 1998 年版；郭建：《中国财产法史稿》，中国政法大学出版社 2005 年版等。

② 以上数据以笔者检索访问时间 2010 年 7 月 20 日为截止日，其中博士论文统计是以中国博士学位论文全文数据库为准；硕士论文统计是以中国优秀硕士学位论文全文数据库为准。

③ 参见屈茂辉《制定中国国有财产法的基本思路》，载《湖南社会科学》2004 年第 1 期，第 73—75 页。

的重点。其中比较有代表性的论著包括佟柔主编的《论国家所有权》、王利明的《国家所有权研究》、龙翼飞的《论国家所有权发展中的若干问题》、王军的《国家所有权的法律神话》、黄军的《国家所有权行使论》和张建文的《转型时期的国家所有权问题研究——面向公共所有权的思考》等。

　　早期的国家所有权研究，深受原苏联影响，是以马克思学说为基础，强调以公有制为主导。① 随着改革开放进程的推进，有些学者开始注意到转型时期的国家所有权问题，尤其当时的国企股份制改革所涉及的问题，比如法人财产权与法人所有权的争议、股权性质问题等，反对国家所有权的特殊保护，提出了国家所有权的民法保护。② 也有学者反对采用股份制对全民所有制加以改造，并提出了制定统一的国有资产管理法的建议。③ 随着人类社会进入21世纪，中国改革开放的进一步深化，许多学者对国家所有权的研究越来越深入，更加能揭示国家所有权问题的实质。有的学者提出了国家所有权的神话，分析了国家所有权与私人所有权的实质差别，认为国家所有权具有国家权力的一切特征和属性，是对传统意义上国家所有权作为纯粹私法概念的挑战。④ 有的学者从国家所有权行使的角度坚守国家所有权的私法概念，并认为国家所有权具有公共性。⑤ 有的学者提出了国家所有权的公共所有权性质，尝试从公共所有权的角度重构国家所有权制度，构建国家公产和私产制度。⑥ 有的学者同意国家所有权的公共所有权性质的说法，并认为国家所有权并非国家公共权力，只有确信国家所有权的民法性质，才能得到民法的真正保护。⑦ 有的学者从北大教授巩献田质疑物权法平等保护原则引起的争议展开思考，从国家所有权的异

　　① 参见佟柔主编《论国家所有权》，中国政法大学出版社1987年版。
　　② 参见王利明《国家所有权研究》，中国人民大学出版社1991年版。
　　③ 参见龙翼飞《论我国国家所有权制度发展中的若干问题》，中国人民大学博士学位论文1991年。
　　④ 参见王军《国家所有权的法律神话》，中国政法大学博士学位论文2002年；王军：《国企改革与国家所有权神话》，载《中外法学》2005年第3期，第361—369页。
　　⑤ 参见黄军《国家所有权行使论》，武汉大学博士学位论文2005年。
　　⑥ 参见张建文《转型时期的国家所有权问题研究——面向公共所有权的思考》，法律出版社2008年版。
　　⑦ 参见程淑娟《论我国国家所有权的性质——以所有权观念的二元化区分为视角》，载《法律科学》2009年第1期，第73—81页。

化角度反对国家所有权与私人所有权的平等保护，提出构建国家公产与私产制度。① 甚至有学者对国家所有权概念的存在提出了质疑。这在《物权法》起草过程中特别凸显。有学者认为，按照权利主体划分所有权，更多的具有政治意味而缺乏法学意味，国家、集体和个人所有权性质相同，保护手段并无差异，因此没有必要进行区分。② 有学者从哈贝马斯的商谈理论到国家实体性的消解角度，认为国家所有权是一个虚幻的命题。③ 也有学者认为，国家所有权不是纯民法意义上的所有权，其性质更接近于行政权力等。④ 在《物权法》起草阶段及其后，有些学者在分析国家所有权时，提出了国有财产公私划分或类似的观点，⑤ 但受制于传统公有制意识形态的影响，并未被立法界所采纳，也未成为学界当时普遍共识。

其次，从行政法视野来看，与国有财产法相关也是其理论基础的就是行政公产。王名扬在《法国行政法》一书中很早就把法国的行政公产概念引入中国，但长期以来并未引起人们关注。⑥ 早期在张尚鷟主编的《走出低谷的中国行政法学——中国行政法学综述与评价》中略微涉及该问题。⑦ 即使目前的行政法学专著和教材中也很少涉及行政公产问题，只有

---

① 参见张力《国家所有权的异化及其矫正——所有权平等保护的前提性思考》，载《河北法学》2010年第1期，第87—94页；张力：《论国家所有权理论与实践的当代出路——基于公产与私产的划分》，载《浙江社会科学》2009年第12期，第25—33页。

② 参见梁慧星主编《中国物权法草案建议稿：条文、说明、理由与参考立法例》，社会科学文献出版社2000年版，第212页；李康宁、王秀英：《国家所有权法理辨析》，载《宁夏社会科学》2005年第7期，第13页；牛立夫：《对我国所有权的三分法的法学思考》，载《内蒙古社会科学》（汉文版）2005年第2期，第48页等。

③ 参见李凤章《国家所有权的解构与重构》，载《山东社会科学》2005年第3期，第95—97页。

④ 陈旭琴：《论国家所有权的法律性质》，载《浙江大学学报》（人文社会科学版），第103页。

⑤ 参见梁慧星主编《中国物权法草案建议稿》，社会科学文献出版社2000年版，第217—219页；徐国栋主编：《绿色民法典草案》，社会科学文献出版社2004年版，第302—303页；高富平：《传统公有制财产的物权法规范》，载http://www.fatianxia.com/civillaw/list.asp?id=14352，2010年8月4日访问；张建文：《转型时期的国家所有权问题研究——面向公共所有权的思考》，法律出版社2008年版，第181—260页；张力：《论国家所有权理论与实践的当代出路——基于公产与私产的划分》，载《浙江社会科学》2009年第12期，第31—32页等。

⑥ 参见王名扬《法国行政法》，中国政法大学出版社1988年版。

⑦ 参见张尚鷟主编《走出低谷的中国行政法学——中国行政法学综述与评价》，中国政法大学出版社1991年9月版，第711—712页。

张树义的《行政法与行政诉讼法学》一书中有专章论及此问题。该书认为，所谓公产就是行政主体提供给公众直接使用的财产或公务用的财产；行政主体对公产的所有权与民法上的所有权性质不同，它是行政法上的所有权；并论述了行政公产的成立、使用、处分和管理等问题。① 随着国有财产的市场转型和行政权力的制约呼声，民法学界的国家所有权争议也引入行政法学界，行政公产逐渐引起行政法学界的关注。为此，王名扬教授在原《法国行政法》基础上，专门撰文详细阐述了行政公产制度。② 同时，有些年轻学者逐步加入此问题研究，如前所述，有关行政公产的硕士论文就达 11 篇。③ 有学者认为，当国有财产异化为行政机关的"私有财产"时，行政公产的法治化刻不容缓。④ 也有学者认为，行政公产不仅仅涉及静态的物，还包括动态的行政债权等。⑤ 在此不一一列举。

再次，从经济法视野来看，随着国有财产法治化暨"国资立法"的要求，国有财产法（当时多称为"国有资产法"）逐渐纳入经济法学界的研究范畴，有些学者开始涉及国有财产法原理问题。比较早期的论著如史际春的《当代国际惯例：国有资产管理》、谢次昌的《国有资产法》、《国有资产法》起草工作组编写的《国有资产立法研究》、张宏森的《国有资产法基点略论》、孙孝福、王全兴的《国有资产法初探》、邓元明的《关于〈国有资产法〉立法的若干思考》、金福海的《制定〈国有资产法〉若干问题探讨》等。⑥ 但上述论著内容多借鉴了经济学界国有资产管理研究的诸多词汇，比如国有资产管理、收益、统计、评估、产权登记等。虽然

---

① 张树义：《行政法与行政诉讼法学》，高等教育出版社 2002 年版，第 51—67 页。

② 参见王名扬《行政主体的财产》，http：//www.yadian.cc/paper/70629/，2010 年 7 月 23 日访问。

③ 硕士论文统计是以中国优秀硕士学位论文全文数据库为准，以笔者检索访问时间 2010 年 7 月 20 日为截止日，

④ 余睿：《论行政公产的法律界定》，载《湖北社会科学》2009 年第 9 期，第 160—161 页。

⑤ 李砾、王丹：《行政公产理论问题研究》，载《广西政法管理干部学院学报》第 17 卷第 4 期（2002 年），第 66 页。

⑥ 参见史际春《当代国际惯例：国有资产管理》，海南出版社 1998 年版；谢次昌：《国有资产法》，法律出版社 1997 年 6 月版；《国有资产法》起草工作组编：《国有资产立法研究》，经济科学出版社 1995 年版；张宏森：《国有资产法基点略论》，载《当代财经》1994 年第 1 期；孙孝福、王全兴：《国有资产法初探》，载《中南财经大学学报》1994 年第 2 期；邓元明：《关于〈国有资产法〉立法的若干思考》，载《当代经济科学》1995 年第 1 期；金福海：《制定〈国有资产法〉若干问题探讨》，载《政法论丛》1996 年第 4 期等。

其中冠以"法律制度"字样，但缺乏法律术语，难以取代或弥补经济学界的研究内容。尽管如此，我们应当从历史的眼光来看，谁也无法否定学界前辈在国有财产法领域的开拓性贡献。

到了 21 世纪初期，在"大小国资立法"争论中，随着"小国资立法"逐渐占据上风，这一阶段研究国有财产法原理的论著明显减少。相关的论著如王全兴的《经济法基础理论专题研究》、屈茂辉的《中国国有资产法研究》、顾功耘的《国有经济法论》、杨文的《国有资产的法经济分析》、史树林、庞华玲等的《国有资产法研究》、屈茂辉的《制定中国国有财产法的基本思路》和刘纪鹏的《关于〈国有资产法〉起草的若干建议》等。①

随着《企业国有资产法》的颁布，一方面，学界展开了对《企业国有资产法》条文的解读和释义，典型论著如史际春等的《企业国有资产法理解与适用》、杨景宇、安建的《中华人民共和国企业国有资产法释义》、何永坚的《中华人民共和国企业国有资产法释义及实用指南》等。②另一方面，学界更多地讨论《企业国有资产法》的得失及其相关问题。有些学者提出了《企业国有资产法》在调整范围、出资人及其职能设置、国有资产监管等方面的缺陷；③ 也有学者分析了《企业国有资产法》中的"五人"定位问题等。④ 同时，在《企业国有资产法》出台时，全国人大常委会有官员释放出将来有可能制定《行政事业性国有资产法》的设

---

① 参见王全兴《经济法基础理论专题研究》，中国检察出版社 2002 年版，第 643—699 页；屈茂辉：《中国国有资产法研究》，人民法院出版社 2002 年版；顾功耘：《国有经济法论》，北京大学出版社 2006 年版；杨文：《国有资产的法经济分析》，知识产权出版社 2006 年版；史树林、庞华玲等：《国有资产法研究》，中国财政经济出版社 2003 年版；屈茂辉：《制定中国国有财产法的基本思路》，载《湖南社会科学》2004 年第 1 期；刘纪鹏：《关于〈国有资产法〉起草的若干建议》，载《首都经济贸易大学学报》2004 年第 6 期等。

② 参见史际春等《企业国有资产法理解与适用》，中国法制出版社 2009 年版；杨景宇、安建：《中华人民共和国企业国有资产法释义》，中国市场出版社 2008 年版；何永坚：《中华人民共和国企业国有资产法释义及实用指南》，中国民主法制出版社 2008 年版等。

③ 参见王克稳《〈企业国有资产法〉的进步与不足》，载《苏州大学学报》（哲学社会科学版）2009 年第 4 期，第 35—40 页等。

④ 参见李曙光《论〈企业国有资产法〉中的"五人"定位》，载《政治与法律》2009 年第 4 期，第 23—29 页。

想。① 为此，也有学者论证了行政事业性国有资产立法的若干问题。②

除此以外，有些经济法教材中也涉及国有财产法原理的相关内容，比较典型的教材如漆多俊主编的《经济法学》，内容涉及国有资产管理法、国家投资法、国有企业法和国有企业改革法等；③ 也有的经济法教材既涉及国有财产法原理问题，也涉及国有企业法等相关问题，比如潘静成、刘文华主编的《经济法》、杨紫煊主编的《经济法》、刘隆享的《经济法概论》等。④ 也有的经济法教材虽然没有国有财产法的专门章节，但有与国有财产法相关的国有企业法内容，比如史际春主编的《经济法》等。⑤

通观经济法学界关于国有财产法的论著和教材等，笔者发现，经济法学界往往多借鉴甚至照搬了经济学有关国有资产管理研究的相关内容，常常重复经济学等相关学科已经阐述过的话题，带有较强的经济学痕迹，而缺乏法理基础及其法律术语，从而无法或难以取代经济学界等相关学科相关问题的话语权。固然，国有财产法需要吸取经济学等其他学科的养分，但若仅仅满足于此而失去了自我，就失去了该法存在的必要性。而与此相关的是，民法学界关于国有财产的分析却有自己独到的话语体系，而且法理阐述相对经济法学界更为深刻，比如民法学的国家所有权及其国有财产的公私划分理论等，这是经济学界等其他学科所无法取代的。其实，经济法学的其他基本制度及其内容体系也或多或少地存在上述问题。这固然有民法等部门法自身研究的特点，也与经济法的"经济性"特征（经济法常常是"经济政策"的法律表现形式）以及经济法的发展历史较短有关。

国家所有权及其国有财产的公私划分理论以及行政公产是国有财产法非常重要的法理基础，理应遵循国家所有权的种种学说展开国有财产法原理及制度的研究和构建，但有些学者恰恰忽视了民法学界和行政法学界等已有的研究成果。关于国有财产法的研究往往随着国家"国资立法"的

---

① 参见袁祥《企业国有资产法的三个"为什么"》，《光明日报》2008年10月29日第5版。
② 参见申海平《关于制定〈行政事业性国有资产法〉的若干问题》，载《山东社会科学》2009年第3期，第111—114页。
③ 参见漆多俊主编《经济法学》，高等教育出版社2003年版，第217—322页。
④ 参见潘静成、刘文华主编《经济法》，中国人民大学出版社2005年第2版，第168—180页、364—383页；杨紫煊主编：《经济法》，北京大学出版社、高等教育出版社1999年版，第141—152页、305—316页；刘隆享：《经济法概论》，北京大学出版社2005年第6版，第121—129页、488—493页等。
⑤ 参见史际春主编《经济法》，中国人民大学出版社2005年版，第152—183页等。

背景而潮起潮落，却较少有人甘坐"冷板凳"而持之以恒地钻研下去。这种"短、平、快"的功利主义研究注定了国有财产法研究的不足和法理功底的缺乏。当然，从历史的眼光来看，任何人都无法否认学界前辈的开创性的历史贡献；任何后人的成果均是建立在前辈研究的基础上的！

从国有财产立法实践来看，国有财产法的渊源包括宪法、基本法律、行政法规、地方性法规和行政规章等。就国有财产法律体系来看，处于最高位阶的是《宪法》，基本法律层面有《民法通则》、《物权法》等。固然上述层次的法律法规不是国有财产法研究的重点，但也是国有财产立法的前提考量。在国有财产具体立法方面来看，我国长期以来一直采取分类立法的模式。即国有企业有《企业国有资产法》、《全民所有制工业企业法》、《公司法》等调整；行政事业性单位早先制定了《行政事业单位国有资产管理办法》等部门规章，后又专门制定了《行政单位国有资产管理暂行办法》和《事业单位国有资产管理暂行办法》等；资源性国有财产有《水法》、《矿产资源法》、《森林法》、《土地管理法》等单行法律法规调整。自从1993年，全国人大财经委开始主持起草《国有资产法》，我国就一直存在"大小国资法"争议，历经15年坎坷，最终以2008年颁布的《企业国有资产法》而告暂时结束争议。从而缺乏统一的关于国有财产的基本法即《国有财产法》，依然保持国有财产分类立法的模式。

虽然国有财产管理是国有财产法基本制度的重要内容，但其一些具体内容如清产核资、资产评估、资产统计等并不是国有财产法研究重点，而是经济学或管理学意义上国有资产管理内容，相应的法律法规仅是其法治化要求的形式"外衣"。然而，有些学者尤其早期学者往往过分关注于此，[①] 不仅忽视了国有财产法研究的重点，而且还忽视了法学尤其经济法学与相关学科的分工，而致国有财产法研究更具国有资产管理色彩。

---

① 参见谢次昌《国有资产法》，法律出版社1997年版；屈茂辉：《中国国有资产法研究》，人民法院出版社2002年版；史树林、庞华玲等：《国有资产法研究》，中国财政经济出版社2003年版等。

第一章 国家所有权理论拷辨[①]

长期以来一直习以为常的"国家所有权"概念自从我国起草《物权法》以来就在民法学界展开了激烈争论。比如：国家所有权概念有无存在的必要？国家所有权能否适用私人所有权的法律规则？国家所有权能否在《物权法》中加以规定？等等。这些争论直接关系到作为国家所有权客体的国有财产内涵的理解以及国有财产法体系的构建。某种意义上说，对国家所有权的准确理解和把握是国有财产立法的前提和基础，是国有财产法治化的关键环节，也是其重要的法理基础。

第一节 国家所有权理论的反思

一 国家所有权概念的产生

所有权本是大陆法系一个众所周知的概念，无须加以阐述。[②] 但为了响应国家所有权争议，而不得不为之。所有权概念起源于罗马法，后被注释法学家加以解读。罗马法规定，所有权是在法律许可的范围内，对于物的占有、使用和滥用权。注释法学家将其"滥用权"解释为"完全的支配权"。《拿破仑民法典》第544条规定："所有权是对于物有绝对无限制地使用、收益及处分的权利，但法令所禁止的使用不在此限。"《德国民法典》第903条规定："物之所有人，在不违反法律和第三人利益的范围

---

① 本章节主要内容发表在《政治与法律》2011年第12期。本书修订再版时，恢复了博士论文原稿，并做了适当修改和补充。

② 笔者不认同凡事追溯历史的学术倾向，不认同任何概念哪怕是最通俗的词汇均要考证到"古希腊、古罗马"以及"夏商时期"而加以人为复杂化的学术倾向，除非论文主题就是史料研究或有新的历史考证观点有助于论文主题的需要，否则便有炫耀和务虚之嫌疑（下文遇到类似问题同样注释）。

内，可以随意处分其物，并排除他人的任何干涉。我国有学者认为所有权是"以全面的物之支配权能为内容之权利"。① 也有学者认为，所有权是确定物的最终归属、表明主体对物独占和垄断的财产权利，是同一物上不依存于其他权利而独立存在的财产权利，是最充分、最全面的财产权利，这也就是所有权的排他性、本源性和全面性。② 我国《民法通则》第71条规定，"财产所有权是指所有人依法对自己的财产享有占有、使用、收益和处分的权利。"我国最新实施的《物权法》第39条规定，所有权是指"所有权人对自己的不动产或者动产，依法享有占有、使用、收益和处分的权利。"由此可见，所有权就是财产所有权，所有权是一种权利，"物"（即财产）则是所有权的客体。

　　英美法系则没有大陆法系所具有的高度抽象和逻辑严谨的物权法暨所有权概念，与此相对应的则是开放与灵活的财产法暨财产权概念。尽管民法学界对大陆法系"僵化"的物权法暨所有权概念存有异议，认为其对财产的充分利用不如英美法系的财产法暨财产权概念的灵活与实用。但笔者认为，物权法暨所有权制度也是人类社会关于财产制度历史实践的产物，有其存在的正当性与合理性。故对于存在所有权制度的国家和地区，在所有权基础上，适当吸收和借鉴英美法系的财产法经验乃是明智之举，而不是简单地否定所有权制度而另起炉灶英美法系的财产法体系。③ 这也是本书阐述所有权暨国家所有权重构的逻辑前提。

　　讨论所有权概念不得不正视经常困扰人们的经济学意义上的产权与所有权的关系。有学者认为，产权就是广义的所有权。④ 也有学者认为，"广义的产权与广义的所有权在内涵上可以等同。"⑤ 很显然，经济学界所理解的产权暨所有权概念与法学界存有很大差异。笔者认为，经济学意义上的产权就是财产权，相当于英美法系国家的财产权概念。如果把产权作狭义理解，产权就是所有权；如果把产权作广义理解，产权包括物权、债权、知识产权和继承权等，其中，物权包括所有权和他物权。严格而言，

----

　　① 史尚宽：《物权法论》，荣泰印书馆1979年版，第54页。
　　② 佟柔、周威：《论国营企业经营权》，载佟柔主编：《论国家所有权》，中国政法大学出版社1987年版，第2页。
　　③ 限于本书宗旨，在此不再详细加以论证此问题。
　　④ 参见吴宣恭《论法人财产权》，载《中国社会科学》1995年第2期，第26页。
　　⑤ 程恩富：《西方产权理论评析》，当代中国出版社1997年版，第74页。

知识产权也属于物权范畴，但如果把物权主要限于有体物暨考虑到知识产权体系的庞杂，故把知识产权从物权中分离出来，这种立法也成为国际趋势。考证产权与所有权关系的意义在于，除了概念正本清源外，更希望从本源性认识到，经济学意义上的产权基于人性自私的一面和"经济人"角色，必然要求产权主体明晰，这就决定了法学意义上的所有权主体也必然要求清晰。

由于"国家"或"全民"的抽象性，无法满足人性私欲和"所有权主体明晰"的要求，这就不难理解无论大陆法系的所有权概念还是英美法系的财产权概念从其产生之日起就是私有财产的解读，所有权概念产生之日起就是私人所有权的内涵，私有财产一直占据绝对主导地位。正如马克思所言，罗马人的"主要兴趣是发展和规定那些作为私有财产的抽象关系的关系"。① 杰里米·沃尔德伦（Jeremy Waldron）认为，"所有权"是一个只有私人财产制度才能加以具体说明的概念。② 布莱克斯通认为，法律对私有财产权的保护是如此严密，以至于不能允许对私有财产权的哪怕是最轻微的侵犯，甚至哪怕这种侵犯是出于整个社会的公共利益考虑。③《牛津法律大辞典》对"财产"也作如下解释：归某人合法所有之物，即受法律保护而私人享有的有形财产权和无形财产权。④ 等等。至于涉及国有财产问题，则具体为"政府所有或公法人所有"概念，常是一国主权问题。在布莱克斯通眼里，只有私有财产权才是所有权，国有财产权是一个"主权"问题。⑤ 公法人对公产行使的权利并不是《民法典》意义上的所有权。⑥ 言下之意，所有权暨财产法是一个私法范畴的问题。正因为如此，在西方国家长期以来并没有国家所有权概念。我们所理解的"国家所有权"问题常常是他们眼中的"主权"问题。因此，西方国家一般都没

① 《马克思恩格斯全集》（第1卷），人民出版社1972年版，第382页。
② ［美］克里斯特曼：《财产的神话——走向平等主义的所有权理论》，张绍宗译，广西师范大学出版社2004年版，第39—40页。
③ ［英］布莱克斯通：《英国法释义》（又译为《英国法律评论》）（第一卷），游云庭、缪苗译，上海人民出版社2006年版，第158—159页。
④ ［英］戴维·M. 沃克主编：《牛津法律大辞典》，北京社会与科技发展研究所组织编译，光明日报出版社1989年版，第729页。
⑤ 王利明：《国家所有权研究》，中国人民大学出版社1991年版，"前言"第2页。
⑥ ［法］弗朗索瓦·泰雷、菲利普·森勒尔：《法国财产法》（下），罗结珍译，中国法制出版社2008年版，第663页。

有按照社会主义国家所有制形式的标准规定所有权的先例。无论国有财产还是私有财产，西方国家要么按照所有权客体的动产与不动产加以区分规定所有权，同时对国有财产再以公法加以区别对待；要么按照不同的法律和取得方式规定所有权，比如德国宪法中的所有权、税法中的所有权、民法中的所有权和公共所有权等。① 故笔者不赞同有些学者认为的"在资本主义国家就具有完整的法律意义上的国家所有权概念"。② 笔者进而推断，有些学者所谓的"资本主义国家的国家所有权概念"要么囿于当时社会环境的限制，要么是以后来出现的"国家所有权概念"对当时西方国家国有财产相关法律规定的概括描述等因素。

那么，国家所有权概念最早产生于何时何地呢？据历史考证，国家所有权概念是原苏联东欧国家教条式运用马克思主义理论的产物。马克思认为，所有制是经济基础问题，法律是上层建筑问题。法律意义上的所有权只是一个表象，其决定因素是社会的所有制，即"一定社会生产力发展水平上的生产关系的总和"。③ 据此，原苏联学者机械地将西方国家具有私人属性的所有权概念简单照搬过来与马克思主义所谓的"所有制"结合起来，认为"有什么样的所有制就会有什么样的所有权、有什么样的所有权就必然有什么样的所有制"，④ 进而以所有制形式把私人属性的所有权划分为国家所有权、集体所有权和私人所有权等。这在 1923 年实施的《苏俄民法典》中得以体现。⑤ 这实际上是对私人属性的所有权一种肢解。原苏联关于所有制与所有权的理论对社会主义国家产生了深远影响。包括中国在内的社会主义国家普遍以所有制形式为标准将所有权划分为国家所有权、集体所有权和私人所有权等。

或许有人认为，如果从发展的眼光来看，将罗马法私人属性的所有权概念借鉴运用到公有财产身上并发展成国家所有权、集体所有权和私人所

---

① 孙宪忠：《德国当代物权法》，法律出版社 1997 年版，第 175 页。

② 王利明：《国家所有权研究》，中国人民大学出版社 1991 年版，第 8 页。

③ 参见《马克思恩格斯全集》（第 1 卷），第 44 页；转引自孙宪忠《论物权法》，法律出版社 2001 年版，第 485 页。

④ 《苏联法律词典》（第一分册），法律出版社 1957 年版，第 110 页以下。转引自李康宁、王秀英《国家所有权法理辨析》，载《宁夏社会科学》2005 年第 7 期，第 17 页。

⑤ 原苏联时期俄罗斯联邦于 1964 年 10 月 1 日实施新的《苏俄民法典》，取代了 1923 年 1 月 1 日实施的《苏俄民法典》。

有权等也未尝不可。但问题是，无论是公有财产还是私有财产，基于公有制的绝对主导地位和传统的意识形态等因素，所有权概念本身以及国家所有权、集体所有权和私人所有权在社会主义国家均发生了异化。

正如列宁在 20 世纪 20 年代起草《苏俄民法典》时指出："我们不承认任何'私法'，在我们看来，经济领域中的一切都属于公法范围，而不属于私法范围。"原苏联法学家认为，在苏联，随着私有制的废除和社会主义公有制的建立，私法作为一个体现个人利益的法律这一概念是不必要的，要求一个独立的公法和法律体系中的二元论的基础已不再存在。[①] 因此，私人属性的所有权概念在社会主义国家被异化为公有制的化身，而非私有财产的概念。所有权概念失去了私有财产存在的空间。当然，有些原苏联学者也认识到了西方国家的所有权概念运用到社会主义国家的差异性，但却囿于制度因素，并没有认识到所有权的异化问题，而是基于公有制的意识形态立场对"所有权"进行了重新解读，因而进一步助长了所有权的异化。比如原苏联著名学者维涅吉克托夫曾在其《社会主义国家所有权》一书中批评了《苏俄民法典》继承罗马法而给所有权下的定义，[②]认为罗马法中的所有权概念是一个抽象的、一般的"商品所有权"的概念，不能体现出不同所有制条件下的所有权的阶级特点，因而不能以此来解释国家所有权的概念。[③] 因而，他将所有权定义为：个人或集体以自己的权力和为自己的利益，在特定社会存在的阶级关系结构并与该结构相一致的基础上，支配生产资料和产品的权利。[④]

二 国家所有权的困惑

所有权概念的异化直接影响到所有权概念异化的产物"国家所有权"。我国学者普遍认为，国家所有权是指国家对国有财产的占有、使

---

① 沈宗灵：《比较法总论》，北京大学出版社 1998 年版，第 376 页。

② 1923 年实施的《苏俄民法典》第 58 条规定，所有权是指所有人在法律规定的限度内有占有、使用和处分财产的权利。

③ 参见［苏］A. B. 维涅吉克托夫《社会主义国家所有权》，苏联法律出版社 1948 年俄文版，第 21 页。转引自王利明《国家所有权研究》，中国人民大学出版社 1991 年版，第 11—12 页。

④ 参见《国际比较法百科全书 . 财产法在结构上的变化》，柏林 1972 年英文版，第 36 页。转引自王利明、李时荣《全民所有制企业国家所有权问题的探讨》，载佟柔主编《论国家所有权》，中国政法大学出版社 1987 年版，第 22 页。

用、收益和处分的权利，它是全民所有制在法律上的表现。① 社会主义国家普遍将国家所有权理解为"国家所有即全民所有"。国家所有权概念在社会主义国家被异化为简单的"全民所有"，从而有违"所有权主体明晰"的要求。"全民所有"在宪法、物权法等相关法律法规中作为价值理念的政治宣示语固然可以，但是作为国家所有权主体制度的法律构建将"国家"或"全民"加以泛政治化则扼杀了人性，因而万万不可。其实，早在原苏联东欧时期，就有一些学者认识到国家所有权主体的抽象性，"全民所有"难以量化到个人所有，其结果可能是少数人获益。比如原南斯拉夫学者卡德尔认为，公有制在社会主义实践中构成了这样一个矛盾，即"公有制还始终被认为是以劳动人民为一方，以社会资本集体所有者的某种法律上和事实上的'职务行使者'为一方的两者之间的关系。"② 原捷克斯洛伐克民法学者凯纳普进一步认为，"全民所有是直接的社会所有，所有者虽为全体人民，但在法律上并没有一个所有者"。人民所有权是"一个经济意义上的所有概念"，或"是在社会意义上所使用的概念"，并不是明确的法律概念。③

国家所有权主体的抽象性容易滋生消极影响，尤其在国家治理民主法治化水平较低而又缺乏国家所有权主体具体制度的法律构建的情况下。首先，从政府等国家机关来看，虽说其代表"全民"行使国家所有权，但由于"国家"或"全民所有"的僵化思维使政府在内的各级国家机关对国有财产主体界定不清，造成不负责任、行政效率低下的结果，一旦遇到利益以"国家"名义相互追逐、遇到责任以"国家"名义相互推诿。比如有些国有企业由中央、省和市等共同投资设立，一旦遇到问题，则各级政府在"国家"的名义下相互推诿，谁也不承担责任。即使"问责"，往往党的纪委以党纪要求首先领衔主导，姑且不论影响到"问责"成效，而且还容易陷入国有财产即"党产"之嫌疑。其次，从人民群众来看，虽说国家所有权是"全民所有"，但人民群众基于人性自私的一面不满足抽象的"全民所有"（尤其全民利益被少数人蚕食的情况下），往往对国有财产漠不关心，并利用一切机会损公肥私。再次，从国有企业来看，国

---

① 参见佟柔主编《中国民法》，法律出版社 1990 年版，第 249 页。

② ［南］爱德华·卡德尔：《公有制在当代社会主义实践中的矛盾》，中国社会科学出版社 1980 年版，第 4 页。

③ 王利明：《物权法论》，中国政法大学出版社 1998 年版，第 454 页。

家所有权的"全民性"决定了社会主义国家长期以来一直不承认企业法人所有权，① 因而当时的国有企业一直不能享有对国有财产的处分权等权利，国有企业成了国家的附属物。② 正如原苏联著名学者维涅吉克托夫所言，"社会主义国家对于国营企业，是把全部国家权力同所有人的一切权力结合起来掌握在自己的手中。"③ 国有企业与国家权力的结合进一步助长了国有垄断经济现象。而且，这种强调"国家是国有企业唯一股东"的做法也使国家成了所有国有企业的"无限责任股东"，导致国有企业最终无须承担任何责任，甚至国有企业之间承担不相干连带责任的荒唐现象，从而陷入了企业的逻辑悖论。比如：我国某地区一个国有企业向埃及出口羊肉，因羊肉上没有阿訇所作的标志，被埃及方面视为不洁之物扔进大海。埃及方面随即向我国该出口企业索赔，被我国该出口企业拒绝。埃及方面请求埃及法院将我国某远洋运输公司的巨型集装箱货轮扣押。埃及法院扣押的理由是，该羊肉出口企业是中国国有企业，中国的远洋运输公司也是中国的国有企业，依据中国法律和中国学者的解释，这两个企业的所有权只有一个，所以这两个企业是同一个所有权人名义下的财产。既然如此，远洋运输公司的财产当然可以用来承担羊肉出口企业的责任。④ 对于中方，虽然此案例按照《公司法》股东下属子公司之间的责任关系未必败诉，但面对国际法则，足以道出了国家所有权主体的模糊性和面临的实践风险。

与此同时，当国家所有权占据主导地位时，即抽象意义上的"国家"成为一个国家财产的最主要所有者时，往往也是民主法治化水平较低的国家和地区，国家作为中立管理者的地位更容易发生异化。掌握国家机器的极少数人基于人性自私的一面往往假借"国家"或"全民"的名义使所有权与公权力相结合而大行其道，导致"官商勾结"的"官僚经济"以

---

① 关于法人所有权问题，本书其后将进一步详细论证。

② 社会主义国家长期以来一直将"国有企业"称为"国营企业"，在我国，直至 1993 年 3 月 29 日宪法修正案将"国营企业"改为"国有企业"。

③ 参见［苏］A. B. 维涅吉克托夫《社会主义国家所有权》，苏联法律出版社 1948 年俄文版，第116—117页。转引自王利明、李时荣《全民所有制企业国家所有权问题的探讨》，载佟柔主编：《论国家所有权》，中国政法大学出版社 1987 年版，第 53 页。

④ 案例源于孙宪忠的《我国物权法中所有权体系的应然结构》一文的注释，载中国私法网（www. privatelaw. com. cn）。转引自李康宁、王秀英《国家所有权法理辨析》，载《宁夏社会科学》2005 年第 7 期，第 16 页。

及国有垄断利润未能足够惠及于民现象的出现，与民争利，形成特权阶层，从而挤压私人生存空间，危及市民社会。正如原南斯拉夫学者卡德尔认为，国家所有制造成国家有管理整个社会资本权利，从而为国家和党的官僚主义敞开了大门，并使在革命的行动上的集中越来越蜕化为行政管理的中央集中制。① 同样，原苏联著名民法学家约菲表达的更为直接，他认为，"政治统治阶层、官僚阶层是苏联经济的真正所有者，一旦这个真理被揭开，那么苏联制度的全部秘密也就一目了然了。"② 或许以上学者说法未免有些偏激，但在某些方面足以警示此种不良倾向的可能性。

而在中国，这种"异化"并非如同原苏联东欧国家因市场经济的推行而自然的消解，恰恰基于中国的"国情"与市场经济的衔接问题，即国家所有权市场转型的非彻底性以及较低的公权力法治化水平，从而使国家所有权在当今中国除了原有的"异化"外，还产生诸多新的变异与困扰，并影响到国有财产的实现机制。面对国家所有权的异化，国家所有权该市场转型的领域未能转型或未能彻底转型，不该市场转型的领域却发生了转型，在此背景下，强调国家所有权与私人所有权一体化平等保护，强调国有财产的保值增值功能，强调政企分开，势必导致国家所有权的职能错位和越位。其结果是：一方面，纵容"官商勾结"的"官僚经济"，导致与民争利和挤压私人财产空间；另一方面，导致国家公产制度的缺失，国家公产的逐利性，发生与民争利和公共产品的短缺等。③ 比如政府不宜进入市场的领域如房地产业等却过度介入而与民争利；应当由政府提供公共产品的领域如历史文化古迹、公园、博物馆、公路、殡葬服务、公立学校和医院等却市场化或过度市场化而牺牲公众福利等。此外，即使在国家所有权市场转型的过程中，由于我国不承认全社会参与的私有化的合宪性，为了实现企业的市场化改制，就只能更多的借助内部私有化。④ 这种缺乏宪政基础的内部私有化极易导致国有财产的流失和国企员工的利益受

---

① ［南］爱德华·卡德尔：《公有制在当代社会主义实践中的矛盾》，中国社会科学出版社1980年版，第10页。

② ［苏］O. C. 约菲：《苏联法律与现实》，马丁尼斯·尼洛夫出版公司1985年英文版，第122—123页。转引自王利明《国家所有权研究》，中国人民大学出版社1991年版，第92页。

③ 关于国家公产制度，本书其后将详细阐述。

④ 张力：《国家所有权的异化及其矫正——所有权平等保护的前提性思考》，载《河北法学》2010年第1期，第91页。

损，从而加剧了社会矛盾和利益冲突，并因此影响到国家所有权市场转型本应正当性的合法化问题，其结果反而危及国家所有权市场转型改革本身。

第二节 国家所有权理论的重构

国家所有权的异化随着国家所有权比重高低而程度不同。这种"异化"在以公有制为绝对主导的社会主义计划经济时代似乎理所当然，即使所谓的"异化"亦无改革的环境。但是，随着市场经济目标的选择，这种"异化"愈益凸显出问题解决的迫切性。

针对国家所有权的异化，如何完善我国的所有权暨国家所有权理论及其制度？笔者以为，主要考虑如下几个方面：

一 国家所有权的市场转型及其定位

鉴于国家所有权主体的抽象性困惑，对于缺乏私人自治的具有公权力性质的国家所有权暨国有财产，需要良好的国家治理及其民主法治化水平。相比较私人所有权，国家所有权面临着"政府失灵"，即国家治理成本问题。如若治理成本太高，而私人所有权又能解决国家所有权所面临的任务，则应发挥私人所有权的作用。因此，国家所有权存在的领域及多大程度的存在，取决于人的"经济人"角色、社会生产力发展、国家治理及民主法治化水平等因素，实际上是国家所有权与私人所有权相互博弈的一种过程，其最终理想是实现公民个人及其社会公共利益的最大化。

鉴于人的"经济人"角色，早在古希腊时期，亚里士多德就认为，"财产只能在特定意义上应该公有，但作为一般规则，应该私有；因为，当每一个人有其明确的利益时，人们才不会彼此抱怨，而且他们将更进步，因为所有人都会照顾其自己的事。"① 因此，让所有权概念回归私有财产范畴，实现国家所有权的市场转型及其定位，将国家所有权限制在私人所有权无法或难以解决的特定领域，这是从源头上解决国家所有权异化的关键所在！如前所述，所有权概念一经产生就是一个私有财产的问题，

---

① Aristotle, Politics, The Basic Works of Aristotle, trans. Benjamin Jowett. ed. and introd. Richard McKeon. New York: Random House, 1941, P1263at25—29。

基于国家职能需要确需存在的国有财产更多的是一个国家的"主权"问题，理应主要通过公法解决。如若将具有公权力属性的国有财产毫无例外地引入私人属性的所有权范畴并通过国家所有权介入私法性质的私有财产领域，不仅异化了所有权概念本身，而且还导致国家所有权暨国有财产的职能错位和越位，同时还腐蚀了私人所有权及其市民社会，最终危及一国宪政进程！进而言之，国家所有权异化的源头在于国家所有权本身。如果脱离国家所有权自身定位去解决国家所有权异化问题无疑是缘木求鱼的做法。这就不难理解无论是原南斯拉夫历史上的社会所有制改革还是中国历史上的承包制、租赁制、所有权与经营权分离、政企分开等改革为何难以根本解决国企问题的症结所在！即使我国学界经常论述的"政资分开（离）"，如果仅仅解读为目前学界普遍理解的"政府的社会公共职能与出资人职能分离"，而没有解读为"国家所有权应当退出不应进入的领域"，则"政资分开（离）"依然是"治标不治本"的做法。

只有实现了国家所有权的市场转型及其合理的市场定位，才能把抽象意义上的"国家"或"全民"以及有学者认为的"国家所有权神话"①或"国家所有权是一个虚幻的命题"② 这一负面影响降低到最低限度。这是国家所有权重构的前提和基础！

对于确需要保留的国家所有权，鉴于国家所有权的固有弊端，抱着非理想化的态度，以一定的可容忍的成本与代价，按照有别于私人所有权规制路径的理念进行国家所有权二元结构设计。良好制度的构建是相对的，而不是绝对的。

二 国家所有权的中央与地方关系重构

从国家所有权的中央与地方关系来看，主要包括两种观点：一是"统一所有说"，二是"分别所有说"（或"分级所有说"）。

1. "统一所有说"

从"统一所有说"来看，是指国有所有权由国家统一行使，也就是学界和立法界通常所述的"国家所有权主体的统一性和唯一性"。有学者

---

① 参见王军《国企改革与国家所有权神话》，载《中外法学》2005 年第 3 期，第 361—369 页。

② 参见李凤章《国家所有权的解构与重构》，载《山东社会科学》2005 年第 3 期，第 95—97 页。

认为，国有财产属于全民所有，即国家所有，这就从法律上确立了除国务院之外任何部门、地方和单位都不能作为国有财产所有权主体，也否定了那种"部门所有、地方所有"的主张，维护了国有企业财产所有权的统一性和完整性。① 早期的"统一所有说"采用了"统一所有、统一管理"原则，是高度的中央集权体制，全部由国务院代表国家行使国家所有权，地方政府没有多少自主权。或许"统一所有说"也认识到了这一弊端，进而提出了"统一所有、分级管理（或分级代表）"的原则。我国现有立法即如此。比如我国《企业国有资产法》第4条规定：国务院和地方人民政府依照法律、行政法规的规定，分别代表国家对国家出资企业履行出资人职责，享有出资人权益。相比较而言，这比以前要进步许多，但关于国有财产依然没有确定中央与地方的所有权边界，因而常在"国家"名义下中央与地方的随意性越权或怠权，要么争相逐利，要么互相推诿责任。因此，无论法学界还是经济学界，愈来愈多的学者还是反对"统一所有说"，提出了"分别所有或分级所有"的观点。

2. "分别所有说"（或"分级所有说"）

从"分别所有说"来看，是指国家所有权或国有财产由中央与地方分别所有。无论法学界（主要是民法学界和经济法学界）还是经济学界对此都有阐述。从经济法学界和经济学界来看，往往是从"国有资产"或"国有财产"视角分析了"分别所有"的必要性。比如：有学者认为，对于国有制来说，根本而言则需要打破国家所有制或所有权内部"铁板一块"的认识和做法，建立中央与地方分别所有的国家所有制。② 也有学者认为，要将中央统一所有的管理格局，改革为中央与地方分级所有。③ 也有学者认为，应该突破政策的束缚，明确提出国有资产"分级所有、分级管理"原则。④ 也有学者认为，建立一级政府，一级所有权的国有资产所

---

① 王利明：《物权法研究》（修订版）（上卷），中国人民大学出版社2007年第2版，第512页。

② 史际春、姚海放：《国有制革新的理论与实践》，载《华东政法学院学报》2005年第1期，第10页。

③ 漆多俊主编：《经济法学》，高等教育出版社2003年版，第223页。

④ 屈茂辉：《中国国有资产法研究》，人民法院出版社2002年版，第290页；刘玉平主编：《国有资产管理》，中国人民大学出版社2008年版，第59页等。

有权管理体制。① 也有学者对竞争领域国有企业建议采用"分级所有"原则，但对资源性国有财产等仍采用"统一所有"原则。② 等等。

许多学者在分析"分别所有"（或"分级所有"）时，并没有涉及国家所有权主体，到底是国家、国家和地方还是中央和地方各级政府等，并没有给出明确答案。如果在承认国家作为国家所有权主体的前提下，又提出要"明晰产权，必须分割所有权，必须承认所有权主体可以分为多个层次，必须破除所谓国家所有权主体的唯一性与统一性的理论，必须承认一物可以多主。"③ 如果把上述话语理解为中央和地方各级政府分别代表国家行使国家所有权，这与"国家统一所有、分级管理"并没有太大的区别。如果把国家视为国家所有权主体，又承认"分别所有"原则，则存在逻辑悖论，因为国家作为公法人整体概念是不能分割的，就如同企业法人、自然人等一样。因此，如果想把国家所有权分割为具体的主体制度如政府、企业法人等，则必须对国家所有权进行重新解构。对此，民法学界有些学者从"国家所有权"视角认识到了这一点。他们所认为的"分别所有"就是指中央和地方各级政府所有，明确了所有权主体，进而抛弃虚幻的国家所有权；即使保留国家所有权，也仅指中央政府所有。④ 前已述及的持"政府说"观点的学者一般均认同此观点。笔者也同意此观点。

从我国实践来看，虽然中国大陆目前并没有采纳"分别所有"观点，但在我国解放前有"分别所有"的实践做法。比如中国 1930 年制定的旧土地法第 4 条规定：本法所称公有土地，为国有土地、省有土地、市县有土地、乡镇有之土地。本条中的国有土地，即区别于地方政府的中央政府土地。⑤ 我国台湾地区也是一直实行"国家"、省、直辖市、县（市）和乡（镇）分别所有。

从国外来看，前已述及，国外一般很少有国家所有权的概念，关于国

---

① 沈志渔、罗仲伟等：《21 世纪初国有企业发展和改革》，经济管理出版社 2005 年版，第 95 页。

② 参见李松森《中央与地方国有资产产权关系研究》，人民出版社 2006 年版，第 194—196 页。

③ 刘士国：《评"国家所有权主体的唯一性和统一性"》，载《山东法学》1998 年第 1 期，第 8 页。

④ 参见李康宁、王秀英《国家所有权法理辨析》，载《宁夏社会科学》2005 年第 7 期，第 17 页；李凤章：《国家所有权的解构与重构》，载《山东社会科学》2005 年第 3 期，第 97 页等。

⑤ 孙宪忠：《论物权法》，法律出版社 2001 年版，第 490 页。

有财产一般是以政府所有权、公法人所有权或公共所有权形式出现，即使使用"国家所有权"概念也是解释为中央政府的所有权。① 从政府所有的财产来看，一般采取分别所有原则，并已成为国际惯例。比如：美国分为联邦、州和市镇所有财产；德国分为联邦、州、县区或镇所有财产；法国分为国家、省和市镇所有财产；意大利分为国有、省有和市有财产；西班牙分为国家、省和村镇所有财产；日本分为国家、都道府县、市町村三级所有财产；澳大利亚分为联邦、州和地方政府三级所有财产；墨西哥分为国家、州和自治市三级所有财产等。即使原苏联东欧国家也纷纷放弃了抽象意义上的国家所有权即全民所有的理论，回归所有权本来面貌。比如：俄罗斯除了国家所有权，还有自治地方所有权，实行俄罗斯联邦、俄罗斯联邦各主体以及自治地方所有财产；② 蒙古实行国家、省、首都、苏木和杜勒格斯五级所有财产；越南实行国家和省分别所有财产等。而且，一般而言，只有中央政府所有的企业及其财产才称为国有企业及其国家财产或国有财产，地方政府所有的企业及其财产称为地方公营企业及其地方财产等，并将国有财产和地方财产统称为公共财产。

笔者认为，应当借鉴我国历史经验、国际及我国台湾地区经验，国家所有权及其国有财产的中央与地方关系应当采取分别所有原则。之所以如此，主要包括如下几点理由：（1）有助于中央与地方国有财产产权的权责明确，尽可能避免相互逐利或推诿责任现象的发生。（2）有助于与我国的"一级政府、一级财政"相适应，做到财权与事权的合理配置；（3）有利于中央与地方的合理分权；（4）有利于国家所有权暨国有财产内部的相对市场化；（5）有助于解决委托代理链过长及其信息不对称的问题，降低代理成本及其管理成本，尽可能减少国有财产流失；（6）更能适应地区差异性显著的中国国情，也有助于与国际惯例接轨等。③

三　国家所有权主体的重构

从国家所有权主体来看，学界长期以来众说纷纭，其中最主要的观点主要有三种：一是"全民说"，二是"国家说"或"国家与地方说"，三

---

①　参见孙宪忠《论物权法》，法律出版社 2001 年版，第 490 页。

②　参见《俄罗斯联邦民法典》第 214 条第 1 款，黄道秀、李永军、鄢一美译，中国大百科全书出版社 1999 年版，第 103 页。

③　本书第五章将详细论证。

是"政府说"。

1. "全民说"

从"全民说"来看，是指国家所有权主体属于全体人民。这种理论又被称为人民所有权理论，曾在公有制为主导的社会主义国家非常流行。原苏联学者克利申认为，"国家只是作为人民群众的代表监督全民财产的合理利用和增值。"① 这种理论对我国也产生了很大影响，有学者认为，"国家只是代表人民行使所有权，不能成为所有权的主体，应改为人民所有权比较适宜。"② 但人民所有权理论也一直备受争议。前捷克斯洛伐克民法学者凯纳普的观点比较典型，他认为，"全民所有是直接的社会所有，所有者虽为全体人民，但在法律上并没有一个所有者"。人民所有权是"一个经济意义上的所有概念"，或"是在社会意义上所使用的概念"，并不是明确的法律概念。③ 我国也有学者认为，人民并不是一个法律范畴，不是法律上的主体，即使全体人民作为所有权主体，也无法落实所有权的权能行使。④ 笔者结合学界前辈共识的基础上认为，人民是一个政治概念，不是法律概念，过于抽象，不符合所有权主体明晰的要求。退一步而言，即使将人民作全体公民理解，则就成为共同共有，而整个国家的国有财产实行共同共有就失去了共有的意义。其结果势必存在委托代理的异化问题，反而事与愿违而有损人民利益。因此，人民或全民不宜作为国家所有权主体，但"人民所有"或"全民所有"作为价值理念的政治宣示语可以，但在所有权主体制度构建则不宜采用。

有学者认为，在资本主义国家，全民所有的观念也有所体现。⑤ 笔者不予认同，其理由在于：西方国家的"全民所有"仅是价值理念的政治宣示语，其实国家所有权主体最终都落实到具体的政府，即政府所有权或公法人所有权（本书其后将论及）。

---

① ［苏］A. A. 克利申：《欧洲社会主义国家所有制的发展》，载《苏维埃国家与法》，1988年第4期。转引自王利明《国家所有权研究》，中国人民大学出版社1991年版，第81页。

② 《法律年鉴》，法律出版社1987年版，第759页。

③ 王利明：《物权法论》，中国政法大学出版社1998年版，第454页。

④ 周林彬、李胜兰：《试论我国所有权主体制度改革与创新》，载《云南大学学报法学版》2001年第3期，第86页。

⑤ 张建文：《转型时期的国家所有权问题研究——面向公共所有权的思考》，法律出版社2008年版，第128页。

2. "国家说" 或 "国家与地方说"

从 "国家说" 来看，是指国家所有权主体属于国家。比如有学者认为，国家作为所有权主体的人格，不仅应当得到法哲学的确信，甚至更应当得到张扬。[①] 也有学者直接表达为国家所有权的主体就是国家。[②] 这种理论认识到 "人民" 或 "全民" 作为国家所有权主体的弊端，代之以 "国家" 作为国家所有权主体。他们认为，"国家" 作为法律概念，可以成为特殊的民事主体。相比较而言，这种理论比 "全民说" 进步了许多，也成为目前学界主流观点。我国和原苏联东欧国家也普遍认同此观点。比如 1964 年的《苏俄民法典》第 94 条明确规定："国家是国家财产的唯一所有人" 等。但 "国家说" 依然摆脱不了 "国家" 的抽象性问题（前文已涉及 "国家所有权异化"）。从原南斯拉夫来看，虽然他们认识到国家所有权的弊端，并希望通过社会所有制加以改革，但囿于当时特定社会环境仍无法摆脱 "人民" 的抽象性问题以及委托代理又涉及 "国家" 的抽象性问题。

其实，"国家说" 也认识到上述问题，因而并不仅仅停留于国家作为国家所有权主体的法律界定问题，还涉及由谁代表国家行使国家所有权。对此，我国又有三种观点：一是认为由人大代表国家行使国家所有权；[③] 二是认为由政府即国务院代表国家统一行使国家所有权；[④] 三是认为由中央和地方各级政府代表国家行使国家所有权。[⑤] 我国现有立法采纳了第二种观点，但又似乎兼顾了 "全民说"。这是立法妥协的产物。比如：我国《物权法》第 45 条规定：国有财产由国务院代表国家行使所有权；法律另有规定的，依照其规定。国家所有就是指全民所有。我国《企业国有资产法》第 3 条规定：国有资产属于国家所有即全民所有。国务院代表国家

---

① 程淑娟：《确信与限制——国家所有权主体的法哲学思考》，载《河北法学》2009 年第 5 期，第 39 页。

② 蔺翠牌：《论国有资产所有权主体的唯一性和统一性》，载《中央财经大学学报》1997 年第 8 期，第 31 页；陈旭琴：《论国家所有权的法律性质》，载《浙江大学学报》（人文社会科学版）2001 年第 2 期，第 98 页等。

③ 比如蔡定剑提出由人大代表国家行使国家所有权。参见《谁代表国家所有权》，载《人大建设》2005 年第 1 期，第 55 页等。

④ 参见谢次昌《国家所有权理论在实践中的运用和发展》，载《中国法学》1996 年第 6 期，第 36 页等。

⑤ 参见漆多俊主编《经济法学》，高等教育出版社 2003 年版，第 226 页等。

行使国有资产所有权等。

就国家所有权由人大还是由政府代表国家行使而言，学界目前主流观点倾向于由政府代表国家行使国家所有权。理由主要在于：虽然，国家所有权利益最终归属于全体人民，人大作为最高权力机关代表国家行使国家所有权似乎理所当然。但是，国家所有权的行使无论管理还是经营，只有政府职能更适合，而人大作为立法机关显然难以胜任。至于人大的最高权力机关地位及是否代表人民利益，取决于人大对政府的有效监督。

在"国家说"并同意中央与地方"分别所有"的基础上，有学者提出了国家所有权主体为国家和地方。比如有学者认为，国家与地方分别所有不同于中央与地方政府分别所有，即在国家所有权主体上，只承认国家和省级地方为国家所有权主体，而不是中央政府和省级政府为国有财产的所有权人。① 但是，国家所有权主体分解为国家和地方，依然摆脱不了前已述及的抽象性及其委托代理问题，而且也摆脱不了地方能否作为国家所有权主体的逻辑悖论。

因此，无论"国家说"还是"国家与地方说"均存在委托代理关系，最终还是将国家所有权主体落实到政府等公法人身上，势必存在信息不对称、委托代理成本及其异化问题。为此，有些学者大胆提出了质疑并提出了解决方案，而且渐成学界热点问题。比如有学者认为，公法意义上的国家，作为所有权主体不符合民法基本法理。民法意义上的国家应当理解为中央政府。在主体制度上，或取消国家所有权，根据法人制度理论将其确定为各级政府（公法法人）的公共所有权；或保留国家所有权，但以立法说明或司法解释的方式明确其为区别于地方政府的中央政府所有权。②等等。

3. "政府说"

从"政府说"来看，是指国家所有权主体直接属于政府，政府不是国家所有权人的代理人。对此，有两种性质完全不同的观点：

（1）在承认国家所有权存在的前提下，认为国家所有权主体属于政府。其中又包括两种观点：一种观点认为，国家所有权主体只能属于中央

---

① 张建文：《转型时期的国家所有权问题研究——面向公共所有权的思考》，法律出版社2008年版，第142页。

② 李康宁、王秀英：《国家所有权法理辨析》，载《宁夏社会科学》2005年第7期，第14—17页。

政府，比如前文述及的"或保留国家所有权，但以立法说明或司法解释的方式明确其为区别于地方政府的中央政府所有权"；① 另一种观点认为，国家所有权主体属于中央和地方各级政府。

（2）在不承认国家所有权存在的前提下，直接以公共所有权或政府所有权替代国家所有权。比如前文述及的"在主体制度上，或取消国家所有权，根据法人制度理论将其确定为各级政府（公法法人）的公共所有权"。② 有学者认为，国家所有权是一个虚幻的命题，应当把国家所有权分解为各级政府所有权，即各级公法人所有的形式。③

总体而言，持"政府说"的观点，一般都对国家所有权是否有必要存在提出了大胆质疑。相比较而言，"政府说"克服了"全民说"和"国家说"的缺陷与不足，使国家所有权主体从"抽象"到"具体"，相对吻合了所有权及其责任主体明晰的要求。笔者同意"政府说"的观点，即将国家所有权主体直接落实到政府身上，减少不必要的抽象代理环节。进而言之，从政治上，国家所有权主体当然属于国家及其人民；但从法律上，国家所有权主体必须明确到政府身上，同时对政府的公权力加以有效制约，方能体现国家所有权的人民利益。否则，所谓的"全民说"和"国家说"皆成为"乌托邦"。

或许有人认为，过分计较国家所有权主体并无多大意义，这仅是形式问题，无论"全民说"还是"国家说"最终都落实到代理人"政府"身上，从而与"政府说"似乎殊途同归。无论作为国家所有权主体的"政府"还是作为国家所有权主体代理人的"政府"，能否充分实现国家所有权的利益和目标，关键取决于一个国家或地区的民主法治化水平。笔者也认同上述观点，并也充分认识到国有财产的实现机制关键取决于一个国家或地区的民主法治化水平，这也正是本书以"国有财产法"为选题的重要因素。但需补充的是，"政府"作为"代理人"角色还是作为"主人"角色，最大的区别就在于：作为"代理人"角色的"政府"实际上常以"主人"角色出现；享有事实"主人权利"的"政府"一旦面临责任常以

---

① 李康宁、王秀英：《国家所有权法理辨析》，载《宁夏社会科学》2005 年第 7 期，第 17 页。

② 同上书，第 17 页。

③ 参见李凤章《国家所有权的解构与重构》，载《山东社会科学》2005 年第 3 期，第 97 页。

"代理人"角色相互推卸，导致"政府"利用其模糊身份游刃于权益与责任之间，权益与责任不规范，随意性较大，权责不一致。因此，将国家所有权主体分解到"主人"角色的各级政府身上既符合法理逻辑，也是还原政府的"事实占有"的真相；将抽象、空洞且"动听"的"国家所有"或"全民所有"落实到具体责任人"政府"身上，有利于明晰产权主体，实现"责权利"统一，避免各级政府等利益主体在"国家"或"全民"的名义下相互逐利或推卸责任；有助于理顺中央与地方的分权关系，有效衔接财政联邦主义和分税制等财政体制，充分调动地方积极性，实现国有财产的相对市场化；借此推动我国政治体制改革，完善国有财产的民主法治环境。比如日本新潟市原先考虑将该市中央区东万代町的市有土地约1.5万平方米出售给中国总领事馆作为新址用地，但该市2010年11月18日以"市民感情恶化"为由暂时冻结了卖地计划，因为市有土地是全市公共财产，得不到市民的理解则无法出售。① 姑且不论日本新潟市政府的做法有无政治企图或是否妥当，但就市有土地的处置则具有充分的地方自主权和法治色彩。而这在国有财产国家统一所有的背景下是难以想象的。也正因为这种"补充"决定了将国家所有权主体分解到中央和地方各级政府身上应是相对明智的制度设计，从而尽可能降低哈丁教授所谓的"公地的悲剧"。② 若此，我国现有的立法诸如《物权法》、《企业国有资产法》等均要改变折中且模糊的立法模式，作出相应的修改。

综上所述，从法律上应当将确需存在的抽象意义上的国家所有权解构为中央和地方各级政府的公法人所有权。如果保留国家所有权概念的话，狭义上的国家所有权仅指中央政府的公法人所有权，广义上的国家所有权则包括中央和地方各级政府的公法人所有权。③ 至于"国家所有"或"全民所有"类似说法，只是一种政治表述，以强调国有财产实现机制的最终价值目标。

---

① 资料来源：http：//www.chinadaily.com.cn/hqgj/jryw/2010 - 11 - 20/content_ 1241510. html，2010年11月20日访问。

② Garrett Hardin：The Tragedy of the Commons, Science, 1968（162），P1243—1248.

③ 本书其后涉及的"国家所有权"，如若没有特别说明的话，均指国家所有权解构后的此种含义。

第三节　法人所有权与国家所有权及私人所有权关系辨析

随着社会发展，公司以及各种组织形式的出现，西方国家基于传统私人所有权的价值理念，也是比照私有财产的属性加以规范公司等各种组织形式，因而出现了法人所有权。尤其股份有限公司的发展进一步奠定了法人所有权的基础。即便国有财产，也是尽量避免抽象化的"国家"或"全民"概念，而以具体的政府所有或公法人所有形式出现，以吻合所有权主体明晰的本性。这种所有权价值观不仅存在于大陆法系国家，即便英美法系国家后来也采纳了这种价值观，包括公司法人所有权等。因此，在西方国家一般没有传统社会主义国家所谓的抽象意义上的国家所有权和集体所有权说法。

所谓法人所有权，是指法人对其依法获得的财产享有占有、使用、收益和处分的权利。在我国，长期以来，关于法人是否享有所有权一直存有争议。法人所有权争议起源于企业法人财产权性质的争议。这在计划经济时期不是问题，因为法人一切财产都用了抽象的国家或集体加以概括，甚至还不存在真正意义上的独立"法人"，企业往往是政府的"附属物"。但从我国改革开放以来，面对国有企业市场化的发展趋势，企业是否享有独立的财产所有权则成了争议的问题，从而引发了法人所有权问题。这个问题在私有制条件下不成问题，但在公有制为主导的传统意识形态影响下，则成了敏感问题。在有些人眼里，承认企业法人所有权似乎动摇了国家所有权在内的公有制。正如有学者认为，"关于企业对其资产是否具有财产权，以及这种财产权的性质是什么，在私有制主导的条件下是毋庸讨论的，之所以在我国出现这一概念，是与公有制主导的经济体制紧密相关的。"① 关于企业法人财产权性质，我国 20 世纪 80 年代以来存在广泛争议，一直延续至今，尚无定论。主要有"所有权说"、② "经营权说"、③

---

① 史际春、温烨、邓峰：《企业和公司法》，中国人民大学出版社 2001 年版，第 138 页。

② 参见沈敏峰《论法人所有权》，载佟柔主编《论国家所有权》，中国政法大学出版社 1987 年版，第 57—98 页；郭广辉、王利军：《我国所有权制度的变迁与重构》，中国检察出版社 2005 年版，第 232—272 页等。

③ 参见王金农、徐武生《论国有企业财产经营权》，载佟柔主编《论国家所有权》，中国政法大学出版社 1987 年版，第 137—156 页等。

"双重所有权结构说"、① "股权与公司所有权说"等若干观点，② 其中"所有权说"已经成为学界主流观点。尽管如此，囿于法人所有权与传统公有制不协调的意识形态影响，我国官方提出了模糊所有制的"法人财产权"这一颇具中国特色的概念。这一概念最早出现于中共十四届三中全会作出的《中共中央关于建立社会主义市场经济体制若干问题的决定》。我国最新修订的《公司法》第3条也明确规定"公司是企业法人，有独立的财产，享有法人财产权"。③ 同样，我国最新制定的《企业国有资产法》也没有明确国家出资企业的法人所有权。

笔者认为，我国应当从立法上明确承认包括行政事业单位、企业等在内的法人单位对其财产享有法人所有权。其理由在于：（1）有利于法人制度构建，使法人尤其公法人制度名副其实，也符合政府作为国家所有权主体的理论逻辑。法人存在的重要前提就是拥有独立的财产与经费，并能独立地承担有限责任，必然要求法人对其财产享有所有权。反之，必然容易存在法人财产随意划转、调拨的可能性，又谈何法人独立承担法律责任呢？我国一方面承认法人制度，另一方面又模糊法人对其财产是否享有所有权问题，显然是自相矛盾的。其结果是，对于政府等公法人单位仍然背负着无限连带责任。（2）以企业为例。投资者对法人企业投资享有的是一种股权并承担有限责任，政府对国有企业投资也是如此，而法人企业则享有独立的财产权利并承担有限责任。至于股权则是一种新型的权利形态，是投资者（股东）财产所有权的客体，但投资者并不直接拥有法人企业本身。这种制度设计既符合法人之所以有必要存在的逻辑特征，也有利于投资者与法人企业的相对独立性，较好地实现了所有权与经营权的分离；既适应人性私欲以便于调动投资者的积极性，也适应了所有权社会化及其社会化大生产的需要，极大地加速了资本积累，解放了生产力。正如有学者指出，现代公司不仅服务于所有者或者支配者，也服务于整个

---

① 参见袁长春《论相对所有权》，载佟柔主编《论国家所有权》，中国政法大学出版社1987年版，第117—136页等。

② 参见赵旭东主编《公司法学》，高等教育出版社2006年第2版，第15页。

③ 李昌庚：《公司：社会化企业命题——兼论马克思主义所有制的反思与重构》，载《商丘职业技术学院学报》2008年第1期，第28页。

社会。①

对于行政事业单位等公法人而言，其法人所有权原理与企业法人所有权一样，类似于股权关系，国家治理某种程度上如同公司治理。以行政单位为例，某市公安局对其财产享有法人所有权，它的投资主体是该市政府，并授权市政府财政局行使出资人职能；而市政府的法人所有权由其上级政府投资。依此类推。再以事业单位为例，某高校对其财产享有法人所有权，它的投资主体是某省政府，并授权省财政厅行使出资人职能，省教育厅仅是行使社会公共管理职能的机构。依此类推。

或许有学者认为，法人所有权也是一个抽象概念，无论在其内涵还是外延都存在不少争议。② 笔者以为，就"法人"整体而言具有抽象属性，但论及法人所有权本身均是针对具体的法人，比如社团法人所有权、企业法人所有权、政府机关法人所有权、学校、医院等事业法人所有权等。相比较"国家"和"集体"则要具体得多，而且法人背后涉及具体股东，尤其私法人背后涉及具有私人利益属性的股东。因此，采纳法人所有权既克服了公民个人所有权无法涵盖财产发展趋势的不足，也克服了国有财产产权主体抽象性缺陷。其实，马克思对"法人所有权"早有类似洞见。他在《资本论》第二十四章中提到，"这种否定不是重新建立私有制，而是在资本主义时代成就的基础上，也就是说，在协作和对土地及靠劳动本身生产的生产资料的共同占有的基础上，重新建立个人所有制"。③ 虽然马克思未直接采用"法人所有权"词汇，但其说法却与法人所有权有着惊人的相似，并认为这"是在资本主义体系本身的基础上对资本主义私人产业的扬弃"。④ 然而，令人遗憾的是，后来的共产党人在社会主义实践中未能充分而完整地理解马克思的话，却以教条主义眼光看待马克思观点。相反，从个人性质的财产变成非个人性质的财产，建立起的资本主义

---

① See Adolf A Berle, Jr. and Gardiner C. Means, The Modern Corporation and Private Property, New York: Commerce Clearing House, 1932, P356.

② 王利明：《物权法研究》（修订版）（上卷），中国人民大学出版社 2007 年第 2 版，第 556 页。

③ 《马克思恩格斯全集》（第 23 卷），人民出版社 1972 年版，第 832 页。

④ 同上书，第 496 页。

集产制，① 即是法人所有权的体现，是所有权社会化的一种结果。如果说
西方国家的所有权社会化是为了克服私人所有权的不足，那么，传统社会
主义国家计划经济时期为了克服私人所有权不足的国家所有权和集体所有
权则是忽视社会生产力发展及国家治理水平的所有权社会化过度发展的产
物。正如有学者所言，"社会所有权思想又如带有两面锋刃之利剑，如用
之不当，适足以抹杀私人财产权，戕害个人自由，最终酿成人类之悲
剧。"② 而法人所有权则是适应现有生产力发展、国家治理及法治化水平
情况下的所有权社会化较好表现之一，既克服了传统私人所有权的不足，
也克服了传统国家所有权主体过于抽象的问题。如同有学者所言，从个人
占有向非个人占有的转变已经改变了而不是消灭了资本家阶级。③

那么，法人所有权是什么性质的所有权呢？笔者以为，法人所有权不
是所有制意义上的所有权，而是从所有权持有主体所做的一种分类说法。
也就是说，从所有制意义来看，既有国家所有权，也有私人所有权，以及
前已论及值得商榷的集体所有权。从所有权持有主体来看，既有公民个人
所有权，也有法人所有权。从所有制来看，法人所有权从终极意义上到底
属于私有还是公有，取决于法人所有权背后投资者的终极所有权性质。如
果投资者具有私有属性，则法人所有权具有私财产性质；如果投资者具有
公有属性，则法人所有权具有公财产性质；如果投资者兼有公有属性和私
有属性，则法人所有权则具有公私混合财产性质。但法人所有权的财产本
身愈来愈体现社会化，而这恰是传统私人所有权和国家所有权所难以达到
的，既克服了私人所有权过度私益化不足，也克服了国家所有权主体抽象
暨"政府失灵"之不足，同时又能达至以弥补私人所有权不足为己任的
国家所有权所期望达到而其本身又无法达到的目标，即既能促进社会生产
力发展，又能较好地实现社会化大生产暨社会整体利益。由此可见，法人
所有权仅是国家所有权和私人所有权实现的一种方式和手段而已。

虽然法人所有权的投资者层级愈多，其所有权社会化程度也愈高。但
同时也增加了法人治理成本。对于私人所有权而言，由于"经济人"角

---

① ［法］拉法格：《财产及其起源》，王子野译，生活·读书·新知三联书店 1962 年版，第
160 页。

② 梁慧星主编：《民商法论丛》第 4 卷，法律出版社 1996 年版，第 9 页。

③ 徐崇温主编：［英］约翰·斯科特：《公司经营与资本家阶级》，张峰译，重庆出版社
2002 年版，第 278 页。

色，通过法人治理与社会化大生产之间的动态博弈过程，较好地解决了此问题。但对于国家所有权而言，由于主体的抽象性暨"政府失灵"的可能性，则难以克服治理成本增加的难题。这不仅告知国家所有权在构建法人所有权时，投资层级不宜过多，也从某种意义上说，只有从私人所有权视角去解构法人所有权更具有现实意义。

由此可见，法人所有权仅是所有权实现的一种方式和手段。确立法人所有权也就适应了前已述及的国家所有权解构为中央与地方政府分别所有的公法人所有权的发展趋势。法人所有权既包括国家所有权内容如公法人所有权，也包括私人所有权内容如私法人所有权。某种意义上说，法人所有权是私人所有权向公共所有权迈进的适应社会生产力发展及国家治理水平的阶段性反映，是更好地实现国家所有权和私人所有权的一种方式和手段，以弥补二者实现机制之不足。在现有社会生产力发展、国家治理及民主法治化水平下，这种克服了传统私有制和传统公有制之不足而兼采两者之长的兼具公民个人对法人财产拥有股权和法人对其财产拥有相对所有权的法人所有权理应成为所有权社会化的重要途径，进而实现马克思、恩格斯所言的在资本主义社会基础上更高层次的"重新建立个人所有制"，以最终达至公共所有权目标。

第四节 所有权分类理论的反思与重构

如前所述，所有权从起源来看，所有权本是私有财产的概念，是私人所有权的化身。在西方国家一般没有抽象意义的国家所有权和集体所有权说法。在西方国家《民法典》或《物权法》中关于所有权的分类往往是从权利的客体加以划分，比如动产所有权和不动产所有权等。

然而，原苏联东欧等传统社会主义国家深受教条主义影响，将经济学意义的公有制神化，以致将西方国家的所有权概念移植时发生异化，并与所有制关系联系，将所有权分为国家所有权、集体所有权和私人所有权，并使所有权异化为公有制的话语空间，而失去了私有财产的话语权。长期以来，我国也深受原苏联影响，无论相关立法还是理论界一般都将所有权分为国家所有权、集体所有权和公民个人所有权。比如《宪法》、《民法通则》、《物权法》等均是如此。

除了前已述及的国家所有权需要反思外，集体所有权也面临着同样的反思。集体所有权也是一个受到苏联东欧国家影响下的特定历史产物，与国家所有权一样，都是所有权与所有制关系简单结合下的产物。从我国来看，新中国成立后，国家基于政治需要将一部分国有土地分给农民使用，以满足农民自身需要，但又避免私有化，故出现了集体所有权概念。实际上，集体所有权本质就是一种国家所有权形式。学界对集体所有权早有质疑。比如有学者认为，集体所有权主体是"个人化和法人化的契合"，集体财产应为集体组织法人所有，而集体组织成员对集体财产享有股权或社员权。① 也有学者提出了取消集体土地所有权，要么国有化，要么私有化，要么部分国有化、部分私有化等。② 笔者也曾论及集体所有权主体不清、产权虚置、权能不全，并主张集体土地所有权部分国有化、部分私有化的观点。③ 笔者认为，集体所有权除了极少部分回归国家所有权本来面貌外，应当改革为私人所有权。④

由此可见，我们不得不反思传统意义上的所有权分类。虽然有些学者对所有权分类提出了一些新的观点，但均没有跳出国家所有权和集体所有权的"框框"，而且这些分类存在或多或少的缺陷。比如有学者把所有权分为国家所有权、集体所有权、社会团体所有权和公民个人所有权。⑤ 这种分类借鉴了《民法通则》第 77 条的规定，⑥ 是一种法条解读的所有权分类；而且依此观点，社会团体所有权实际上是一种法人所有权，将之与国家所有权、集体所有权和公民个人所有权归类存在分类标准不统一的缺陷。也有学者将所有权分为私人所有权、公共所有权、团体所有权和国家所有权。⑦ 这种分类借鉴了国外做法，但又未彻底打破国内传统分类，导致彼此交叉与模糊。比如公共所有权与国家所有权的交叉与模糊，而且这种公共所有权更类似于西方国家的国家公产制度；团体所有权有点类似于集体所有权，又有法人所有权的特点。也有学者把所有权分为私人所有权

---

① 孔祥俊：《民商法新问题与判解研究》，人民法院出版社 1996 年版，第 378 页。

② 参见王卫国《中国土地权利研究》，中国政法大学出版社 1997 年版，第 116、98 页。

③ 参见李昌庚《新路径视野下的农村集体土地所有权的反思与重构》，载《学术论坛》2007 年第 7 期，第 125—130 页。

④ 限于本书宗旨，在此不再详叙。

⑤ 参见王利明主编《民法》，中国人民大学出版社 2000 年版，第 168—175 页。

⑥ 《民法通则》第 77 条规定："社会团体包括宗教团体的合法财产受法律保护。"

⑦ 李松森：《中央与地方国有资产产权关系研究》，人民出版社 2006 年版，第 170 页。

和公共所有权，其中私人所有权包括公民所有权和法人所有权，公共所有权包括国家所有权和集体所有权。① 这种分类忽视了法人所有权的全部内涵，其实，法人所有权既有私法人所有权，也有公法人所有权，而公法人所有权则涉及该学者所认为的国家所有权和集体所有权。而且，这种"公共所有权"提法既受到西方国家的影响，也或多或少地受到国内《宪法》第 12 条规定的影响，② 似乎有点法条解读的味道。等等。

对传统所有权分类，早在《物权法》起草阶段就有了激烈争议。比如有学者认为，按照权利主体划分所有权，是生产资料所有制性质的反应，更多的具有政治意味而缺乏法学意味，国家、集体和个人所有权性质相同，保护手段并无差异，因此没有必要进行区分。③ 也有一些学者表达了类似观点。④ 笔者基本同意上述观点外，还认为，将所有权分为国家、集体和公民个人所有权还不是完全从权利主体角度进行划分的，更多的是从权利性质来划分的，因为所有权主体从本源来看不存在国家和集体这种抽象的政治概念，也不符合现代意义上的所有权主体明晰的要求。权利主体真正涉及的应当是公民、法人等范畴。此外，这种说法是从《物权法》关于物权分类的角度论及国家所有权和集体所有权的废除，并没有涉及政府所有财产的专门法律保护问题，而这也不是《物权法》解决的问题。实际上，在此之前就有学者不以国家、集体和公民个人为标准对所有权加以分类。比如有学者借鉴国际通行做法将所有权按照权利客体分为不动产所有权（土地所有权、房屋所有权和建筑物区分所有权等）和动产所有权。⑤

一旦确立了法人所有权，那么前已述及的将抽象意义上的确需存在的国家所有权解构为中央和地方各级政府的公法人所有权，以及将抽象意义上的集体所有权改革为公民个人所有权、私法人所有权和政府的公法人所

---

① 张建文：《转型时期的国家所有权问题研究——面向公共所有权的思考》，法律出版社2008 年版，"摘要"第 2 页。

② 《中华人民共和国宪法》第 12 条规定："国家保护社会主义的公共财产。禁止任何组织或者个人用任何手段侵占或者破坏国家的和集体的财产。"

③ 参见梁慧星主编《中国物权法草案建议稿：条文、说明、理由与参考立法例》，社会科学文献出版社 2000 年版，第 212 页。

④ 李康宁、王秀英：《国家所有权法理辨析》，载《宁夏社会科学》2005 年第 7 期，第 13 页；牛立夫：《对我国所有权的三分法的法学思考》，载《内蒙古社会科学》（汉文版）2005 年第 2 期，第 48 页等。

⑤ 参见江平主编《民法学》，中国政法大学出版社 2000 年版，第 357—382 页。

有权就有了法理依据。对于各级政府直接或间接投资形成的各类企事业单位而言，政府的公法人所有权客体则是针对股权，而各类企事业单位则具有独立的法人所有权，这有利于国有产权主体的明晰化及其权责统一，有利于实现政府职能的市场转型以及所有权与经营管理权的相对分离。

确立法人所有权是所有权分类理论重构的关键前提。在此基础上，所有权可作如下分类：

（1）从权利客体来看，所有权可以分为动产所有权和不动产所有权，其中动产和不动产所有权还可以进一步细分，比如不动产所有权可以分为土地所有权、房屋所有权和建筑物区分所有权等。

（2）从权利主体来看，所有权可以分为公民个人所有权和法人所有权。其中法人所有权可以细分为机关法人所有权、事业法人所有权、社团法人所有权和企业法人所有权。但法人所有权在我国存在诸多特例。从机关法人所有权来看，虽然机关法人包括立法机关、行政机关和司法机关，但从国家机关职能分工和有效管理财产来看，理应由政府管理包括立法机关和司法机关在内的所有财产。在我国，诸如政协、执政党和各民主党派、共青团、妇联等从性质上说应当属于社团法人，这也是国际惯例。但鉴于中国目前国情，上述组织财产一般均由政府出资，且呈现"行政化"现象，行使着国家职能，成为事实上的"机关法人"，因而，也应由政府管理上述组织的财产。故机关法人所有权实际上就是指政府的公法人所有权。从事业法人所有权和社团法人所有权来看，鉴于中国目前国情，事业单位和社会团体一般也多是由政府投资设立，多具有"准官方"色彩，其职能尚未彻底转型，因而对于这种类型的事业单位和社会团体的财产也应纳入政府管理，属于政府的公法人所有权。在国外，社会团体一般都是纯粹民间机构；我国所谓的事业单位要么企业化经营，纳入企业法人所有权；要么承担社会公共管理职能，纳入政府的公法人所有权，比如医院、学校等。因而，我国民法中关于机关法人、事业法人和社团法人的分类在目前中国条件还不是很成熟，相应的机关、事业和社团法人所有权的分类意义也无法凸显，这要取决于国家机关、事业单位和社会团体的"市民社会"变革。① 相比较而言，我国国有企业的市场化改革力度比较大，确立

---

① 民法学界有些学者长期以来一直论证企业法人所有权，也论及法人财产的独立性，但却很少论及机关、事业和社团法人所有权以及与国家所有权暨国有财产等的关系。

企业法人所有权有其现实紧迫性和必要性。至于非法人组织的财产问题，则属于投资者个人所有，无论公民个人单独所有还是共有。比如个人独资企业和合伙企业等。

（3）从权利性质来看，所有权可以分为私人所有权、公共所有权和公私混合所有权。私人所有权包括公民个人所有权和私法人所有权。其中，私法人所有权既包括私有法人企业所有权，也包括由私人投资设立的像学校、医院以及行业协会等所谓的事业单位和社会团体法人所有权。公共所有权即是公法人所有权，包括中央和地方各级政府的公法人所有权以及由政府直接或间接投资并承担诸多公共职能的事业单位、社会团体和企业法人所有权。[①] 如前所述，如果保留国家所有权概念的话，公共所有权即指广义上的国家所有权。如若事业单位、社会团体和企业由政府和私人共同投资创办的，则属于公私混合所有权。

如果说人类社会已经考证的原始社会的共产主义痕迹是当初人类不得不为之的事情，那么，私人所有权则满足了人性的私欲，是人类顺其自然的事情。尽管私人所有权的诸多缺陷使人类社会从原始共产主义的痕迹中憧憬未来的共产主义，并诞生了国家所有权和集体所有权，但是在人类可预期的范围内，国家所有权和集体所有权的异化却让我们不得不重新回归私人所有权的思考。西方国家的法人所有权制度则是所有权社会化的较好表现，充分实践了马克思所谓的"重新建立个人所有制"。在法人所有权制度中，虽然公法人所有权相对实现了所有权与经营管理权的分离，以及政府公权力的市场边界，但仍无法克服终极意义上所有者主体的抽象。因此，克服了传统私有制和传统公有制之不足而兼采两者之长的兼具公民个人对法人财产拥有股权和法人对其财产拥有所有权的私法人所有权理应成为所有权社会化的中坚力量。若此，也就充分实现了马克思所谓的在更高层次上"重新建立个人所有制"。而这对于我国的国家所有权、集体所有权及其国有财产改革尤具有启迪意义！

---

① 本书所说的我国"公共所有权"不同于国外一些国家所谓的"公共所有权"。国外一些国家所谓的"公共所有权"一般是指政府投资满足公共用财产的所有权，比如公园、公厕等公共设施。

第二章　国有财产的法理解读

第一节　国有财产的概念和特征

一　"国有资产"与"国有财产"的不同说法

国有财产中的"财产"本是一个众所周知、无须引经据典加以雕琢的概念。但在国内，经济法学界以及立法界长期以来习惯把"国有资产"与"国有财产"等同，并以"国有资产"取代"国有财产"说法，相应的，早期关于国有财产的立法及其研究也统统称为"国有资产法"，并出台了《企业国有资产法》。[①] 虽然早期有学者对"国有资产"暨"国有资产法"说法有过异议，[②] 但"国有资产"暨"国有资产法"说法一直处于正统地位，也获得立法界认可。很显然，这与本书主题涉及的"国有财产法"存有冲突。因此，对"财产"和"资产"的概念就有澄清的必要。

---

① 从现有的文献资料查证，截至笔者撰写本书时，学界目前仅有极少数学者以"国有财产法"替代"国有资产法"。比如高富平教授则明确提出了"制定《国有财产法》"观点；屈茂辉教授从当初"国有资产法"到后来"国有财产法"观点的改变。史际春教授虽没有关于"国有财产法"的直接论著，但在《企业国有资产法理解与适用》中提到了《企业国有资产法》的过渡性质，最终将是像日本、韩国的"国有财产法"。具体参见高富平《建立国有资产分类规范的法律体系》，载《华东政法学院学报》2000年第5期，第34页；屈茂辉：《中国国有资产法研究》，人民法院出版社2002年版；屈茂辉：《制定中国国有财产法的基本思路》，载《湖南社会科学》2004年第1期，第73—75页；史际春等：《企业国有资产法理解与适用》，中国法制出版社2009年版，"序"第4页等。

② 参见张冀湘《论"两职分开"的具体实现形式》，徐家树：《关于〈国有资产法〉的几个重大问题的看法》，李贤沛：《关于〈国有资产法〉的几个问题》，载《国有资产法》起草工作组编：《国有资产立法研究》，经济科学出版社1995年版，第117—118；193—194；237—238页等。

所谓资产，按照《辞海》说法，是"负债"的对称，资金运用的同义语，是指有关单位所拥有的各种财产、债权和其他权益。① 按照《企业会计准则——基本准则》规定，资产是指企业过去的交易或者事项形成的、由企业拥有或控制的、预期会给企业带来经济利益的资源。② 有学者进一步将之提炼为：所谓资产是指企业拥有或者控制的能以货币计量的经济资源，包括各种财产、债权和其他权利。③ 总之，学界普遍的共识认为，只有作为生产要素投入生产经营活动的财产及其财产权利，才称为资产。由此可见，资产是一个与"负债"相对应的并且更多地与企业经营活动密切相关的经济学概念，因而是在特定情形下使用的概念。与之相关的"国有资产"、"企业国有资产"、"国有资产管理"、"国有资产流失"等均是如此。比如：开始涉及"国有资产流失"概念时，一般意义上多指企业国有资产流失。

何谓财产？普通法之父布莱克斯通认为，财产是某人凭借着一种完全排他的、对外在的物的请求或行使的权利。④ 当然，布莱克斯通的财产概念已经不再完全适用，比如：随着所有权的社会化，财产不再是绝对的，而是受到限制的等。也有学者认为，财产的通俗概念就是把财产看作物；财产的法律概念就是把财产理解为法律关系，即财产是由与物有关的人或其他实体中间所形成的特定关系，通常是由法律关系组成。⑤ 这种法律关系就是一种权利义务关系。大陆法系国家所使用的财产概念与普通法系国家存有差异，财产概念一般包括如下三种含义：一是指有货币价值的权利

① 辞海编辑委员会：《辞海》（经济分册），上海辞书出版社 1980 年第 2 版，第 512 页。

② 《企业会计准则——基本准则》第 20 条，财政部令第 33 号，2006 年 2 月 15 日。转引自史际春等《企业国有资产法理解与适用》，中国法制出版社 2009 年版，第 7 页。

③ 严格来说，这并非《企业会计准则》的原话，而是学者的提炼与概括。只有史际春教授等人在《企业国有资产法理解与适用》中考证了"资产"在《企业会计准则》中的原话。具体参见谢次昌《国有资产法》，法律出版社 1997 年版，第 3 页；屈茂辉：《中国国有资产法研究》，人民法院出版社 2002 年版，第 2 页；杨文：《国有资产的法经济分析》，知识产权出版社 2006 年版，第 1 页；史际春等：《企业国有资产法理解与适用》，中国法制出版社 2009 年版，第 7 页。

④ ［英］布莱克斯通：《英国法律评论》（又译为《英国法释义》），1985 年版，第 2 页。转引自王利明《国家所有权研究》，中国人民大学出版社 1991 年版，第 20 页。

⑤ ［美］斯蒂芬·芒泽：《财产理论》，彭诚信译，北京大学出版社 2006 年版，第 13—14 页。

客体；二是指人们对物所享有的所有权；三是指物和权利的总称。① 笔者认为，鉴于财产概念从纯粹的"物"到"权利"的转变趋势，所谓财产，简言之，是指具有货币价值并受法律保护的权利客体。总之，财产既不是原始意义上的"物"，也不同于所有权；财产又与所有权密切相关，是所有权的客体；财产体现了一种权利义务的法律关系。

很显然，财产的范围要大于资产，既可能涉及经营性的，也可能涉及非经营性的；财产是资产等的泛称，资产只是财产的一种，而财产不一定是资产。② 如果说，"资产"是在特定情形下使用的经济学概念，那么，"财产"则是在通常情形下使用的概念，而且更具有法律意义概念属性。正如美国经济学家约翰·康芒斯所言，"我们认为财产的经济意义就是'资产'，而资产的法律意义就是'财产'"。③ 换言之，通常情形下的"财产"（Property）只有在特定情形下才称为"资产"（Asset），尤其是在财务意义上使用更为频繁，如资产负债表等。此种特定情形即为前述的"涉及经营性活动"。

这就不难理解国内外无论是学界还是实务界为何在通常情形下都使用"财产"说法。比如美国斯蒂芬·芒泽的《财产理论》、克里斯特曼的《财产的神话——走向平等主义的所有权理论》等。④ 在法学界就更是如此。从国外尤其西方国家来看，一般都是使用"财产"说法并从法律角度加以定义。比如前已述及的布莱克斯通的财产概念。后人一般都是使用"财产"说法并加以法律定义。相应的，就有"财产法"而没有"资产法"的说法，如英国 F. H. 劳森和 B. 拉登合着的《财产法》等；⑤ 也有了相关财产立法，如《法国国有财产法典》以及后来的《公法人财产总

---

① 王利明：《国家所有权研究》，中国人民大学出版社 1991 年版，第 22 页。

② 屈茂辉：《中国国有资产法研究》，人民法院出版社 2002 年版，第 3 页；杨文：《国有资产的法经济分析》，知识产权出版社 2006 年版，第 3 页；王全兴：《经济法基础理论专题研究》，中国检察出版社 2002 年版，第 644 页等。

③ ［美］约翰·康芒斯：《制度经济学（上）》，商务印书馆 1983 年中文版，第 93 页。

④ 具体参见［美］斯蒂芬·芒泽《财产理论》，彭诚信译，北京大学出版社 2006 年版；［美］克里斯特曼：《财产的神话——走向平等主义的所有权理论》，张绍宗译，广西师范大学出版社 2004 年版等。

⑤ 参见［英］F. H. 劳森、B. 拉登《财产法》，施天涛等译，中国大百科全书出版社 1998 年版等。

法典》、《日本国有财产法》和《韩国国有财产法》等。① 从国内来看，除了经济法学界以外，无论学界还是立法界一般都使用"财产"说法，比如宪法学界关于经济制度等问题，民法学界关于国家所有权等问题，行政法学界涉及行政公产等问题。② 相应的，相关立法也是如此，比如《宪法》、《民法通则》和《物权法》等均提及"财产"说法，而无"资产"表述。我国台湾地区也有相应的《国有财产法》。因此，面对"私有财产神圣不可侵犯"的法律精神时，与之对应的概念应是"国有财产"，而非"国有资产"，我们也从未听说过"私有资产"的通常说法。

而且，从适用范围来看，"国有资产"主要指企业性国有财产；而"国有财产"在无特殊限定的情况下，是指一国全部国有财产，既包括企业性国有财产，还包括行政事业性国有财产和资源性国有财产等。③ 因此，就国有财产的整体立法而言，当然使用"国有财产"暨"国有财产法"说法更为科学。

既然如此，那为何唯独经济法学界在国有财产法方面无论是理论研究还是立法实践却大量使用了非特定情形下的"国有资产"说法，而不是"国有财产"说法，并以"国有资产"替代"国有财产"说法呢？考证"国资立法"及其相关研究的背景资料，笔者以为，如果来深层次原因来看，虽然我国一直奉行公有制的主导地位，存在着庞大的国有财产，但长期以来由于受传统意识形态、计划经济的影响和人治的传统阴影，"人民"和"国有财产"的泛政治化，以及"所有制"的泛化，导致我国一直缺乏法律意义上的"国有财产"特有概念及其系统的理论阐述，与之相关的无非是"国家财产"或是从所有制角度表述的"全民所有制财产"等。如果从直接原因来看，主要有三个原因：一是 1993 年开始"国资立法"时，是由全国人大财经委负责起草工作的，其工作组成员基本上都是

① 或许有人认为，也可以把"property"或相应外文词汇翻译成"资产"，但为何译者均将之翻译成"财产"呢？这不仅是译文准确性问题（"资产"对应的英文一般为"asset"），也由此可见"财产"的通说。

② 参见王利明《国家所有权研究》，中国人民大学出版社 1991 年版；张建文：《转型时期的国家所有权问题研究——面向公共所有权的思考》，法律出版社 2008 年版；张树义：《行政法与行政诉讼法学》，高等教育出版社 2002 年版等。

③ 关于国有财产的分类存在多种争议，本书其后将详细论证。笔者在此暂且以我国现有的分类立法加以表述，以便读者了解本书的背景资料。

人大和政府官员以及经济领域的专家学者，由于其对"资产"的经济思维定式或偏好而形成了"先入为主"的学术霸权和强势主导地位；二是随着"大国资立法"向"小国资立法"的转变，"国资立法"的适用范围主要限定在经营性国有资产，即企业国有资产，从而使"国有资产"说法有了更多的发展空间；三是经济法学发展历史比较短暂，再加以经济法的"经济性"特性，以及经济法学者自身因素，经济法学界多借鉴甚至照搬了经济学概念，而较少借鉴法学界已有的研究成果，比如民法学界的国家所有权理论、行政法学界的行政公产理论等，从而使"资产"及"国有资产"说法成了思维定式。这就不难理解早期关于国有财产法的论著为何多经济学术语而缺乏法理基础的原因。由于经济法学缺乏别的学科无法替代的话语权，从而使其一直陷入能否成为独立部门法的争议。① 当然，令人可喜的是，经过经济法学界的努力，这一现象正在逐步改变！

虽然"财产"是通常用语，但"资产"在某种程度上与其通用也无大碍，似乎也无如同"孔夫子"似地对其加以严格区分的必要；虽然无论采用"国有财产法"还是"国有资产法"说法，只要将其立法及其法律制度论证清楚并加以科学构建，何种说法也并无大碍；虽然有学者认识到"国有资产"与"国有财产"混用的问题，但希望通过对"国有资产"的广义理解以取得与"国有财产"的同义，以解决"国有资产法"的用词问题。② 但笔者以为，将经济学界在特定情形下使用的"资产"、"国有资产"、"企业国有资产"以及"国有资产管理"等概念加以泛化以取代"财产"概念，既有违概念的严谨性，也有违学术界和立法界的通说，容易紊乱学术用语以及相关法律体系（如宪法、民法、物权法等），也不符合国际惯例。因此，笔者主张在通常情形下尤其在法律意义上应使用具有严谨的法学概念的"财产"及"国有财产"说法，而不赞同经济概念的"资产"及"国有资产"说法；相应的，应使用"国有财产法"说法，而

① 笔者以为，经济法学界只有在充分把握和领会经济学的基础上，加以法理解读，赋予法律精神，获得独特的法律术语，从而取得经济学等其他学科无法替代的话语权，经济法学才有旺盛的生命力，否则经济法仅仅成为经济政策的法律形式而已。具体参见李昌庚《回归自然的经济法原理》，知识产权出版社 2010 年版，第 3—6 页。

② 参见王全兴《经济法基础理论专题研究》，中国检察出版社 2002 年版，第 644 页；李贤沛：《关于〈国有资产法〉的几个问题》，载《国有资产法》起草工作组编《国有资产立法研究》，经济科学出版社 1995 年版，第 237—238 页。

不赞同"国有资产法"说法。① 这样做有助于国有财产的立法、执法和司法以及整个财产法体系的统一协调。

二　国有财产的概念和特征

如前所述，我国一直缺乏"国有财产"的特有概念及其系统理论阐述。直至《物权法》颁布才有了"国有财产"的系统阐述。国内经济法学界以及立法界长期以来习惯使用"国有资产"的说法，因而基本上都是关于国有资产的概念。但在当时"国有资产"替代或混用"国有财产"的情况下，关于国有资产的概念就是我们现在讨论的国有财产概念范畴。

从当初国有资产概念的表述来看，有的学者认为，国有资产是指国家以各种形式投资及收益、接受馈赠形成的，或者凭借国家权力取得的，或者依据法律认定的各种类型的财产或财产权利。② 有的学者则直接采用了《国有资产产权界定和产权纠纷处理暂行办法》（国资法规发〔1993〕68号）关于"国有资产"的定义，即国有资产是指国家依法取得和认定的，或者国家以各种形式对企业投资收益、国家向行政事业单位拨款等形成的资产。③ 最高人民检察院1999年颁布的《关于人民检察院直接受理立案侦查案件立案标准的规定（试行）》也采纳了上述关于国有资产的定义。也有学者认为，国有资产是指国家依据法律取得的，国家以各种形式的投资和收益形成或接受赠予而取得的固定资产、流动资产和其他形态的资产等。④ 不难看出，上述定义几乎一致，主要从国有财产的取得方式加以界定的，这也与国外关于国有财产的定义大致相同。也有一些学者认识到了国有资产与国有财产的差异，把国有资产做广狭义理解。广义的国有资产与国有财产同义，泛指依法归国家所有的一切财产，既包括增值型或经营性国有财产，又包括非增值型或非经营性国有财产。狭义的国有资产仅指增值型或经营性国有财产。这些学者一般都是从广义的国有资产来理解，而对广义的国有资产所下的具体定义则与前述学者关于国有资产的定义一

---

① 本书以下章节如若使用"资产"说法，均在特定情形下或有特别说明。
② 谢次昌：《国有资产法》，法律出版社1997年版，第3页。
③ 李昌麒：《经济法学》，中国政法大学出版社2002年版，第476页。
④ 刘隆亨：《经济法概论》（第六版），北京大学出版社2005年版，第488页。

样，也是从国有财产取得方式加以界定。① 很显然，这一点已经成为共识。当然，也有学者从狭义上理解国有资产，即认为国有资产仅指经营性国有财产。② 这些学者也认识到了国有资产与国有财产的差异，他们所理解的国有资产就不能与国有财产含义等同，但却吻合了国有资产自身的内涵。也有的学者认为，国有资产就是国家所有的资产，对国有资产如果不以"企业"加以修饰的话，更多地是指国有财产。③ 言下之意，国有资产主要指"企业"这种特定情形，针对经营性或企业性国有财产；不涉及"企业"时，更倾向于使用"国有财产"说法。

由此观之，学界关于国有资产的定义，如果从广义理解就等同于国有财产的内涵，如果从狭义理解实际上是指企业性或经营性国有财产。若此，"企业国有资产"及《企业国有资产法》就有其可以理解之处。但从"资产"和"财产"含义来看，就不应有所谓的国有资产广狭义理解，很显然，国有财产是上位概念，国有资产是下位概念。就如同有学者指出，"牢固确立国有财产不止是国有资产的大国有财产意识"。④ 学界乃至实务界之所以对国有资产存在广狭义理解，笔者以为，这与长期以来"国有资产"的强势话语权有关，使"国有财产"缺乏话语空间，而许多人又看出国有资产与国有财产的差异，为便于问题的陈述而不得不对国有资产进行广狭义理解，以与国有财产相协调。

从对国有财产直接下定义来看，由于我国长期以来一直缺乏"国有财产"特有的概念及其系统理论阐述，故较少有直接对国有财产进行定义的。直至我国《物权法》颁布以来，才从立法上有明确的"国有财产"概念及其相关论述。《物权法》第45条规定，国有财产由国务院代表国家行使所有权；法律另有规定的，依照其规定。同时，该法列举了国有财

---

① 参见漆多俊主编《经济法学》，高等教育出版社2003年版，第217—218页；王全兴：《经济法基础理论专题研究》，中国检察出版社2002年版，第644页；屈茂辉：《中国国有资产法研究》，人民法院出版社2002年版，第3页；杨文：《国有资产的法经济分析》，知识产权出版社2006年版，第4页；刘玉平主编：《国有资产管理》，中国人民大学出版社2008年版，第2页等。

② 参见潘静成、刘文华主编《经济法》，中国人民大学出版社2005年第2版，第365页；顾功耘主编：《经济法教程》，上海人民出版社2002年版，第378页等。

③ 史际春等：《企业国有资产法理解与适用》，中国法制出版社2009年版，第8页。

④ 阮慧斌、王永礼：《透视日本国有财产法律制度》，载《人民政坛》2001年第11期，第45页。

产的范围以及国有财产的管理和保护等内容。① 从学界来看，较早提出
"国有财产"概念的来自民法学界。民法学界分析国家所有权时一般均提
到了"国有财产"概念，但对此并没有确切的定义，而是分析了国有财
产与国家所有权的关系。比如有学者认为，广义上理解的国家所有权也常
常被称为国有财产；不能因为国家所有权概念的存在而否定国有财产概念
的存在，也不能因为采纳国有财产的概念而完全抛弃国家所有权的
概念。②

从国外及我国台湾地区来看，由于普遍推行国有财产的"分别所有"
原则，故许多国家和地区仅将属于中央层级的国家所有的财产称为"国有
财产"，其余的类似于地方财产等称呼。比如法国、意大利、西班牙、日
本、蒙古、越南和墨西哥等。我国台湾地区也是仅将"中央政府"所有
的财产称为"国有财产"，其他主体所有的财产称为地方自治财产等。俄
罗斯比较特殊。俄罗斯的国有财产指俄罗斯联邦所有的财产和俄罗斯联邦
主体所有的财产，但不包括自治地方所有财产。有些国家如美国、德国等
几乎没有"国有财产"说法，将联邦、州和市镇政府所有的财产统统称
为政府财产，但其实质一样。

许多国家和地区从立法上对国有财产作了明确定义。比如：1962 年
版的法国《国有财产法典》规定，国有财产是指包括一切应归属于国家
的各种动产、不动产及其之上的权利，并将之区分为国家公用财产与国有
非公用财产。日本 2002 年最新修订的《国有财产法》规定，国有财产是
指根据法律规定国家负担的国有财产，或根据法令规定赠予而成为国有的
财产。韩国 2001 年最新修订的《国有财产法》规定，国有财产是指符合
以下几项规定的财产，是由国家行使权力或国家接受捐赠的财产，或根据
法律或条约的规定成为国有的那一部分财产。我国台湾地区 2002 年最新
修订的《国有财产法》规定，国家依据法律规定，或基于权力行使，或
由于预算支出，或由于接受捐赠所取得之财产，为国有财产；凡不属于私
有或地方所有之财产，除法律另有规定外，均应视为国有财产。

从中不难发现，国外及我国台湾地区也主要是从国有财产取得方式及
其范围等角度加以定义的。我国关于国有资产的定义也多受此影响。应该

---

① 前已述及，《物权法》对有无必要详细规定国家所有权及国有财产存有争议。
② 王利明：《国家所有权研究》，中国人民大学出版社 1991 年版，第 24 页。

说，各国及地区关于国有财产的定义并没有多大区别，但"由谁代表国家"恰是国内外最大的区别，也直接关系到国有财产的范围以及国有财产法体系构建。依"分别所有"原则，只有中央政府有权代表"国家"，并往往将中央政府所有的财产称为"国有财产"，地方政府所有的财产则为"地方财产"。国外及我国台湾地区普遍如此。就此而言，国有财产实际上无所谓"分别所有"问题，① 此乃是国内学者为了分析有别于我国国有财产"统一所有、分级管理"原则而杜撰的概念。依我国"统一所有、分级管理"原则，无论中央政府还是各级地方政府对其财产均没有所有权，均由"国家"授权国务院并由国务院授权各级地方政府管理，故无论是中央政府还是各级地方政府的财产均属于国有财产。其最大的弊端在于国有财产的产权抽象、"空洞"和模糊，不利于中央与地方分权，难以调动地方积极性，既有违各级政府和其他法人组织"事实占有"国有财产的真相，也极易导致各级政府和其他法人组织在"国家"或"全民"的名义下相互逐利或推卸责任，其结果只能是低效的国有财产管理。

鉴于前已述及的国家所有权的分解与重构理论，国家所有权解构为中央和地方各级政府的公法人所有权；如果保留国家所有权概念的话，狭义上的国家所有权仅指中央政府的公法人所有权，广义上的国家所有权则包括中央和地方各级政府的公法人所有权。各级地方政府按照"一级财政、一级所有权"的原则确定相应财产的所有权，包括省有、市有、县有和乡（镇）有财产。② 依此改革思路，我国的国有财产需要重新界定。笔者以为，界定国有财产概念需要把握如下两点：一是国有财产的取得方式，以便限制国家公权力，界定国家财产与私人财产的边界，避免国家公权力侵犯私人财产；二是界定国有财产的产权主体及其中央与地方关系，政府代表"国家"作为国有财产的所有者在国外不成问题，但在我国，鉴于传统公有制的意识形态及其思维定式影响，需要对此予以明确。

---

① "分别所有"（"分级所有"）原则只有在中央政府所有的财产和地方政府所有的财产均属于国有财产时，才有此种说法。但在国有财产仅针对中央政府财产时，严格而言，就无所谓国有财产"分别所有"（"分级所有"）说法。但也有少数国家有国有财产"分别所有"的实践，比如俄罗斯的国有财产分为两级，包括俄罗斯联邦和俄罗斯联邦各主体，但不包括市有财产等。除此以外，笼统的政府财产可以有"分别所有"的说法。

② 随着我国中央与地方行政区划的改革，地方财产的所有权层级还会发生相应的变化，总的趋势是层级逐渐减少。

　　鉴于此，所谓国有财产是指由政府代表国家依法取得和认定，以及通过投资和收益或接受捐赠等而形成的财产。国有财产有广义和狭义之分。广义上的国有财产既包括中央政府所有的财产，也包括各级地方政府所有的财产（即地方财产）；狭义上的国有财产仅指中央政府所有的财产。许多国家和地区往往将国有财产限于中央政府所有的财产，而不包括地方财产。鉴于地方财产与中央政府所有的财产适用同样的运行原理、管理机制及其法治价值，以及考虑到我国单一制国家传统及其习惯思维定式，本书采用广义上的国有财产概念。①

　　在此，有必要澄清国有财产与公共财产的关系，而这取决于国有财产与公共财产概念的界定。基于前已述及的公共所有权理论，所谓公共财产是指由政府投资以提供公共产品（Public Goods）、满足公共需求（Public Wants）的财产。在西方国家，公共财产又称为"公产"或"政府公产"。按照传统社会主义国家的所有制及其所有权分类理论，公共财产包括传统意义上的国有财产和集体财产。但是，随着前已述及的集体所有权理论的解构，传统意义上的集体财产将不复存在，而以私有财产和国有财产所取代。这要取决于我国的所有权改革。从目前来看，保留下来的集体财产依然属于公共财产。但从长远来看，如果对国有财产作狭义理解，则公共财产包括国有财产和地方财产；如果对国有财产作广义理解，则国有财产即公共财产。本书所理解的公共财产也不同于国外一些国家《国有财产法》规定的"公共财产"，比如日本《国有财产法》中的"公共财产"是行政财产的一种，是指在国家中供国家的事务、事业及其职员（指国家公务员宿舍法（1949 年法律第 117 号）第 2 条第 2 号的职员）居住使用或已决定供其使用的财产。② 再比如韩国《国有财产法》中的"公共财产"也是行政财产的一种，是指国家直接作为公共用的正在使用或决定使用的财产。③

　　国有财产也不同于行政公产。所谓行政公产，是指行政主体行使行政职权、作出行政行为过程中所涉及的公物，包括公务用的财产和行政主体提供给公众直接使用的财产。行政公产概念最早起源于法国的行政法学

---

　　① 其实，将国有财产产权主体落实到各级政府身上时，无论采用广义还是狭义的国有财产概念仅是形式问题，并不影响到相关立法的实质内容。

　　② 参见日本《国有财产法》（2002 年修订）第 3 条规定。

　　③ 参见韩国《国有财产法》（2001 年修订）第 4 条规定。

者，受公私法划分理论的影响，他们将行政主体的财产划分为公产和私产，前者受公法支配和行政法院管辖，后者受私法支配和普通法院管辖。① 有学者很早就把法国的行政公产概念引入中国，但长期以来并未引起人们关注。② 随着国有财产的市场转型和行政权力的制约呼声，民法学界的国家所有权争议和经济法学界的"国有资产"争议也引入行政法学界，行政公产逐渐引起行政法学界的关注。从行政公产的概念来看，行政公产包括中央和地方各级政府的公产。但国有财产并不仅仅限于此，还包括各级政府的私产等。行政公私产的划分理论对国有财产的法律分类及其法律适用具有重要的启发意义（本书其后将详细论证）。

国有财产主要具有如下特征：（1）国有财产取得及其范围有着严格的法定程序，以便合理界定国家与市场的边界；（2）国有财产的所有权主体直接或间接地属于政府；（3）国有财产体现了国家公权力，从而导致国有财产与私有财产在法律适用上的差异；（4）国有财产主要局限于非市场竞争领域，主要功能在于弥补市场失灵（Market Failure），体现了非市场主导性；（5）国有财产服务于一国全体公民，以国家利益和社会整体利益为实现目标等。

当然，国有财产重构需要考虑我国历史发展现状。由于传统体制、国家政策、自然条件等多种因素，我国各地经济发展差异很大，原有国有财产地区分布不均衡。不考虑此种因素的国有财产的简单重构有失地区之间的公平。因此，国有财产重构时，需要通过国家的统一协调，在中央与地方以及不同地区的国有财产之间合理的调剂、补偿或公共财政的倾斜扶持政策等。这一切均有赖于我国的所有权改革。③

第二节　国有财产的法律分类

一　国家公私产划分研究

在国外尤其西方国家，由于国有财产尤其经营性国有财产相对较少，

---

① 张树义：《行政法与行政诉讼法学》，高等教育出版社 2002 年版，第 51 页。

② 参见王名扬《法国行政法》，中国政法大学出版社 1988 年版。

③ 本书第五章将详细阐述。

因此，国有财产分类比较简单化。大陆法系国家尤其法国等国受到传统公私法划分理论、自身历史文化传统等因素的影响，一般将国有财产划分为国家公产与国家私产或类似划分的二元结构，进而影响到其他国家。

（一）国家公私产划分的起源与发展

国家公产与国家私产的分类最早起源于古代罗马法。罗马私法对物首要的划分是财产物和非财产物，非财产物主要包括两大类：一是所有的神法物；二是一部分人法物，其中人法物又包括共有物、公有物和团体物等。① 当时还没有明确的国家公私产法律制度，但这可以算是国家公私产区分的雏形。

直到 19 世纪初，法国学者普鲁东受民法学者理论的启发在 1833 年所著的《公产论》一书中系统阐述了公产理论。他认为，在政治共同体的财产中有一些是公共财产，供一般公众使用，在它们用途没有改变之前不能转让，也不能作为取得时效的标的。政治共同体另外还有一些财产虽然属于共同体所有，但如同私人所有一样，是生产性的，可以用于谋取利益的财产。② "政治共同体的公共财产"即是后来的国家公产，而后者则是后来的国家私产。这种理论在 19 世纪很快被法国学术界和司法界所接受，尤其在法院判例中所运用，确立了"公产"与"私产"的区分。③

到了 20 世纪，国家公产理论就不再局限于 19 世纪时期的自然性质的属于公众使用的财产，还包括行政主体为了公共利益指定作为公用的财产在内。国家公产制度也不完全排除政府可以取得收益。④

后来法国的《法国民法典》、《国有财产法典》等相关立法和法院判例中直接明确了国家公产与私产的概念和区别。比如法国 1962 年版的《国有财产法典》和 2006 年的《公法人财产总法典》将国有财产区分为公产和私产；⑤ 这种理论与实践随即影响到欧洲大陆。比如：《意大利民法典》把国有财产分为国家公共财产和国有财产；德国关于国有财产分类

①　黄风：《罗马私法导论》，中国政法大学出版社 2003 年版，第 170—172 页。

②　王名扬：《法国行政法》，北京大学出版社 2007 年版，第 237—238 页。

③　[法] 弗朗索瓦·泰雷、菲利普·森勒尔：《法国财产法》（下），罗结珍译，中国法制出版社 2008 年版，第 663 页。

④　王名扬：《法国行政法》，北京大学出版社 2007 年版，第 238 页。

⑤　参见法国 1962 年版的《国有财产法典》第 2 条规定以及 2006 年的《公法人财产总法典》等。

也有类似的公物和国家私有物划分，其公物制度类似于法国的公产制度，并将公物依其目的分为公共使用公物、行政使用公物、特别使用公物和营造物使用公物。①《西班牙民法典》也是将国有财产分为公共所有（公产）和私所有（私产）。② 等等。

随着欧洲殖民和欧洲文明的影响，国家公私产或类似划分的理论进而影响到拉丁美洲和亚洲等许多国家。像墨西哥、阿根廷、委内瑞拉、智利、危地马拉、多米尼加等绝大多数拉美国家也将国有财产作了类似公产与私产的划分。比如：《智利民法典》同样将国家财产划分为公用全民财产或公共财产；《墨西哥联邦地区民法典》将财产区分为公共权力所有和个人所有，公共权力所有的财产又分为公共使用的财产、用于公共服务的财产和公共权力（国家、州和自治市三级）私有财产。③ 等等。埃及19世纪后期的《混合民法典》和后来的《国家民法典》将国有土地分为私有国土和公有国土即是国家公私产的一种类似划分。④ 同样，对于日本、韩国和我国台湾地区也是如此。比如：日本把国有财产分为行政财产和普通财产。⑤ 韩国国有财产根据其用途分为行政财产、保存财产与杂项财产。⑥我国台湾地区把"国有财产"分为公用财产与非公用财产两类。⑦ 从中不难看出，日本、韩国及我国台湾地区关于国有财产的分类也受到大陆法系公私法及其国家公私产或类似划分理论的影响，日本的行政财产、韩国的行政财产和保存财产以及我国台湾地区的公用财产相当于国家公产，日本的普通财产、韩国的杂项财产以及我国台湾地区的非公用财产相当于国家私产。

即使体制转型的一些国家如蒙古、爱沙尼亚等国也回归到传统大陆法系国家公私产划分的做法。比如：蒙古将国有财产分为公用国家财产与国

---

① 张树义：《行政法与行政诉讼法学》，高等教育出版社2002年版，第52页。

② 参见《西班牙民法典》第338—340条规定

③ 参见高富平《拉美所有权制度的形成与演变——大陆法系所有权变迁之透视》，中国政法大学图书馆1998年博士论文。

④ 参见〔英〕法哈特·J.泽德《阿拉伯国家财产法》，郭锋、陈丽洁、汤树梅译，中国人民大学法律系1986年内刊，第14页。

⑤ 参见日本《国有财产法》（2002年修订）。

⑥ 参见韩国《国有财产法》（2001年修订）。

⑦ 参见中国《台湾国有财产法》（2002年修订）。

家私有财产。① 爱沙尼亚规定了全民物、公共物和私有物。② 等等。

在英美法系国家，由于类似于像法国等欧洲国家的国家私产本来就非常少，再加以其与大陆法系传统的差异，导致英美法系国家一般没有大陆法系国家的公私产划分的传统，多采用国有商业性财产与国有非商业性财产的概念。③ 这种分类与大陆法系国家国有财产的公私产或类似划分并无太大区别。

在社会主义国家历史时期，国有财产是否有必要划分为国家公私产或类似划分存有争议。在原苏联新经济政策时期，由于允许国有财产可以进入商品流通领域，就有民法学者提出了类似国家公私产划分的观点。但受制于当时特定社会环境，该观点受到了批判。但传统社会主义国家宪法中，普遍对国有财产有国家专有财产和非国家专有财产的划分。这虽然不同于国家公私产划分，但也存在某些交叉和重合之处，如国家专有财产在许多方面属于国家公产范畴等。我国也不例外。

（二）国家公私产划分的标准

1. 法国关于国家公私产划分的标准④

从国家公私产划分的起源和发展来看，关于国家公私产划分的标准首先主要来自法国成文法的规定和法院判例。其中，法院判例起到了关键作用。

（1）成文法的规定

根据 1957 年法国的《国有财产法典》第 2 条规定，国有财产中，由于本身性质或由于政府指定的用途而不能作为私有财产的属于公产。其他的财产属于私产。这个规定受到了学术界批评。因为没有财产在性质上不能作为私有财产；而且根据财产的自然性质无法区别公产和私产。

此外，法国成文法的规定大多限于个别情况，即规定某些财产属于公产，某些财产不属于公产。比如公路、河流等根据法律规定属于公产。乡村小道等根据法律规定属于私产。这些个别规定不能得出国家公产与私产

---

① 参见蒙古《国家和地方财产法》。

② 参见爱沙尼亚《物权法》第 9 条规定。

③ 转引自张建文《转型时期的国家所有权问题研究——面向公共所有权的思考》，法律出版社 2008 年版，"摘要"第 183 页。

④ 这部分内容参考了王名扬教授的观点。参见王名扬《法国行政法》，北京大学出版社2007 年版，第 239—242 页。

区别的普遍标准。

因此，成文法的规定并没有被法国的普通法院和行政法院所采用。

（2）法院判例

法院在判决中主要根据财产的用途和作用来区别国家公私产。19 世纪时，法院认为只有供公众直接使用的财产才是公产，如道路、河流等。但该标准导致公产范围太窄，不能适应行政公务需要。20 世纪初，法国学者狄骥、奥里乌等人和法院判例认为，除了供公众直接使用的财产外，供公务使用或用于服务于公共事业的财产也是公产。① 但该说法又过于宽泛，有时会妨碍行政主体对财产的自由处分。为此，学术界又提出若干意见。如有人认为，公务执行中不能代替的财产是公产，否则是私产；也有人认为，只有在公务执行中起主要作用的财产是公产，其余是私产；也有人认为，财产本身构成公务执行的标的时是公产，其余是私产等。对此，法院最初采取经验主义态度，没有明显决定何种观点。

到了 1946—1947 年时，法国民法改革起草委员会关于国家公产提出了如下建议：一是公众直接使用的财产，即公众用公产；二是公务作用的财产，但该财产的自然状态或经过人为加工以后的状态必须是专门的或主要的适应于公务所要达到的目的；② 三是和公产接触的物体，包括不可分割的补充物，如火车站的人行道等；以及有益的附属物，如铁轨两侧的路标、指示灯等。上述建议很快得到法院和学术界的支持和认可。

作为大陆法系的法国在国家公私产划分标准方面并没有采用成文法的规定，而更多体现了法院判例，而且即便成文法规定也多体现了个别情况的规定。这些足以说明国家公产与私产的划分标准是比较难以确定的，这种区别也是比较困难的。因此，国家公产与私产的划分只是相对的，并非国家公产一概适用公法，也并非国家私产完全排除公法规则。

凡是从理论或实务上采用国家公私产或类似划分的观点均受到了法国上述划分标准及其相对性观点的影响。比如日本规定，行政财产是直接用

---

① 参见［法］弗朗索瓦·泰雷、菲利普·森勒尔《法国财产法》（下），罗结珍译，中国法制出版社 2008 年版，第 665 页。

② ［法］德洛巴德尔：《行政法论》（第二册），1980 年法文版，第 131 页。转引自王名扬《法国行政法》，北京大学出版社 2007 年版，第 240 页。

于公用目的的，要想使其充分发挥效能，就要尽量排除私法干扰。①等等。

2. 笔者观点

从学术界和法院判例来看，关于国家公私产或类似划分的标准主要是从财产的用途和作用来判断。即凡是国有财产直接用于公共使用目的，即为公产；除此以外即为私产。笔者也基本同意上述划分标准。

"公共使用目的"既包括客观上存在公用用途的，如海洋、森林等自然资源；也包括主观上受到国家有权机关或授权单位指定公用用途的，如将私人土地征收为国家军事要地等。

私有财产即便用于公共使用目的，也不能称为公产，至多在法律适用上与其他私有财产存在差异。

依据"公共使用目的"的划分标准，国家公产大致存在如下几种情形：（1）供公众使用的财产，如河流、森林、广场、公立医院等；（2）供公务使用的财产，主要是国家机关用于公务的财产；（3）供某些国有企业使用的财产，主要是用于特殊政策和用途的非营利性的国有企业，如中国邮政等。当然，不同国家和地区国家公产存在情形也有一些差异，如日本行政财产还包括皇室用财产等。但总体上差异不大。

从上述国家公产大致存在的情形来看，不难发现，上述国家公产只要没有被改变用途或作用，原则上具有如下共同特征：（1）公共使用目的；（2）不可自由处分，即不得从事商业交易、不得私有化、不得转让、不得抵押、不得强制执行等；（3）不受取得时效限制；（4）一般适用公法规范等。之所以如此，就在于国家公产所有权不同于国家私产所有权，更不同于私人所有权，已经不是完全私法意义上的所有权。有学者视其为行政法上的所有权，② 甚至是"所有权的蜕变"。③

如果说"公共使用目的"是国家公私产划分标准的话，那么上述国家公产的主要特征可以视为国家公私产划分的次生标准。而这种次生标准恰恰体现了国家公私产划分或类似划分的意义所在。对此，后文将会进一

① ［日］大塚芳司：《日本国有财产之法律、制度与现状》，黄仲阳编译，经济科学出版社1991年版，第20页。

② 参见王名扬《法国行政法》，北京大学出版社2007年版，第248页；张树义：《行政法与行政诉讼法》，高等教育出版社2002年版，第51—67页等。

③ 崔建远：《"所有权的蜕变?"》，载《复旦民商法学评论》第3集，第1页。

步阐述。

需要说明的是，国家公私产或类似划分具有相对性。理由在于：
（1）对于"公共使用目的"的理解具有一定的不确定性，尤其随着时间
和条件的变化等因素；（2）随着时间和条件的变化以及其他因素，不同
国有财产之间或同一种国有财产无论客观上存在还是主观上指定"公共使
用目的"都具有不确定性和变动性，"公共使用目的"的用途和作用都有
可能发生改变；（3）同一种国有财产既有可能存在国家公产，也有可能
存在国家私产。比如国家奥林匹克体育中心既有提供社会公众服务的国家
公产，也有提供经营性活动的国家私产；（4）国家公产原则上不可自由
处分，主要适用公法规范，但也有例外；国家私产原则上可自由处分，主
要适用私法规范，但也有例外。毕竟国家私产也是国有财产，因而某些国
家私产不能转让或禁止某些转让方式，如不能无偿转让、不能强制执行或
得到有关机关批准等。①

因此，关于国家公私产或类似划分及其法律适用只是原则规定，具体
还要看个案及其判例分析。也只有从相对意义上理解国家公私产或类似划
分，这种划分才具有现实意义。

（三）国家公私产含义

从国家公私产划分的起源、发展及其划分标准来看，大致对国家公私
产或类似划分有个较为明确的概念。

法国《国有财产法典》第2条规定："国有财产中，由于本身性质或
由于政府指定的用途而不能作为私有财产的属于公产。其他的财产属于私
产。"除此以外，法国法院在案例判决中根据国有财产的作用来区别公产
与私产。比如行政主体中用于公务或公众用的财产属于公产，其余是私产
等。② 但上述法律规定及判决并未对国家公私产作出明确定义，也存在诸
多异议。在1947年《法国民法典》改革委员会起草的草案中对国家公产
做了明确定义：除法律另有规定之外，行政机关与公共机构的财产，只有
在直接交由公共使用人处分、支配时，或者用于公共服务时，才能归入公

---

① 王名扬：《法国行政法》，中国政法大学出版社1988年版，第361页。
② 参见王名扬《行政主体的财产》，http://www.yadian.cc/paper/70629/，2010年7月23
日访问。

产。① 也有法国学者认为，公法人对公产行使的权利并不是《民法典》意义上的所有权，公产不能进入商业交易。私产是指属于公法人的私产，而不是指属于个人所有权的私有财产，即指属于公法人所有但又不属于公产的那些财产。私产可以进入商业交易，个人也可以依时效取得这些财产。②

德国有学者认为，广义的公产包括了所有直接供大众福祉或者行政主体自身需要使用的财产，它们受公法通过命名所确定的目的性约束，尤其是受公产支配权的约束。③ 具体而言，广义的公产既包括行政相对人使用的外部国家财产，也包括行政主体使用的内部国家财产，以及教会财产。狭义的公产仅指供行政相对人使用的外部国家财产。④

日本有学者认为，行政财产是指为达到国家行政目的、直接用于公用目的而使用的财产。普通财产是指行政财产以外的一切国有财产，它不能被直接用于特定行政目的，而是那些将被处置的财产。⑤ 等等。

综上所述，笔者以为，所谓国家公产，是指政府所拥有的原则上不以营利为目的，以社会公共利益为宗旨，不可自由处分，直接供社会公众使用并提供公共服务的主要适用公法规范的特别财产。比如国家机关办公用品、公立学校、医院、道路、河流等。所谓国家私产，是指政府所拥有的除国家公产以外的原则上以营利为目的，可自由处分，能够满足类似于私人的私的需求，主要适用私法规范的国有财产。比如用于收益使用的国有房屋、土地、森林；国家在一般商业性企业中的股份、债券；知识产权、渔业权、采矿权等。至于农村集体土地，一旦集体所有权重构为私人所有权和政府公法人所有权后，国有农村土地承包经营权（除省有、市、县有以及乡、镇有农村土地承包经营权以及私人农村土地所有权外）也应属于

---

① 参见［法］弗朗索瓦·泰雷、菲利普·森勒尔《法国财产法》（下），罗结珍译，中国法制出版社 2008 年版，第 665 页。

② ［法］弗朗索瓦·泰雷、菲利普·森勒尔：《法国财产法》（下），罗结珍译，中国法制出版社 2008 年版，第 663—666 页。

③ ［德］汉斯·J. 沃尔夫、奥托·巴霍夫、罗尔夫·施托贝尔：《行政法》，高家伟译，商务印书馆 2002 年版，第 455—456 页。

④ 参见［德］汉斯·J. 沃尔夫、奥托·巴霍夫、罗尔夫·施托贝尔《行政法》，高家伟译，商务印书馆 2002 年版，第 459—463 页。

⑤ ［日］大塚芳司：《日本国有财产之法律、制度与现状》，黄仲阳编译，经济科学出版社 1991 年版，第 19—20 页。

国家私产。

（四）国家公产分类

鉴于国家公私产或类似划分主要是解决国家公产范围界定，除此以外即为国家私产；国家私产多具有私人所有权属性，而国家公产更多具有公法讨论的意义。故本书主要讨论国家公产分类。

关于国家公产的分类，按照不同标准又有多种分类。比如有学者认为，按照公产的表现形态可以分为海洋公产、河川湖泊等公产、空中公产和地面公产等；① 有学者认为，按照公产使用目的可以分为公共享财产、公务用财产、事业用财产；按照公产是否自然物还是人工加工物可以分为人工公产和自然公产等。② 也有学者将行政公产分为财政公产、公务公产、公共公产、特许使用公产、公有公共设施公产、法定外公产和预定公产等。③

其中，按照公产使用目的进行公产分类已经成为学界共识和立法趋势。比如前已述及的德国学者提出的广狭义公产概念就涉及类似公务用财产、企业用财产、事业用财产和公众（共）用财产等的分类，其中，狭义的公产涉及类似事业用财产和公众（共）用财产等的分类。④ 又比如日本的行政财产分为公共财产、公共用财产、皇室用财产和企业用财产；⑤ 韩国的行政财产分为公用财产、公共财产、企业用财产；我国台湾地区的公用财产包括公务用财产、公共用财产和事业用财产等。⑥ 日本行政财产中的"公共财产"相当于韩国行政财产中的"公用财产"，以及我国台湾

---

① 参见王名扬《法国行政法》，北京大学出版社 2007 年版，第 242—244 页。

② 参见张建文《转型时期的国家所有权问题研究——面向公共所有权的思考》，法律出版社 2008 年版，"摘要"第 200—201 页。

③ 参见朱维究、王成栋主编《一般行政法原理》，高等教育出版社 2005 年版，第 222 页。

④ 参见［德］汉斯·J. 沃尔夫、奥托·巴霍夫、罗尔夫·施托贝尔《行政法》，高家伟译，商务印书馆 2002 年版，第 459—461 页。

⑤ 日本所谓的企业用财产是指国家提供给国家企业使用和提供给在国家企业就业的职员居住用的财产及已决定将提供给上述诸方面使用的财产。故企业用财产不是我们所理解的企业财产（那涉及企业法人所有权），而是特指造币局、印刷局、邮电局、国有林野和酒精专卖事业等工厂设备及办公设施等。参见［日］大塚芳司《日本国有财产之法律、制度与现状》，黄仲阳编译，经济科学出版社 1991 年版，第 25 页。

⑥ 韩国的"企业用财产"以及我国台湾地区的"事业用财产"含义与日本的"企业用财产"大致相似，只不过其范围和种类存有差异而已。

地区公用财产中的"公务用财产";日本行政财产中的"公共用财产"相当于韩国行政财产中的"公共财产",以及我国台湾地区公用财产中的"公共用财产"。相比较而言,我国台湾地区关于国有财产分类以及公用财产(行政财产)的分类用词更为科学严谨。

从我国大陆来看,首次出现类似于国家公产分类的立法来自深圳地方国资立法。根据《深圳经济特区国有资产管理条例》第 3 条规定,公用国有财产包括公务用国有财产、公共用国有财产和事业用国有财产。①

笔者以为,从立法以及国家公产区别法律规制角度考虑,应当按照国家公产使用目的进行分类,同时借鉴国内外关于国家公产分类的立法经验。据此,将国家公产作如下分类:(1)公务用财产。主要针对国家机关等行政单位。即供国家机关从事公务需要使用的国有财产,比如国家机关的办公大楼、交通工具等。(2)公共用财产。主要针对事业单位,也涉及行政单位。即指直接供社会公众使用的国有财产,比如道路、桥梁、河流、山川、学校、医院、艺术馆等。(3)企业用财产。主要针对国有特殊企业。即指那些非竞争性领域、不可自由处分并具有社会公益目标的国有企业使用的财产或国有股份。这类国有企业一般都是关系到国计民生的基础产业和国家经济命脉产业的特殊企业,比如军工、航空航天、核电、邮政等公用企业。不包括除此以外的其他国有及国有参股企业,那属于普通企业范畴,理应纳入国家私产范围。当然,在我国目前有些视为"企业用财产"的企业在许多国家却作为国家私产对待,比如供水、供气等公用企业。以上分类只是相对而言,且只有从相对视角理解才具有现实意义。

至于有学者提及国家公产的事业用财产分类,笔者认为,我国国有事业单位使用的财产与公务用财产、公共用财产存在交叉与重合,比如公立学校、医院、美术馆、博物馆和图书馆等,而这在法国、德国、日本以及我国台湾地区等则主要纳入公务用财产范围。而且,我国事业单位本身还面临着向公务用财产、公共用财产甚至企业用财产转型改革的问题。因此,笔者不主张国家公产的事业用财产分类,国家公产原则上分为公务用财产、公共用财产和企业用财产即可。

① 参见 1995 年颁布的《深圳经济特区国有资产管理条例》第 3 条规定。该条例已与 2005 年 4 月 29 日废止。

（五）国家公产的设定、变更和废除

如同国家公产分类一样，对于国有财产而言，一旦确定了国家公产，也就确定了国家私产；国家私产多具有私人所有权属性，而国家公产更多具有公法讨论的意义。故本书主要讨论国家公产的设定、变更和废除。依法治之一般要求及我国国有财产法治化发展趋势，国家公产的设定、变更和废除原则上均要求有相应的法律依据。

1. 国家公产的设定

前已述及国家公私产划分的标准，一旦国有财产设定公共使用目的，则构成国家公产，否则属于国家私产。

某项国有财产是否构成国家公产取决于有权行为主体的意思表示。这种意思表示可以采取多种形式：既可以采取明示方式，也可以采取默示方式；既可以依政府政策决定，也可以依法律规定；既可以是法律行为，也可以是事实行为等。究竟采取哪种方式，则取决于国家公产的不同分类。比如自然公产一般是事实行为，也是一种默示方式；人工公产既可以是法律行为，也可以是事实行为，通常为明示方式，但也有默示方式等。

国家公产的设定原则上由国家公产所有者即有权国家机关单方面意思自由决定，但也不排除例外。国家公产在某些情况下也可能是两个或以上的国家机关之间通过行政合同设定，但也不排除通过民事合同等其他合同方式。①

2. 国家公产的变更

国家公产的变更主要包括两种情形：（1）国家公产所有权的变更，即国家公产所有权在不同行政主体之间的变更；（2）国家公产公共使用目的的变更，即国家公产不同公共使用目的之间的变更，如公务用使用目的、公共用使用目的、企业用使用目的之间的变更等。

国家公产的变更不存在公产所有权变更为私人私有、也不存在公共使用目的变更为非公共使用目的情形。一旦如此，则不是国家公产的变更，而是国家公产的废除问题。

3. 国家公产的废除

国家公产的废除主要包括三种情形：（1）国家公产所有权变更为私人所有，从而转为私有财产；（2）国家公产的公共使用目的变更为非公

---

① 参见王名扬《法国行政法》，北京大学出版社 2007 年版，第 250—251 页。

共使用目的，从而转为国家私产；（3）国家公产已经处于不能使用的状态，从而使其从财务会计上报废等。

国家公产的废除既可以采取明示方式，如通过立法或政府政策宣告等；也可以采取默示方式，如国家公产的报废等。

（六）国家公私产划分的意义

之所以对国有财产进行国家公私产或类似划分，笔者以为，主要有如下理由：

1. 由于国有财产用途及其使用目的不同，导致国有财产运营特点及其法律适用的差异。由于国家公产所有权不完全是私法意义上的所有权，而国家私产所有权则更接近于私法意义上的所有权，故两者呈现出诸多差异。比如：国家公产原则上不以营利为目的，不可自由处分、不得强制执行、不适用取得时效制度等，因而国家公产一般适用公法规范，但也有例外；而国家私产原则上可以如同私有财产一样，以营利为目的，可自由处分、可以强制执行、可以适用取得时效制度等，因而国家私产主要适用私法规范，但也有例外。在法国，国家公产纠纷由行政法院管辖，而国家私产纠纷则由普通法院管辖。

2. 在市场经济社会，如若对国有财产不进行国家公私产或类似划分，则有损国有财产不同价值目标及其功能的实现。强调抽象意义上的国家所有权与私人所有权平等保护，其结果往往事与愿违：一方面导致不该市场化的国有财产却市场化，发生与民争利和公共产品短缺等现象。比如公路、公厕、公园、博物馆和殡葬服务等公共设施收费过度化、有些特殊国有企业却强调市场化而与民争利、国有土地使用权不加区分地一概市场化成为房价过高的重要因素之一等。另一方面导致该市场化的国有财产却未市场化，发生行政垄断特权和与民争利等现象，进而挤压私有财产的发展空间。比如市场竞争领域的普通国有企业却赋予公法特权，导致行政垄断与人为地市场竞争不公平，扭曲竞争机制等。因此，国有财产的国家公私产或类似划分的意义也在于此，即在国有财产市场化与非市场化之间有着相对清晰的法律适用界限，避免国有财产利用公私法规范的模糊与错位，逃避社会公共利益目标，挤压私有财产空间，导致公共产品短缺！

或许有学者认为，随着社会经济的发展，公私法及其公私权的划分出现模糊倾向，相应的，国家公私产或类似划分本身就具有相对性，甚至也可能出现模糊倾向，这种划分似乎并无多大意义。笔者以为，无论公私法、公私权以及国家公私产或类似划分均是相对的，这种"划分"不能从"绝对意义上"理解，也只有从"相对意义上"理解才具有法律价值。① 国家公私产或类似划分的相对性在于：（1）国家公私产内部也存在不尽一致及其法律适用的差异性，国家公产并非一概排斥私法规范如国有土地等，国家私产并非一概排斥公法规范如国有参股企业的国有股权等；（2）不同国家或地区或同一个国家或地区的不同历史时期关于国家公私产或类似划分都是有差异的；（3）如前所述，国家公私产或类似划分也是不确定的和变动的，国家公私产可能会相互转化，以及国有财产与私有财产相互转化等。国家公私产或类似划分的法律价值就在于除了国家公私产的区别法律规制外，还包括国家公私产相互转化以及国有财产与私有财产相互转化过程中的法律适用问题。而这恰是国有财产立法的重点所在，也是其他国有财产分类所难以达到的立法效果。

当然，关于国家公私产或类似划分的研究，并强调其意义所在，并非意味着我国对国有财产一定要按照国家公产和国家私产的表述作出相应的划分。事实上，除了法国之外，许多国家和地区对国有财产虽然做了类似国家公私产的划分，但并未直接采用国家公私产说法，包括其范围也有一定差异。比如意大利的国家公共财产和国有财产、日本的行政财产与普通财产等。以上前者相当于国家公产，后者相当于国家私产。这就是基于不同国情和历史传统等因素的考量。但国有财产却存在国家公私产或类似划分的区别法律适用则是客观存在的，这是基于市场经济基础上民主法治社会的国有财产自身所具有的特点。我国也不例外。

二　我国国有财产的法律分类

（一）国有财产分类的观点综述

前已述及，我国台湾地区也受到国家公私产或类似划分理论的影响，将"国有财产"划分为公用财产与非公用财产两类。其中，"公用财产"类似于"国家公产"，"非公用财产"类似于"国家私产"。

但在我国大陆，如前所述，一直缺乏"国有财产"的特有概念及其

---

① 令人遗憾的是，长期以来我国大陆地区过分教条化地运用传统大陆法系公私法及其公私权的划分，导致部门法划分的绝对化，人为地割裂与肢解部门法的研究及其立法实践，从而容易陷入"务虚"之泥潭而缺乏实用性。

系统理论阐述。关于国有财产的分类，长期以来是以"国有资产"的分类相称的。

关于国有资产分类，学界有不同观点。有的学者认为，国有资产分为经营性资产、非经营性资产和资源性资产。① 有的学者认为，国有资产分为经营性资产、行政事业性资产和资源性资产。② 该学者所说的"行政事业性资产"就是前已述及的"非经营性资产"。有的学者认为，国有资产有固定资产与流动资产、经营性资产与非经营性资产、人造资产与自然资源资产、有形资产与无形资产、金融性资产与非金融性资产等区分，常见并有特别重要意义的法律形态有经营性国有资产、非经营性国有资产、资源性国有资产、国有无形资产、金融性国有资产等。③ 有的学者认为，国有资产按照不同的标准有不同的分类，比如资源性国有资产与非资源性国有资产；企业国有资产、行政事业性国有资产和其他单位国有资产；经营性国有资产与非经营性国有资产；有形国有资产与无形国有资产；境内国有资产与境外国有资产；自然界固有的国有资产与人工创造的国有资产等。④ 有的学者将国有资产分为经营性资产与非经营性资产、有形资产与无形资产、金融性资产与非金融性资产、资源性资产与自然资产等。⑤ 有的学者把国有资产分为国有资本性资产（经营性国有资产）、非经营性国有资产和资源性国有资产等。⑥ 有的学者认为，按与社会经济活动的关系划分，国有资产可以分为经营性国有资产、非经营性国有资产和资源性国有资产；按存在的形态划分，国有资产可分为固定资产、流动资产、无形资产及其他资产；按管理体制划分，国有资产可分为中央国有资产和地方

---

① 参见潘静成、刘文华主编《经济法》，中国人民大学出版社 2005 年第 2 版，第 365 页；史际春等：《企业国有资产法理解与适用》，中国法制出版社 2009 年版，第 8 页；漆多俊主编：《经济法学》，高等教育出版社 2003 年版，第 218 页；刘隆亨：《经济法概论》（第六版），北京大学出版社 2005 年版，第 488 页；杨紫烜主编：《经济法》，北京大学出版社、高等教育出版社 1999 年版，第 305—306 页等。

② 谢次昌：《国有资产法》，法律出版社 1997 年 6 月版，第 4 页；顾功耘：《国有经济法论》，北京大学出版社 2006 年版，第 38 页等。

③ 参见王全兴《经济法基础理论专题研究》，中国检察出版社 2002 年版，第 646—651 页；

④ 参见屈茂辉《中国国有资产法研究》，人民法院出版社 2002 年版，第 4—9 页。

⑤ 杨文：《国有资产的法经济分析》，知识产权出版社 2006 年版，第 6 页。

⑥ 史树林、庞华玲等：《国有资产法研究》，中国财政经济出版社 2003 年版，第 134—149 页。

国有资产等。① 也有学者认为，国有资产既包括物权形态的国有资产，也包括债权形态和股权形态的国有资产；既包括中央政府层面代为监管的国有资产，也包括地方各级政府层面代为监管的国有资产；既包括经营性国有资产（对企业的投资权益），也包括非经营性国有资产，后者又可细分为经营性资产、行政事业性资产（国家机关和国有事业单位等组织使用和管理的资产）和资源性资产（如国家所有的土地、矿藏、森林和水流等）。② 等等。

总体而言，我国法学界和经济学界一般都是从经济学或管理学的"资产"角度所做的分类，对于国有财产立法意义不大。

（二）企业性国有财产、行政事业性国有财产和资源性国有财产划分

如果从国有财产分类立法的角度来看，笔者认为，我国国有财产可以分为企业性国有财产、行政事业性国有财产和资源性国有财产。

相比较而言，我国将国有财产分为行政事业性国有财产、资源性国有财产和企业性国有财产总体上符合国有财产立法特性，得到了理论界和实务界的认可。《企业国有资产法》出台前后的立法争议由此可见一斑。某种意义上说，这种分类与国外国有财产的公私产划分有点类似，行政事业性国有财产和资源性国有财产近似于国家公产，经营性国有财产近似于国家私产。

1. 企业性国有财产

企业性国有财产是指政府在国家出资企业中的投资财产或股权。具体而言，企业性国有财产包括非法人资格的国有企业财产，即国库企业财产，③ 以及法人资格的国家出资企业的国有股权。因此，企业性国有财产不能简单地等同于国有企业财产。从理论上说，我国不存在非法人资格的国有企业，即使国有独资企业（即全民所有制企业）也具有法人资格，但事实上，有些国有独资企业甚至国有独资公司有点类似于俄罗斯等国所

① 刘玉平主编：《国有资产管理》，中国人民大学出版社 2008 年版，第 7—10 页。
② 刘俊海：《制定〈国有资产法〉的思考》，载《河南省政法管理干部学院学报》2008 年第 5 期，第 118 页。
③ 俄罗斯就有此种企业，即《俄罗斯民法典》中规定的国有单一制企业。除此以外，像美国、英国、意大利、日本、韩国、新加坡等国也有少量的非法人资格的国有企业。这类企业统称国库企业。

谓的国库企业。也正如有学者所言，不排除非法人国有企业在我国的存在。[①]

学界谈到企业性国有财产，常常与经营性国有财产等同或挂钩。比如有学者认为，经营性国有资产还可以表述为企业国有资产等。[②] 但两者实际上不是一回事。经营性国有财产与非经营性国有财产是一对国有财产划分的概念。固然企业性国有财产多是经营性资产，但并非都是如此，有些国有特殊企业往往是非经营性国有财产，承担公共政策性职能。像前已述及的日本、韩国等国所谓的企业用财产，就是其中的国家公产部分，属于非经营性国有财产。由此可见，企业性国有财产也不同于日本、韩国等所谓的"企业用财产"。

2. 行政事业性国有财产

行政事业性国有财产是指由行政事业单位占有、使用的、在法律上确认为国家所有、能以货币计量的各种经济资源的总和。[③] 行政单位泛指包括行政机关、立法机关、司法机关以及军事、国防等在内的国家机关。当然，在我国还包括准行政性质的政协、执政党及各民主党派组织机构等。这要取决于我国国有财产改革进程。国有事业单位是指主要由政府财政拨款、并不履行国家公权力职能但具有社会公益性的从事教育、科技、文化、卫生等活动的社会组织，比如医院、学校、博物馆、研究院等。我国"事业单位"不同于日本的"直营事业"及我国台湾地区的"国营事业"等，无论"直营事业"还是"国营事业"等实际上是一种特殊企业形态。我国所谓的"事业单位"类似于国外的非营利组织（NPO）或非政府组织（NGO）。国外的这些组织一般都是社会自治组织，如果属于政府投资的，则纳入行政财产的考量范围；如果属于私人投资的，则纳入私有财产的私法规范考量，政府对此就如同对其他私有财产一样行使的是社会公共管理职能而已。而在我国，事业单位虽也有私人投资，但主要是政府财政拨款，而且与政府关系非常密切。这主要源于社会制度的差异及我国社会自治能力的不足等因素。

---

① 参见史际春《国有企业法论》，中国法制出版社1997年版，第51页；漆多俊主编《经济法学》，高等教育出版社2003年版，第280页等。

② 李松森编著：《国有资产管理》，经济科学出版社2003年版，第45页。

③ 谢次昌：《国有资产法》，法律出版社1997年版，第5页。

3. 资源性国有财产

资源性国有财产是指依据法律规定，由政府代表国家享有所有权并具有一定经济价值的自然资源。主要包括土地、森林、草原、矿藏、河流、山岭、滩涂等。有学者认为，资源性国有财产还包括文化遗产资源。[1] 笔者认为，文化遗产资源属于人工资源，与自然资源不是同一类别，故资源性国有财产仅指自然资源，不包括文化遗产资源。在我国，自然资源目前只有国家所有和集体所有两种所有制形式，且主要是国家所有。根据《宪法》规定，土地、矿藏、水流、海洋、森林、山岭、草原、荒山、滩涂等自然资源主要属于国家所有，即全民所有；由法律规定属于集体所有的除外。一旦前已述及的国家所有权和集体所有权改革，我国自然资源除了基于市场经济需要的私有外，则主要是政府公法人所有。

学界谈到资源性国有财产，往往将之与经营性国有财产、非经营性国有财产相对应，并以此共同构成完整的国有财产体系。[2] 笔者以为，此种说法欠妥。经营性国有财产与非经营性国有财产是一对对应概念，而资源性国有财产与人造国有财产是一对对应概念。资源性国有财产既有可能从事经营活动，也有可能从事非经营活动，甚至尚未开采。而且，虽然经营性国有财产一般是企业性国有财产，但并非所有国有企业都以营利为目的从事经营性活动。

单纯从国有财产本身来看，企业性国有财产和行政事业性国有财产分类是从使用单位性质区分，而资源性国有财产是从财产属性考虑的，将此放置一起存在分类困惑。但从国有财产分类立法来看，之所以如此，主要考虑到国家出资企业、行政事业单位的组织性质差异，国家出资企业和行政事业单位从总体上存在类似国家公私产的区别法律适用问题，尽管它们内部也或多或少地存在国家公私产区别法律适用问题。同时，国有资源无法被国家出资企业、行政事业单位全部涵盖，而且自然资源本身也具有特殊性，无论是否被行政企事业单位涵盖及其立法规制，也有单独立法的必要性。

---

[1] 参见腾晓慧、姜言文《资源性国有资产保护的法的价值取向》，载《法学杂志》2006 年第 6 期，第 52 页。

[2] 参见刘玉平主编《国有资产管理》，中国人民大学出版社 2008 年版，第 260 页；李松森编著：《国有资产管理》，经济科学出版社 2003 年版，第 45 页等。

（三）　国家公私产或类似划分在我国的现状及其发展定位

1. 国家公私产或类似划分在我国的学理探讨与实践

由于受到原苏联东欧国家传统意识形态影响，加上历史文化传统等因素，认为国有财产不存在所谓"国家私产"说法，故国家公私产或类似划分在我国一直是忌讳话题。

但我国学界关于"国有资产"分类提及的"经营性国有资产与非经营性国有资产"、"经营性国有资产、非经营性国有资产和资源性国有资产"等说法在某些方面类似于国家公私产或类似划分，符合国有财产立法特性。当然，学界早期基本上不存在国家公私产的明确说法。

随着我国改革开放的深入，行政法学界已有学者专门介绍了法国的公私产划分问题，[①] 也有学者虽然谈到了行政公产，但未涉及行政私产问题，故未对国有财产作公私产的系统划分等。[②] 民法学界有些学者在《物权法》起草过程中对国有财产作了与国家公私产相类似的区分。比如有学者对国有财产提出了公物概念，并将公物分为公有物与公用物。[③] 也有学者在《物权法》草案有关国有财产规定中涉及公用财产概念;[④] 并从国家所有权客体的角度将国有财产分为专属于国家所有的财产和非专属于国家所有的财产。[⑤] 也有学者将国有财产分为公有物和国家私有物。[⑥] 也有学者借鉴了《意大利民法典》关于国有财产分类的用语，提出了建立国有财产和公共财产两个概念的观点。[⑦] 与此同时，民法学界有些年轻学者从国家所有权角度对国有财产分类大胆提出了公私产划分的观点。比如有学者认为，综观各国立法经验，将国有财产纳入民法调整的前提工作是分类规范——找到主要以私法方式调整，与私人财产同其市场地位的国家私

---

① 参见王名扬《法国行政法》，中国政法大学出版社1988年版。

② 参见张树义《行政法与行政诉讼法学》，高等教育出版社2002年版，第51—67页。

③ 参见梁慧星主编《中国物权法草案建议稿》，社会科学文献出版社2000年版，第217—219页。

④ 参见王利明主编《中国物权法草案建议稿及说明》，中国法制出版社2001年版，第26—29页。

⑤ 参见王利明《物权法研究》（修订版）（上卷），中国人民大学出版社2007年第2版，第515页。

⑥ 参见徐国栋主编《绿色民法典草案》，社会科学文献出版社2004年版，第302—303页。

⑦ 参见高富平《传统公有制财产的物权法规范》，载 http://www.fatianxia.com/civillaw/list.asp? id=14352，2010年10月4日访问。

产，与主要以公法方式调整，主要负担国家公共职能的国家公产的界限。① 并进一步提出建立面向公共利益与国家义务的国家公产所有权制度和建立公私兼顾的国家私产所有权制度。② 也有学者表达了类似的观点，认为我国立法应当将国有财产区分为公共国有财产和普通国有财产，前者相当于传统大陆法系国家中的国家公产，后者相当于传统大陆法系国家中的国家私产。③ 等等。

虽然有个别学者直接从国有财产法的视角将国有财产划分为国家公共财产和国家普通财产。④ 但是，民法学界主要是从国家所有权角度立论的，很少从国有财产法角度系统分析和构建国家公私产或类似划分制度。

从学界关于国有财产分类研究来看，国家公私产或类似划分理论在国外主要是行政法学界研究的问题，随着经济法学的产生与发展，同时也应是经济法学界研究的问题，比如日本和我国台湾地区等。但在我国大陆地区，相比较而言，民法学界和行政法学界关于国有财产的国家公私产或类似划分理论的研究相对成熟，而经济法学界却相对薄弱，而且多是借鉴和照搬了经济学界研究的成果。对此，理应值得反思。

尽管如此，我国立法及司法仍有国家公私产或类似划分的制度实践。比如：我国《深圳经济特区国有资产管理条例》第3条规定，公用国有财产包括公务用国有财产、公共用国有财产和事业用国有财产；我国关于国有财产的企业性国有财产、行政事业性国有财产和资源性国有财产的分类及其相关立法，如《企业国有资产法》、《行政单位国有资产管理暂行办法》、《事业单位国有资产管理暂行办法》等；最高人民法院《关于贯彻执行〈中华人民共和国民法通则〉若干问题的意见》（试行）第170条规定，未授权给公民、法人经营、管理的国家财产受到侵害的，不受诉讼时效期间的限制；我国《担保法》第8、9、37等条款规定，国家机关、

---

① 张力：《国家所有权的异化及其矫正——所有权平等保护的前提性思考》，载《河北法学》2010年第1期，第92页。

② 参见张力《论国家所有权理论与实践的当代出路——基于公产与私产的区分》，载《浙江社会科学》2009年第12期，第31—32页。

③ 张建文：《转型时期的国家所有权问题研究——面向公共所有权的思考》，法律出版社2008年版，"摘要"第259页。

④ 屈茂辉：《制定中国国有财产法的基本思路》，载《湖南社会科学》2004年第1期，第73页。

公益事业单位和社会团体不得作为保证人以及社会公益设施禁止抵押等。

2. 我国关于国家公私产或类似划分所应采取的态度

如前所述，国家公私产或类似划分已经成为国际惯例。虽然我国理论界和实务界尚未明确认可或规定国家公私产或类似划分，虽然对此有过尝试与探索的《深圳经济特区国有资产管理条例》也被废止，但是我国关于国有财产的企业性国有财产、行政事业性国有财产和资源性国有财产的分类及其相关立法，以及最高人民法院《关于贯彻执行〈中华人民共和国民法通则〉若干问题的意见》（试行）和《担保法》等有关规定却是客观存在的。这并非受到国外国家公私产或类似划分理论的影响，而是源于市场经济社会国有财产自身立法特性。

因此，既然我国选择了市场经济及其民主法治价值取向的路径，那么植根于此的国有财产将会进一步面临市场转型改革，并在此基础上，我国应当明确国家公私产或类似划分理论及其区别立法规定。换言之，国家公私产或类似划分理论必须具有如下几个前提条件：（1）市场经济社会；（2）民主法治价值取向的改革；（3）国有财产市场转型改革及其市场定位明确等。唯此，才有必要也才有可能提出国家公私产或类似划分理论，而且这种划分也才具有实践意义。

如前所述，这种划分仅具有相对性。既无必要也不可能对国有财产进行国家公产和国家私产或类似划分的明确区分和界定。反之，也就失去了这种划分的意义。这种划分更多是对国有财产立法的原则规定，并在其个案及其判例中按照国家公私产或类似划分区别法律适用，从而凸显不同国有财产类型区别法律适用的意义所在！

相对而言，在市场经济社会，国家公产比重要大于国家私产。比如依据日本1988年的统计，行政财产占国有财产总额的55.5%，普通财产占国有财产总额的44.5%。① 而且随着时间的推移，上述比例还会进一步变化。如果国家私产比重过大，正好说明国有财产需要市场转型改革，国家公私产或类似划分也就没有多大意义了。

这种划分并非要求我国国有财产分类立法直接采用"国家公产"和"国家私产"的表述。事实上，世界上很多国家和地区并非如同法国直接

---

① ［日］大塚芳司：《日本国有财产之法律、制度与现状》，黄仲阳编译，经济科学出版社1991年版，第25页。

采用"国家公产"和"国家私产"表述，而是基于本国国情和历史传统做出了类似划分及其立法，其范围也多少存在差异。比如德国、意大利、墨西哥、日本、韩国、蒙古以及我国台湾地区等。因此，我国有学者提出了"公共国有财产"和"普通国有财产"等说法，[①] 但为了避免与现有国有财产分类立法的混淆，遵循立法传统与惯例，也是为了简化起见，笔者主张如下：

（1）我国依然按照企业性国有财产、行政事业性国有财产和资源性国有财产进行分类立法。因为这种分类立法已经体现了国家公私产或类似划分的区别法律适用。

（2）对现有的企业性国有财产、行政事业性国有财产和资源性国有财产立法按照国家公私产区别法律规制进行修改完善，如企业性国有财产立法可以考虑按照特殊企业（主要体现国家公产）和普通商事企业（主要体现国家私产）进行区别法律规制等。

（3）在条件成熟时，可以考虑制定国有财产基本法，如《国有财产法》，并在其中对国家公私产做出原则规定。[②]

（4）鉴于国家公私产或类似划分具有相对性，以上国有财产立法只是对国家公私产及其法律适用做出原则规定，具体还要看个案及其判例分析。

以上做法也是国有财产的国际立法经验与惯例。

第三节　国有财产的市场定位

财产概念从一经产生之日起，首先是私人所有权及其私有财产的属性。姑且不论中国古代学者荀子的"性恶论"及其弟子韩非对其"人性恶"理论的集大成，西方古代学者对此也早有论述。亚里士多德早就认识到了人性自私的一面，他认为理想的财产形式是私有。[③] 亚里士多德反对共同财产制，他认为接受现行的私有制度，而配之以良好的礼俗和正当性的法律，这样的制度安排甚为优越，其可以兼具公有制和私有制的优点。

---

① 张建文：《转型时期的国家所有权问题研究——面向公共所有权的思考》，法律出版社2008年版，"摘要"第259页。

② 本书第六章将进一步详细阐述。

③ 参见［古希腊］亚里士多德《政治学》，吴寿彭译，商务印书馆1997年版，第64页。

私有财产制度除了定纷止争、促进进步外，他还进一步论述了其对人生和品德的深远意义。[1] 在康德的政治哲学中，财产权是一个重要概念，他用自由来论证私有财产的必要性。在他看来，自由与财产权不可分割地联系在一起。康德还把财产视为文明人存在的基本方面，拥有财产可以使人对未来有安全感，也可以使人独立思考、独立作为。没有财产，我们就是不完全、不独立的人。财产是自我人格的延续。[2] 在托马斯看来，私有财产是自然的和和善的，这与私有财产乃源于自然的亚里士多德思想一脉相承。[3] 同样，经济学家从人类社会的经济发展中早就得出结论，私有制是经济发展的基础。无论早期的大卫·休谟、亚当·斯密还是后来的科斯等均有论述。科斯定律早就证明，帕累托效率最优化的前提和保证是私有财产的产权制度。

对于国有财产而言，主要存在两个缺陷：一是国有财产的人性考量不足，存在产权主体的天然缺位。人的本性在于只有追求自身利益时才有可能发挥最大的潜能，而国有财产的实际行使者并不直接拥有产权，法律和道德在人性的驱动下，实际行使者往往假借"全民"或"国家"的名义蚕食或糟蹋国有财产。从我国现有的所有权制度来看，国家所有权主体是国家，终极所有者是全体人民。但是，无论是抽象意义上的"全民"还是"国家"均存在委托代理问题。即使依据本书观点将国有财产产权主体落实到具体的政府公法人身上，即使依据《企业国有资产法》试图构建出资人制度等，也仅具有相对意义，虽然相比较抽象意义上的"全民"或"国家"要进步许多，但仍无法摆脱委托代理问题，依然存在假"全民"或"国家"名义而行蚕食或糟蹋国有财产的可能性，尤其是在"全民"的代议机构人大应有地位尚未落实的情况下。[4] 二是国有财产的公权力属性决定了国有企业存在着天然的行政垄断倾向，容易与民争利；国有财产容易滋生权力腐败，侵犯私人权利，挤压私有财产空间。因此，一旦国有财产比重影响到私有财产发展空间时，必将影响到一国民主法治建

---

① 肖厚国：《所有权的兴起与衰弱》，山东人民出版社 2003 年版，第 21 页。

② 同上书，第 162 页。

③ Richard Schlatter: Private Property——The History of an Idea, New York/Russell, 1951, P49—50。

④ 李昌庚：《金融危机视野下经济法价值拷辨——以国有企业为例的实证分析》，载《政治与法律》2010 年第 6 期，第 84 页。

设。一言以蔽之，作为政府干预经济的重要手段的国有财产具有较强的外部性，缺乏效率。正如有学者指出，"由政府干预经济来试图纠正市场的缺陷，可能产生无法预料的副作用"。① 公共选择理论在一种非常实际的意义上提出了一种"政府政治失灵理论"。② 而私有财产尽管有其自身的缺陷，但可以产生最优的稀缺资源配置的效率，符合经济发展的自身规律，而这恰恰可以弥补国有财产的不足。市场机制和国家适度作用可以消解私有制的不足，而公有制过度发展的缺陷恰是"市场不足"和"国家作用"自身造成的，只能通过发展私有制以降低公有制比重加以解决。

因此，西方国家长期以来一直践行着人性自私的一面及其私有财产为本位的价值理念。在经济制度上，一直遵循着亚里士多德的至理名言"财产在特定意义上应该公有，但作为一般规则，应该私有"，③ 强调私有制为主导，公有制为补充，从而为市民社会奠定了经济基础。在政治制度上，基于"人性恶"的一面及其私有财产的价值理念，奉行自亚里士多德开始倡导"分权"至孟德斯鸠将之集大成为"三权分立"思想，从而为民主宪政奠定了政治基础。正如霍布斯所言，没有自我，就没有财产，从而也就没有正义。④

虽然，西方国家由于历史上受到经济危机的冲击和马克思主义理论的影响，以凯恩斯主义为代表的国家干预主义理论的产生，曾经掀起过国有化浪潮。比如法国从 20 世纪 30 年代开始在近 60 年的时间里进行过 3 次大规模的国有化运动等。即使在西方国家国有企业比重较高的法国，到 1990 年，法国国有企业的产值也仅占国内生产总值的 18%。⑤ 由此可见，即使在西方国家国有化运动时期，国有财产也从不属于主流，从未撼动私有制的主导地位。尽管如此，西方国家自 20 世纪 80 年代以来依然掀起了多次私有化浪潮，并波及全球。

① ［美］查尔斯·沃尔沃：《市场或政府》，中国发展出版社 1994 年版，第 70 页。

② James McGill Buchanan, Liberty, Market and State——Political Economy in the 1980s, Wheatsheaf Books Ltd, 1986, P256.

③ Aristotle, Politics, The Basic Works of Aristotle, trans. Benjamin Jowett. ed. and introd. Richard McKeon. New York: Random House, 1941, P1263at25—29。

④ ［美］伯纳德·施瓦茨：《美国法律史》，王军等译，中国政法大学出版社 1990 年版，，第 98 页。

⑤ 参见史树林、庞华玲等《国有资产法研究》，中国财政经济出版社 2003 年版，第 482—490 页。

　　然而，在世界的另一极，传统的社会主义国家本着解决资本主义市场失灵及其经济危机的美好愿望，却由于教条主义地对待马克思主义理论，把私有制的缺陷无限地扩大化，而将公有制推到了极端，从而陷入了极其严重的政府失灵（Government Failure）。① 原苏联东欧国家的解体以及中国等国计划经济时期即是明证。为此，无论原苏联东欧国家还是其他广大发展中国家自从 20 世纪 80 年代尤其 90 年代以来均掀起了大规模的私有化浪潮。

　　从我国来看，除了受制于教条主义地对待马克思主义理论外，还受制于长期的封建专制集权社会。王朝的利益追求与个体"私有"财产的权利主张往往背道而驰。专制政治环境不允许出现"私"的主体、"私"的思想和私人对财产拥有绝对的、永久的和排他的权利。② 这就决定了中国一直缺乏私有财产的传统，从而决定了中国缺乏市民社会和民主法治基础。而中国历史上的计划经济体制进一步加剧了这种倾向，而致中国国有财产更为庞大和复杂，国有企业改革更为复杂而艰巨。虽然中国经历了30 多年的改革开放，但国有财产依然存在着庞大的存量资产。比如公务用财产和公共用财产，许多应当市场化的领域尚未市场化，而致存量资产过多、低效和浪费。又比如中央与地方国有财产职能错位、越位等。再比如国有经济领域，从 1979 年到 2009 年，虽然国有经济比重由 90% 以上降低到 1/3 左右，但仍达到 1/3，远远高于国际水平。2009 年公布的中国2008 年 500 强企业中，国有及国有控股企业共有 331 家，占全部企业总数的 66% 等。③ 因此，中国国有财产市场转型的改革任重道远！

　　国家所有权存在的领域及多大程度的存在，取决于人的"经济人"角色、社会生产力发展、国家治理及民主法治化水平等因素，实际上是国家所有权与私人所有权相互博弈的一种过程。凡是私人所有权无法或难以解决的社会需要，由国家所有权解决；凡是私人所有权能够解决的社会需要，而国家所有权又面临着治理成本问题时，则发扬私人自治原则。其最终目标是实现马克思、恩格斯所设想的"个人自由、全面的发展"及其社会公共利益的最大化。

---

　　① "政府失灵"中的"政府"是广义上的政府，既包括行政机关，也包括立法机关和司法机关等国家机关，但主要涉及行政机关。下文涉及"政府失灵"均是此意。

　　② 邓建鹏：《财产权利的贫困——中国传统民事法研究》，法律出版社 2006 年版，第 28 页。

　　③ 曲伟：《60 年发展：中国创造震惊世界的奇迹》，载《光明日报》2009 年 10 月 30 日。

　　鉴于人的"经济人"角色，在社会生产力发展、国家治理及法治化水平较低的情况下，则不宜夸大国家所有权作用。人为地加速社会发展进程，必然遭受自然规律的惩罚。传统社会主义国家计划经济时期即是例证，这实际上是对马克思、恩格斯理论的一种教条式实践。因此，对于经历过传统计划经济时期的中国而言，则面临着国家所有权的市场转型及其合理市场定位问题。

　　从我国现有的社会生产力发展、国家治理及法治化水平来看，国有财产的市场定位总的原则是：发挥市场机制的基础上作用，以弥补市场失灵。以此原则和价值功能为目标，转变政府暨国家职能，实现"小政府、大社会"。

　　总体而言，国有财产主要存在于市场机制无法或难以解决的领域，以弥补市场失灵。进而言之，国有财产主要存在于非市场竞争性领域且关系到国计民生和国家经济命脉的基础产业和公用事业等。何谓非市场竞争性领域且关系到国计民生和国家经济命脉的基础产业和公用事业等？不是由政府、利益集团或少数人单方面决定的。依民主法治要求，既然国有财产是用全体纳税人的钱财投资的，理应由"全民"的代议机构加以审批，并决定资金投向、用途及其收益分配等。① 或许有人从效率的角度加以抵制，但效率损失的背后更多地体现决策的科学性及其长远利益；即使所谓的"效率损失"也是民主法治所必须付出的成本与代价。任何制度的构建是相对的，而不是绝对的。除此以外，对于后发型的发展中国家的中国而言，为了赶超经济发达国家，单纯依赖市场机制不够，还需要借鉴日本、韩国等国经验，运用政府的产业政策有意识地扶持或淘汰某些产业，从中可能在市场竞争领域还需要一些国有企业。② 但这都是建立在市场机制基础性作用的基础上的。

　　具体而言，国有财产主要包括如下几个方面：

　　1. 行政事业性国有财产。一是国家机关财产，包括但不限于各级人大、政府、法院、检察院等国家机关办公设施及其他财产，以及军队、国防等财产。对于我国而言，像政协、执政党和各民主党派办公设施及其他

____

　　① 李昌庚：《金融危机视野下经济法价值拷辨——以国有企业为例的实证分析》，载《政治与法律》2010 年第 6 期，第 85—86 页。

　　② 这种类型的国有企业一旦完成历史使命后，一般均还权于民，国家逐步退出该领域。

财产也属于国有财产，但这里涉及党产、社团财产与国有财产关系的处理问题，这取决于我国国有财产改革进程。二是政府投资的事业单位财产，比如公立学校、医院、博物馆、美术馆、图书馆等。

2. 资源性国有财产。包括但不限于国有的土地、森林、草原、河流、山川、湖泊、海洋、领空、岛屿、矿藏资源等。

3. 企业性国有财产。即关系到国家安全、国计民生和国家经济命脉的基础产业、公共服务行业的特殊企业，比如军工、航空航天、国家电网、核电、邮政等公用企业，以及由政府投资的参与市场竞争领域的财产，比如国有独资企业、国有控股或参股企业的国有股权等。政府参与市场竞争领域的财产应加以严格法律界定，以避免与民争利，挤压私有财产空间等。以企业为例，原则上，政府参与市场竞争领域的企业宜着眼于产业政策考虑，比如国家高新技术产业、支柱产业的扶持等。而且，这类国有财产具有过渡性、变动性等特点。一旦这类产业趋向成熟，这类国家出资企业完成历史使命后，往往根据国家实际需要，国家可能逐步退出该领域。

第四节　国有财产与私有财产法律适用的差异

财产概念自产生之日起就是私人所有权及其私有财产的属性。姑且不论中国古代学者荀子的"性恶论"及其弟子韩非对其"人性恶"理论的集大成，西方古代学者对此也早有论述。亚里士多德早就认识到了人性自私的一面，他认为理想的财产形式是私有。① 在托马斯看来，私有财产是自然的和和善的，这与私有财产乃源于自然的亚里士多德思想一脉相承。② 同样，经济学家从人类社会的经济发展中也早就认识到这一点。无论早期的大卫·休谟、亚当·斯密还是后来的科斯等均有论述。科斯定律早就证明，帕累托效率最优化的前提和保证是私有财产的产权制度。当然，以上论述主要是人性私欲及经济发展角度考量私有财产发展的一面，并不意味着否定国有财产的存在。历史也已经证明了这一点。③

---

① 参见［古希腊］亚里士多德《政治学》，吴寿彭译，商务印书馆1997年版，第64页。

② Richard Schlatter: Private Property——The History of an Idea, New York/Russell, 1951, P49—50。

③ 本书第四章将详细阐述。

在人类社会专制统治时期，"国家"即是专制统治者的"家天下"，因而，所谓的国家财产也是专制统治者的私产，笔者将此称为"王室私产"。专制统治愈漫长、愈严重的社会，专制统治者以"国家"的名义所拥有的私产愈多，愈是挤压公民个人的私有财产空间。而且，"王室私产"一般通过政治权力加以解决，而无须太多立法需要。也就不难理解中国等东方社会为何一直缺乏私有财产以及调整私有财产的民商法等私法的历史传统。无私法发达，即无法治发达。相比较而言，欧洲尤其西欧国家历史上虽也经历过专制统治时期，但毕竟基于商品经济的土壤，而致专制统治相对"开明"，而且历史相对短暂，甚至有过较为成熟且具有现代意义的诸如"公民大会"形式的雅典城邦国家，从而为公民个人的私有财产提供了发展空间。因此，也就不难理解欧洲尤其西欧国家为何一直存在私有财产及其私法发达的历史传统，也不难理解所有权暨财产概念为何源自欧洲的罗马法，又扎根于私有财产价值理念。当初的西塞罗就认为财产是市民法的产物。[1] 进而断言，保护私有财产权才是财产法的核心。[2] 相应的，财产法也主要表现为调整私有财产的民商法等私法规范。

到了 20 世纪初期，由于资本主义经济危机的频繁爆发，以及马克思主义思潮的影响，世界上出现了一批社会主义国家，然而却过分夸大了公有制作用。但是，这并没有带来国有财产立法的昌盛。因为计划经济使法律缺乏相应的经济土壤，所谓的法律也是党和国家的经济政策或行政命令的代名词。与此同时，深受经济危机和当初社会主义国家计划经济的影响，西方国家也出现了国家干预主义的凯恩斯主义理论，并伴随着多次国有化浪潮。在民主法治化之一般要求下，传统私法规范已经难以涵盖国有财产，因而，有些国家就有了国有财产单独立法的必要性。比如 1962 年的法国《国有财产法典》、1948 年的日本《国有财产法》、1950 年的韩国《国有财产法》和 1969 年的台湾地区《国有财产法》等。

尽管如此，姑且不论国有财产处于"王室私产"时，主要通过国家政治权力加以解决，而无太多立法的需要。即便随着国家职能的转变暨社会职能的增多，公共财政暨公共产品的出现，有了现代意义上的包括国有

---

① 肖厚国：《所有权的兴起与衰弱》，山东人民出版社 2003 年版，第 29 页。

② Martin S. Flaherty, History 'Lite' In Modern American Constitutionalism, Columbia Law Review, April, 1995, P563.

财产在内的公共财产，由于国有财产的合理市场定位以及公权力的制度安排是国有财产治理的关键，国有财产立法也仅具有相对意义。因此，国有财产立法一直不是财产法的重心。

从国有财产立法来看，有些国家或地区通过制定国有财产基本法《国有财产法》，再辅以特殊企业立法、行政事业性国有财产立法和资源性国有财产立法等分类立法模式。比如法国、日本、韩国及我国台湾地区。但是，大多数国家或地区不制定国有财产基本法，而直接对国有财产采取分类特殊立法模式。至于是否有必要制定专门的《国有财产法》，完全取决于一个国家或地区国有财产的比重、立法的历史传统等国情考量。

即便规范私有财产的民商法等私法规范涉及国家所有权暨国有财产的规定，也是仅作一般性规定。而这源于 1804 年的《法国民法典》，它对世界各国财产立法的实践产生了非常深远的影响。1900 年的《德国民法典》和《意大利民法典》等均受此影响。比如 1942 年的《意大利民法典》第三编"所有权"中对国有财产、省有财产和市有财产等公共财产作了一般性规定等。

从国有财产法律适用来看，一般采取国家公私产或类似划分的区别法律适用。具体包括如下：（1）国家公产原则上不以营利为目的，不可自由交易、不得强制执行、不适用取得时效制度等，因而国家公产主要通过宪法、行政法、经济法等公法规范调整，但不排除私法规范调整。比如近几年来高校大量贷款建设新校区，如果不能还贷，则银行不能通过私法强制执行高校的财产，只能通过公法规范寻求救济。（2）国家私产如同私有财产一样，以营利为目的，可以自由交易、强制执行并适用取得时效制度等，因而主要适用私法规范。比如《物权法》、《合同法》等私法规范。最典型的例子即是竞争性领域的国有企业。但是，国家私产毕竟是国有财产，而不是私有财产。因此，一方面，国家私产在适用《民法典》或《物权法》等私法规范中也有可能存在一些私有财产所不具有的特殊规定，比如国家征收等，但这一切均以限制国家公权力而保障私有财产等私权利为宗旨。另一方面，国家私产除了适用私法规范外，还要受到公法规范调整。

从私有财产立法及其法律适用来看，主要就是民商法等私法规范。但随着私有财产的所有权社会化以及国有财产回归公共财产属性，私有财产立法价值取向也表现出从个人本位主义向社会本位主义的转变。自从 20

世纪初以来，美国财产法理念的发展表现为"个人放任主义让位于福利国家；奉行国家干预政策和自我克制原则；主张财产合理使用和禁止权利滥用原则；强调社会利益，将个人利益置于较低位置"。① 比如当私有财产用于公共用途时，虽然不能将之称为国家公产，但该种私有财产除了适用私法规范外，还应当受到公法规范调整。这在美国最高法院判例中也有体现，当私有财产用于公共用途时，就应该服从公共规则的管理，要受到公共利益的影响。②

尽管如此，社会本位主义价值理念在西方国家也是受到严格限制，以此不能动摇个人本位主义为基础的价值理念。正如孟德斯鸠所言，在有关公共利益的问题上，公共利益绝不是用政治性的法律去剥夺个人的财产。在这种场合，必须严格遵守民法：民法是财产的保障。③ 布莱克斯通也表达了类似观点，即公共利益并不比保护私人权利更重要。④

---

① ［美］伯纳德·施瓦茨：《美国法律史》，王军等译，中国政法大学出版社 1990 年版，第213—216 页。

② ［美］乔治·斯蒂纳、约翰·斯蒂纳：《企业、政府与社会》，张志强、王春春译，华夏出版社 2002 年版，第 288 页。

③ ［法］孟德斯鸠：《论法的精神》（下册），张雁深译，商务印书馆 1995 年版，第 190 页。

④ See Roscoe Pound, the Spirit of the Common Law, William S. Hein & Co. , Inc. , Buffalo, New York, 1995, P53.

第三章 国有财产法的基本范畴研究

第一节 国有财产法的概念、性质和特征

一 国有财产法的概念

如前所述，长期以来我国缺乏"国有财产"说法，故一直缺乏"国有财产法"概念的表述，代之以"国有资产法"或"国有资产管理法"说法。即便如此，由于私有财产的人性主导属性，加以市场经济的价值取向等因素，有关国有资产的法律研究也少有人问津，即使相关的理论研究及其立法实践也存在诸多不足。

从国有资产法概念来看，有的学者认为，国有资产法是调整作为国有资产所有者的国家与国有资产管理者、持股者、经营者、使用者之间，在国有资产占有、使用、收益、处分中发生的社会关系的法律规范的总称。[①] 有的学者认为，国有资产法是指调整国有资产关系的法律规范的总和。[②] 当然，经济法学界尤其学界前辈更多地是以"国有资产管理法"称呼。有的学者认为，国有资产管理法是调整国有资产管理关系的法律规范的总称。[③] 有的学者认为，国有资产管理法是调整国有资产的管理和占有、使用、收益、处分过程中而发生的社会关系的法律规范的总和。[④] 有的学者认为，国有资产管理法是调整国家在对国有资产进行管理过程中发

[①] 谢次昌：《国有资产法》，法律出版社1997年版，第12页。

[②] 王全兴：《经济法基础理论专题研究》，中国检察出版社2002年版，第643页；屈茂辉：《中国国有资产法研究》，人民法院出版社2002年版，第14页。

[③] 潘静成、刘文华主编：《经济法》，中国人民大学出版社2005年第2版，第365页。

[④] 漆多俊主编：《经济法学》，高等教育出版社2003年版，第219页。

生的经济关系的法律规范的总称。① 有的学者认为，国有资产管理法就是保护国有资产所有权，调整国有资产经营管理关系的法律规范的总称。② 也有学者认为，国有资产管理法是指调整国有资产的所有者对占有者在使用、处分国有资产进行管理过程中所发生的社会关系的法律规范的总称。③

学界前辈之所以多以"国有资产管理法"称呼，其理由主要在于：一是当初经济法学界受经济学影响较大，经济法学界直接引用了经济学中的"国有资产管理"概念；二是从经济法视角来看，国有资产立法主要是关于国有资产管理方面的规定，至于国有资产在民事流转领域则与私有财产一道适用私法规范。笔者以为，学界前辈在当初特定社会环境下关于"国有资产管理法"称呼有其可理解之处，也开创了国有资产法研究的先例。但是"国有资产管理"在经济学中毕竟有其特有内涵，在国有资产立法中直接以"国有资产管理"称呼，未免过于狭窄，也未有相关立法先例。而且，国有资产立法如果局限于经济法视角侧重于国有资产管理的内容，也未免过分局限于部门法的分割。这种"分割"不利于国有资产法的理论研究及其立法实践，也不利于国有资产法体系的构建。国有资产法研究及其立法实践应当着眼于国有资产运行机制原理本身，而不应当局限于部门法的分割。至于国有资产法属于经济法还是行政法或其他，仅具有相对意义。前已述及，部门法的划分是相对的，而不是绝对的。这对于其他立法研究及其实践具有同样的适用价值。因此，就以当时的"国有资产"说法而言，笔者不主张采用"国有资产管理法"称呼，而采用"国有资产法"称呼。随着社会的发展，法学界愈来愈倾向于使用"国有资产法"称呼。

如前所述，本书采用"国有财产"说法，以替代"国有资产"说法。因此，本书采用"国有财产法"称呼，而非"国有资产法"称呼，同样也不采用"国有财产管理法"称呼。

从国有财产法概念来看，由于学界和实务界长期以来一直未能采用"国有财产"说法，故也鲜见国有财产法的概念表述。虽然民法学界和宪

---

① 杨紫煊主编：《经济法》，北京大学出版社、高等教育出版社1999年版，第307页。
② 刘隆亨：《经济法概论》（第六版），北京大学出版社2005年版，第489页。
③ 李昌麒主编：《经济法学》（修订本），中国政法大学出版社1999年版，第445页。

法学界一般采纳"国有财产"说法，但也很少从国有财产法视角分析。虽然有学者改变了原先观点，提出了制定中国国有财产法的基本思路，①但并未给国有财产法加以明确定义。从已有文献资料来看，②只有个别学者直接提到了国有财产法概念。比如有学者认为，国有财产法是调整国有财产关系的法律规范。具体讲，就是调整国有财产的所有者与经营者之间在国有财产的占有、使用、收益和处分中所发生的经济关系的法律规范。③

根据部门法定义的法学原理，结合学界关于国有资产法的定义，以及国外及我国台湾地区国有财产立法经验，笔者以为，国有财产法是指调整国有财产取得、界定、登记、使用、处分、收益和监管等过程中而产生的各种社会关系的法律规范的总称。狭义的国有财产法仅指专门制定的《国有财产法》及其国有财产的分类立法，如企业性国有财产立法、行政事业性国有财产立法以及资源性国有财产立法等。④广义的国有财产法除了上述法律以外，还包括宪法、行政法、民商法等相关法律法规及其规章中所涉及的国有财产内容。比如《物权法》、《预算法》等法律法规所涉及的国有财产内容。在我国台湾地区，"国有财产法"除了"国有"财产的专门立法《国有财产法》之外，涉及"国有"财产的法律法规还有《土地法》、《矿业法》、《森林法》、《预算法》、《审计法》、《国营事业土地买卖交换办法》、《公营事业移转民营条例》等。

二　国有财产法的部门法性质

在英美法系国家，并不关心部门法的划分，因而就没有讨论实质意义上的国有财产法部门法性质的必要性。但在大陆法系国家，由于存在公私法和部门法的划分，因而解决国有财产法的部门法性质从学术研究的便利和法律体系构建有其必要性。

从国有财产的国际立法经验来看，国有财产法似乎属于民商法和行政法性质。对于国家私产，在民事流转领域，与私有财产一样受到私法规

---

① 屈茂辉：《制定中国国有财产法的基本思路》，载《湖南社会科学》2004年第1期，第73—75页。

② 截止于笔者检索资料日期，即2010年11月10日。

③ 孙树明：《国有财产立法问题》，载《中国经贸导刊》1988年第21期，第22页。

④ 我国尚未制定专门的《国有财产法》，这也正是本书研究的重要内容。

范，从而体现出民商法性质。对于国家公产和一定范围内的国家私产在国有财产比重很低的情况下，并没有凸显法律调整的紧迫性，往往通过政治权力加以解决；① 在有宪法或宪法性文件的情况下，则通过其宣示性规定予以规范。随着国有财产回归公共财产属性，加以民主法治化之一般要求，除了公权力的制度安排以外，法律调整也成了必然要求。无论是英美法系还是大陆法系国家或地区主要通过行政法等公法规范。比如法国、德国等诸多国家行政法的行政公产制度。即便国有公司在有些国家也纳入行政法范围。② 包括在阿拉伯国家，国有土地也理解为由行政法调整。③ 但随着国有财产专门立法的出现，以及经济法在一些国家和地区的勃兴，国有财产法也纳入了经济法视野，比如日本等国和我国台湾地区。

　　在我国，从学界前辈关于经济法教材的编写来看，国有财产法毫无疑问属于经济法范畴。但在早期，也有学者认为国有财产法属于民商法性质的法律。④ 也有学者采取了综合说法，比如有学者认为国有资产法是一个跨越民法、经济法和行政法，或者说兼有民法、经济法和行政法属性的二级部门法，⑤ 或兼有民法、经济法和行政法但以经济法为主的法学学科。⑥ 这实际上受到国有财产的国际立法经验影响。也有日本学者认为，国有财产法具有公法性质、会计法性质和政令性质。⑦ 我国也有学者从日本《国有财产法》分析其性质，认为国有财产法属于公法，属于公法范畴中的财政法，⑧ 本质上是一种会计法。⑨ 由此推之，日本将国有财产法纳入经济法范畴。

---

　　① 这就不难理解财产法的历史很难寻觅国有财产法的踪迹。本书第四章将进一步论证。

　　② 参见［英］法哈特·J. 泽德《阿拉伯国家财产法》，郭锋、陈丽洁、汤树梅译，中国人民大学法律系 1986 年内刊，第 9 页。

　　③ 参见［美］威廉·韦德《行政法》，楚建译，中国大百科全书出版社 1997 年版。

　　④ 参见金福海《制定〈国有资产法〉若干问题探讨》，载《政法论丛》1996 年第 4 期，第11 页。

　　⑤ 王全兴：《经济法基础理论专题研究》，中国检察出版社 2002 年版，第 657 页。

　　⑥ 屈茂辉：《中国国有资产法研究》，人民法院出版社 2002 年版，第 16 页。

　　⑦ 参见［日］大塚芳司《日本国有财产之法律、制度与现状》，黄仲阳编译，经济科学出版社 1991 年版，第 3—4 页。

　　⑧ 根据日本大藏省的说明，财政法也可以说是广义上的国有财产法。

　　⑨ 参见李春满《日本国有财产管理制度简介》，载《经济研究参考》1992 年第 Z7 期，第27—28 页。

国有财产法从性质上到底属于民商法、行政法、经济法或是其他？笔者以为，应当从以下三个方面分析：

1. 从国家私产来看，在民事流转领域，其与私有财产一样受到私法规范，就此而言，国有财产法具有民商法性质。但从国有财产立法宗旨来看，受到私法规范并能有效规制的国有财产领域并非是国有财产立法关注的重点问题，凡是私法规范无法或难以有效规制并表现出与私有财产法律适用差异的国家公产和一定范围内的国家私产领域反映出国有财产有别于私有财产立法的必要性，而这恰是国有财产立法的重点。就此而言，国有财产法的本质不在于私法属性，而主要在于公法属性。

2. 从国家公产和一定范围内的国家私产来看，在没有经济法历史传统的国家和地区，国有财产法毫无疑问属于行政法范畴。但在出现经济法这一部门法的国家和地区，国有财产法到底属于经济法还是行政法则存在争议，争议的背后依然是经济法与行政法的部门法之争。笔者以为，行政法的核心在于对行政权的规范和限制，而经济法的核心则在于国家对经济的调控与规制以弥补市场失灵。在市场经济社会，国有财产的市场定位主要用于弥补市场失灵。虽然国有财产管理涉及行政权，但并不仅限于行政权，还涉及立法权和司法权等。国有财产立法的重点不在于国家权力的规范和限制，而在于规范国有财产的取得、管理、使用、收益、处分、监管等程序，确保弥补市场失灵的国有财产市场定位的实现，以限制国有财产范围，保障私有财产的发展空间，从而为市场经济创造一个良好的环境。因此，在有经济法这一部门法的国家和地区，并对经济法和行政法的调整对象及其功能定位做了相应界定的情况下，国有财产法应当属于经济法范畴。

3. 要对部门法的划分有个清醒的认识，不能过分局限于部门法的划分。随着社会经济的发展，部门法之间的调整对象及其调整方法等的交叉与模糊愈益明显，从而决定了部门法的划分是相对的，而不是绝对的。某种意义而言，这种"模糊性"有助于各部门法的发展，如果人为地撕开这种"模糊性"面纱，容易割裂并支离破碎各部门法，反而极大地限制其发展。① 正如有学者指出，部门法的划分和学科分类乃是学术研究的便

---

① 参见李昌庚《回归自然的经济法原理》，知识产权出版社 2010 年版，第 7 页。

宜之举。① 在今天，没有一个部门法是单纯的，否则反而验证该部门法发展的缺陷。我们应当适当借鉴英美法系国家关于法学研究及其立法实践的经验，对于同为大陆法系的我国台湾地区的法学研究及其立法实践的务实精神也值得我们学习和借鉴。② 因此，我们不必过分拘泥于国有财产法的民商法因素、行政法因素或其他因素，而应当从国有财产立法宗旨及其功能价值等总体上把握国有财产法的部门法性质。鉴于此，笔者不赞同有些学者提出的兼有民法、行政法和经济法等的综合说法，更不认可为了部门法划分而人为肢解国有财产法的做法。这种原理适用于所有部门法的划分及其学科分类。

综上所述，既然我国有了经济法这一部门法，国有财产法应当纳入经济法范畴，但并不否认国有财产法的行政法、宪法和民商法等其他性质，其他部门法可以从不同视角去研究国有财产法，典型的如行政法中的行政公产等。这也是国有财产立法的考虑所在。部门法划分仅具有相对意义，以便利学术研究和法律体系的构建需要，只要把握问题实质足矣。

三　国有财产法的特征

学界早期从国有资产法或国有资产管理法角度分析了相关特征。有学者认为国有资产管理法具有如下特征：（1）是一种财产法和管理法相结合的法律制度；（2）是以国有资产所有权的实施为中心内容的法律制度；（3）其渊源是由众多专项规范性文件所组成的。③ 也有学者表达了类似观点，认为国有资产法具有下列特征：（1）是财产法、投资法和管理法相结合的法律制度；（2）是以国家所有权的实现为中心内容的法律制度；（3）其核心制度是国有资产管理法律制度；（4）其调整对象是国有资产关系。④

既然国有财产法从总体上属于经济法范畴，因而也体现出经济法的相

---

① 赵瑛于 2003 年 11 月 24 日采访史际春教授时，史教授所提出的观点，载 http：// www. cel. cn/show. asp？c_ id =4&c_ upid =0&c_ grade =2&a_ id =3023，2010 年 11 月 14 日访问。

② 笔者曾与台湾学者潘维大教授交流时，关于他对中国大陆地区部门法划分绝对化的诟病，以及台湾学者打破部门法藩篱的学术研究及其立法的务实精神，感触颇深。本书从国家所有权、行政公产到国有财产法等就是一种努力尝试。

③ 杨紫烜主编：《经济法》，北京大学出版社、高等教育出版社 1999 年版，第 307 页。

④ 屈茂辉：《中国国有资产法研究》，人民法院出版社 2002 年版，第 15 页。

应特征，比如经济性、政策性和公私融合性等。[①] 同时，国有财产法还具有行政法和民商法等因素，因而也或多或少地具有行政法和民商法等部门法的特征，比如：公权力的强制性和限权性、法律规范的变动性，以及国家私产的私法性、自由处分和等价有偿等。

笔者基于国有财产法的上述因素考虑，结合学界已有的研究成果，本着求同存异的原则，认为国有财产法具有如下特征：

（1）经济政策性

如果说，经济法某种意义上是经济政策的法律化，那么国有财产法也不例外。首先，从国有财产的本质来看，国有财产不同于私有财产，私有财产有其人性私欲的一面，而国有财产则满足于国家暨社会需要。在计划经济时期，国有财产服务于泛意识形态化的政治和经济，体现强烈的政策性。在市场经济时期，国有财产定位于弥补市场失灵，为社会提供公共产品，以满足公共需求，而市场失灵在市场经济的不同发展时期、不同国家和地区之间存有差异，因而表现出国有财产的政策差异及其变动性，体现强烈的经济政策性。其次，国有财产在弥补市场失灵的同时，基于国有财产的公权力因素，同样也面临着政府失灵的幽灵。计划经济的失败与国有财产的全面政府失灵不无关系。国有财产在市场失灵与政府失灵的博弈过程中寻求平衡，而这进一步体现了其经济政策性。再次，从以市场经济为基础的西方国家国有财产的历史实践来看，凡是市场机制遭受严重破坏的时期如经济危机、世界大战时期，则是国家干预经济程度较高的时期，也就是国有企业暨国有财产比重相对较高的时期。比如在 1929—1933 年的经济大危机时期，美国政府加大了对国民经济的干预，先后建立了一批包括田纳西河流域管理局在内的国有企业。再比如在两次世界大战时期，美国将铁路、邮电和船运等行业置于国家垄断经营等。而一旦市场机制恢复常态，国家就纷纷减少对经济的干预，逐步退出国有领域。比如美国把战时建立的国有企业多数清理完毕等。[②] 由此可见，西方国家多次的国有化浪潮和私有化浪潮明显体现了国有财产的经济政策性。因此，作为规范国有财产的国有财产法相应的也表现出强烈的经济政策性。

（2）社会公益性

私有财产法是以私人利益为本位，而国有财产法则以社会利益为本

---

① 参见李昌庚《回归自然的经济法原理》，知识产权出版社 2010 年版，第 22—29 页。

② 同上书，第 193—195 页。

位。首先，私有财产法追求个人的机会均等和公平竞争，以满足个人合法利益的最大化。就此而言，私有财产法体现的更多是形式正义。而国有财产法在排除国有财产异化为"党产"或"官僚经济"等特殊情形以外，在以市场经济为基础的民主法治社会，利用国有财产矫正私有财产的缺陷与不足，进行社会财富的再次分配，达致符合人性私欲和市场竞争机制的合理利益差别，实现最大多数人的利益需求和公平正义。因而，国有财产法体现了实质正义。其次，国有财产法从其功能定位来看，是以弥补市场失灵为己任，为社会提供公共产品，满足公共需求。姑且不论国家公产如此，即使国家私产虽参与市场竞争，适用私法规范，但其最终目标也是为了实现社会整体利益。

当然，国有财产法的社会公益性是以保障私有财产及其私人利益的实现为前提的。正如庞德所言，公共利益并不比保护私人权利更重要。[1] 国有财产法的社会公益性目的就是为了实现私人利益和个人幸福。如果国有财产法出现了与民争利的现象，伤及了私有财产，则其社会公益性的制度设计将因此可能沦落为特权或特殊利益集团，社会公益性就成了一种借口，从而失去了其应有意义。而此也正是国有财产法制度设计的考虑因素。

（3）以公为主的公私融合性

国有财产法体现了国家公私产或类似划分的区别法律适用。毫无疑问，国家公产纯粹满足公共需求，为社会提供公共产品，主要适用公法规范，体现了强烈的公法色彩。而国家私产参与市场竞争，可以市场交易，在部分适用公法规范的同时，与私有财产一道主要适用私法规范，从而体现出明显的私法色彩。但国家私产的最终目的也是为了实现社会公益，因而国家私产的背后依然渗透着公法色彩。除此以外，前已述及的国有财产法的经济政策性和社会公益性无不体现出公法因素。因此，国有财产法具有以公法为主导的公法和私法的融合性。而这也正是经济法若干分支部门法的共同特征。

公私融合性也成为诸多部门法的发展趋势，或许这也正是我们反思公私法划分和部门法划分的重要理由。我国法学界应当多借鉴英美法系以及

---

① ［美］罗斯科·庞德：《普通法的精神》，唐前宏、廖湘文、高雪原译，夏登峻校，法律出版社 2001 年版，第 35 页。

大陆法系一些国家和地区的务实精神，以避免教条主义，公私法及其部门法划分均具有相对性。也只有从此视角理解，以公为主的公私融合性才具有现实意义。

（4）法律规范的变动性和分散性

国有财产法如同整个经济法体系一样，往往是宪政法律规范、行政法律规范、民事法律规范和刑事法律规范的综合，这种综合尤其其中的行政法律规范决定了包括国有财产法在内的经济法体系法律规范具有变动性和分散性特点，难以形成法典化。即便有专门的基本法律法规，也无法涵盖该部门法的全部内容，不但内容分散，而且其内容也具有易变性特点。包括国有财产法在内的经济法体系的经济政策性特点进一步加剧了包括国有财产法在内的整个经济法体系法律规范的变动性和分散性。

从国有财产法的立法实践来看，在国外尤其西方国家，国有企业立法往往是"一特一法"或"一类一法"，比如日本关于国营高铁、美国关于田纳西河流域管理局等均有单独立法。西方国家在多次的国有化浪潮和私有化浪潮中，许多国有企业立法也随之存废或变动。同样，国有化法案和私有化法案也常随之存废或变动。即使制定专门《国有财产法》的国家和地区，由于市场经济及其国有财产的政策变迁，也经历了若干次修改。比如日本、韩国以及我国的台湾地区等的《国有财产法》。而且，《国有财产法》仅仅具有基本框架的功能，无法涵盖国有财产法律规范的全部内容。比如我国台湾地区除了《国有财产法》以外，涉及"国有"财产的法律法规还有《土地法》、《矿业法》、《森林法》、《预算法》、《审计法》、《国营事业土地买卖交换办法》、《公营事业移转民营条例》等。在我国大陆地区，至今尚无专门的《国有财产法》，即使出台了《企业国有资产法》，关于企业性国有财产、行政事业性国有财产和资源性国有财产等还存在着大量的单行法律、行政法规和行政规章等。比如《土地管理法》、《森林法》、《水法》、《企业国有资产监督管理暂行条例》、《行政单位国有资产管理暂行办法》、《事业单位国有资产管理暂行办法》等。上述法律法规及其规章常因我国经济体制改革、国有企业改革及其市场经济体制改革的深化而发生存废或变动。

第二节　国有财产法的调整对象

早先关于国有资产法或国有资产管理法的调整对象，学界有过论述。

有学者认为，国有资产法的调整对象是国有资产所有者的国家与国有资产的管理者、持股者、经营者和使用者之间，在国有资产的占有、使用、收益和处分中发生的社会关系。围绕占有、使用、收益和处分发生的社会关系，实质上是财产所有权以及与财产所有权有关的财产权之间的关系。① 有学者认为，国有资产管理法的调整对象即国有资产管理关系，一般包括国有资产产权界定、登记关系，国有资产清产、核资关系，国有资产评估关系，国有资产流转管理关系和国有资产监管关系等。② 有学者认为，国有资产法的调整对象是国有资产关系，是指国有资产的所有者、管理者、经营者和占有者在国有资产运行过程中所发生的，以国有资产全民所有制为基础和核心的经济关系，包括作为核心层的国有资产全民所有制关系、作为中间层的国有资产产权关系和作为表层的国有资产管理关系。③ 后来，又对其进一步扩充，认为国有资产法的调整对象包括国有资产全民所有制关系、国有资产产权关系、国有资产管理关系和国有资产服务关系。④ 也有学者表达了类似观点，认为国有资产法的调整对象是国有资产关系，包括国有资产全民所有关系、国有资产经营关系、国有资产使用关系、国有资产管理关系和国有资产服务关系。⑤ 等等。

随着 1993 年国资立法启动以来，学界一直存在"大小国资立法"之争，即国有资产法的调整对象涉及全部国有资产还是仅指经营性国有资产。最终是以《企业国有资产法》的出台而暂告结束。

不可否认，学界前辈为此作出了开创性的贡献。但由于受当时社会环境以及历史条件的局限，当初关于国有资产法或国有资产管理法调整对象多停留于全民所有制关系，多局限于国有资产的基础性管理内容，而忽视了国有资产在市场经济社会中的定位以及国有资产的不同功能定位的分类。这从历史角度，实属必然；但从现代市场经济视角，则存在缺陷。

随着市场经济的发展，关于国有财产法的调整对象，有些学者开始涉及国有股权问题，认为国有资产法的调整对象与其说是国有资产，不如说

---

① 参见谢次昌《国有资产法》，法律出版社 1997 年版，第 12—13 页。

② 潘静成、刘文华主编：《经济法》，中国人民大学出版社 2005 年第 2 版，第 365 页。

③ 孙孝福、王全兴：《国有资产法初探》，载《中南财经大学学报》1994 年第 2 期，第 101 页。

④ 王全兴：《经济法基础理论专题研究》，中国检察出版社 2002 年版，第 654—655 页。

⑤ 屈茂辉：《中国国有资产法研究》，人民法院出版社 2002 年版，第 15 页。

是国有股权。① 也有学者开始使用"国有财产"说法，认识到国有财产在市场经济社会的定位，并提出了国家公私产问题。比如有学者认为，物权立法应对国有财产分类作出原则规定，再依据物权法和宪法，制定《国有财产法》。② 也有学者表达了类似观点，认为国有财产法不但要规定国有财产法的范围，更要规定两类不同特性的国有财产，包括不可交易的国有财产和自由处分的国有财产。③ 也有学者认为在未来我国国有财产制度与立法设计中完善国家公产制度。④ 虽然，这些学者并未直接提及国有财产法的调整对象，但从中能够间接体会到国有财产的分类规范关系到国有财产法的调整对象。

准确界定国有财产法的调整对象关系到国有财产法能否成为独立的部门法，也关系到国有财产法的具体制度设计及其法律体系构建。如何准确界定国有财产法的调整对象呢？笔者以为，界定国有财产法的调整对象需要把握如下几个前提：（1）国有财产的市场定位。在计划经济社会，由于缺乏法治生存的土壤，即使存在大量的国有财产，也无现代意义上的国有财产法，至多是行政命令或经济政策的代名词。只有在市场经济社会，实现了国有财产的市场转型，国有财产的市场定位以保障私有财产为前提，此时国有财产立法及其法理研究才具有现实意义，也才符合国有财产立法宗旨。故国有财产法的调整对象应以市场转型后的国有财产为其目标对象。（2）市场转型暨社会转型中的国有财产。在市场经济社会，国有财产法从一般意义上说针对市场转型后的国有财产。但对于原苏联东欧国家以及中国等传统社会主义国家在市场转型暨社会转型过程中，市场转型过程中的国有财产同样面临着法律规制问题。这在西方国家及其他国家国有化和私有化浪潮中同样面临该问题。但在我国和原苏联东欧国家表现尤为明显。因此，我国国有财产法的调整对象还涉及市场转型过程中的国有

① 刘俊海：《制定〈国有资产法〉的思考》，载《河南省政法管理干部学院学报》2008年第5期，第118页。

② 高富平：《建立国有资产分类规范的法律体系》，载《华东政法学院学报》2000年第5期，第34页。

③ 屈茂辉：《制定中国国有财产法的基本思路》，载《湖南社会科学》2004年第1期，第74页。

④ 张建文：《社会转型与国有财产制度的变迁——以公产、私产区分的国家财产理论为视角》，载《长白学刊》2005年第5期，第31页。

财产。（3）国有财产的分类规范。虽然对国有财产的国家公私产要加以区别法律适用，但从立法分类来看，一般以行政事业性国有财产、资源性国有财产和企业性国有财产加以分类立法。故我国国有财产法的调整对象涉及行政事业性国有财产、企业性国有财产和资源性国有财产等。

基于国有财产法调整对象界定的基础性前提条件和学界前辈共识的基础上，笔者认为，我国国有财产法的调整对象总体而言是指国有财产关系，具体又包括如下几个层次：

1. 从国有财产的中央与地方关系来看，如前所述，笔者同意国有财产采取"分别所有"原则，并将中央与地方政府各自所有的财产统称为国有财产。故国有财产法的调整对象涉及国有财产的中央与地方关系。

2. 从国有财产的基础性管理来看，国有财产法调整对象涉及国有财产的基础性管理关系。具体又包括：（1）国有财产取得关系，主要包括国有财产的取得方式、取得效力等；（2）国有产权界定关系，主要包括国有产权的界定机关、界定内容和界定程序等；（3）国有产权登记关系，主要包括国有产权的登记机关、登记内容和登记程序等；（4）国有财产使用关系，主要包括国家公产使用、国家私产使用以及各自使用方式等；（5）国有财产处分关系，主要包括国家公产处分、国家私产处分以及各自处分方式等；（6）国有财产收益关系，主要包括国家公产收益及其分配、国家私产收益以及国有资本经营预算制度等；（7）国有财产监管关系，主要包括国有财产的监管主体、监管体制、监管分类、监管内容等。

3. 从国有财产的分类规范来看，国有财产法的调整对象主要包括行政事业性国有财产关系、企业性国有财产关系和资源性国有财产关系等。

4. 从国有财产的市场转型改革来看，国有财产法的调整对象还包括国有财产市场转型关系。在国外，无论是西方国家还是原苏联东欧国家或是其他国家，在国有化浪潮或私有化浪潮中，一般均有法律规制。比如俄罗斯1991年通过的《俄罗斯联邦国有和市有企业私有化法》以及2002年生效的《俄罗斯联邦国有财产和市有财产私有化法》等、我国台湾地区的《公营事业移转民营条例》及其施行细则等。这在西方国家尤其明显，国有财产的私有化往往均需议会审批并通过相应法案。相比较而言，我国存在诸多不足，从而加剧了国有财产流失问题。因此，我国有必要吸取原苏联东欧国家以及其他国家的经验和教训，在国有财产市场转型暨社会转型过程中，加大国有财产市场转型立法，力求避免或减少国有财产私有化的异化、官僚经济及其国有财产流失问题。故市场转型中的国有财产关系理应纳入我国国有财产法的调整对象范围。

第三节　国有财产法律关系

一　国有财产法律关系的概念、特征和种类

我国大陆学者近年来过分"教条化"大陆法系传统，注重理论体系的抽象性研究及其整体构建，包括法律关系的研究等。应当承认，这种研究具有逻辑严谨、理论丰富、法律体系构建完整等优点，但也难免容易陷入形式主义暨务虚之泥潭。故本书关于国有财产法律关系的研究力求避免此种不良倾向，此种研究均是围绕国有财产法合理的制度设计为宗旨，而不单纯满足于理论体系的完整。

法律关系是社会关系法治化的浓缩！所谓国有财产法律关系，是指国有财产法调整和规范国有财产关系，并由国家强制力保证实施的各方主体之间的权利义务关系。国有财产法律关系是国有财产关系的法律化，体现了法律上的权利义务关系。国有财产法律关系是经济法律关系的重要组成部分。依法治之一般要求，任何社会关系均应尽可能纳入法治的"游戏规则"之中，使所涉各方主体的权利义务关系法定化，尤其针对易挤压私权利空间的公权力因素的社会关系。故国有财产关系的法律化是一个国家或地区民主法治化程度的重要标志。

国有财产法律关系具有如下法律特征：

（1）从主体上来看，国有财产法律关系主体一方必是国家机关或其授权组织，既有可能是立法机关、行政机关和司法机关，也有可能是国家机关依法授权的其他组织，比如国家授权投资的机构。当然，最常见的是行政机关，比如国务院的国资委、财政部、发改委等。

（2）从内容上来看，国有财产法律关系在具有私权利的同时，还具有公权力因素。由于国有财产法律关系主体一方必是国家机关，以及国有财产本身就是政府公法人所有权的体现，因此，国有财产法律关系中的权利义务必然具有国家公权力管理属性。国有财产法律关系主体的权利义务往往是国家机关行使国家公权力的管理职能而产生的。

（3）从主体所处的地位来看，国有财产法律关系总体上是一种非平

权型法律关系。虽然法律关系强调主体地位的平等，但仅具有相对意义，也仅就一般而言。但国有财产法律关系不同于强调平等、等价、有偿的民事法律关系等，由于国有财产法律关系主体一方的国家性和法律关系内容的国家公权力管理属性，决定了国有财产法律关系主体一方的国家机关具有主导性，管理者与被管理者的非对等性。尽管国家私产在民事流转领域强调与私有财产同等适用私法规范，但也无法否定国家私产的优益权。这也正是国有财产法需要严格界定和规范的内容。

（4）从权利义务的处分上来看，国有财产法律关系中的权利义务具有非完全自由处分性。对于国家公产，原则上属于不可交易财产，不以营利为目的，因而不能如同私有财产一样进行自由处分，不得强制执行、不适用取得时效制度等。但对于国家私产，一般属于可交易财产，以营利为目的，因而如同私有财产一样在民事流转领域进行自由处分。当然，国家私产也具有社会公益性目标，因而其自由处分性也有一定限制。

国有财产法律关系依据不同的标准有不同分类：

（1）依据国有财产的中央与地方关系来划分，国有财产法律关系包括中央国有财产法律关系和地方国有财产法律关系。

（2）依据国有财产基础性管理内容来划分，国有财产法律关系包括国有财产取得法律关系、国有产权界定法律关系、国有产权登记法律关系、国有财产使用法律关系、国有财产处分法律关系、国有财产收益法律关系和国有财产监管法律关系等。

（3）依据国有财产法律适用的差异性来划分，国有财产法律关系分为国家公产法律关系和国家私产法律关系。所谓国家公产法律关系，是指国有财产法调整国家公产而产生的权利义务关系。具体又包括公务用财产法律关系、公共用财产法律关系和企业用财产法律关系。所谓国家私产法律关系，是指国有财产法调整国家私产而产生的权利义务关系。它主要针对国有财产在市场竞争领域所形成的法律上的权利义务关系。

（4）依据国有财产市场转型度来划分，国有财产法律关系分为市场转型后的国有财产法律关系和市场转型中的国有财产法律关系。这种分类主要适用于原苏联东欧国家和中国等市场转型的国家。这种分类对于市场转型国家解决国有财产的市场转型及其法律规制尤其具有现实意义。至于市场转型前是否存在国有财产法律关系？笔者以为，鉴于自然经济和计划经济社会既缺乏现代意义上的国有财产,① 也缺乏法治生存的土壤，故也缺乏现代意义上的国有财产法，当然也就无所谓市场转型前的国有财产法律关系。

（5）依据国有财产法律关系的主体地位来划分，国有财产法律关系分为隶属型国有财产法律关系和平权型国有财产法律关系。无论国家公产还是国家私产，由于国有财产法律关系主体一方必是国家机关，而且也只有通过国家机关行使国家公权力的管理职能才产生法律上的权利义务关系，以此起到对国有财产的管理、监督和控制功能，在发挥国有财产作用的同时，保障私有财产的发展空间。由此可见，国有财产法律关系总体上属于隶属型国有财产法律关系。但对于国家私产，除了存在国家机关对其的管理职能以外，国家私产在市场竞争领域可以自由处分，这种自由处分行为可以与私有财产一道适用同等的私法规范。尽管国家私产的自由处分受到社会公益性目标的一定限制，甚或表现出一定的优益权，但国家私产的自由处分行为体现了一种平权型国有财产法律关系。这种分类有助于把握不同性质的国有财产在国有财产法制度设计中的差异性考虑。

（6）依据境内外国有财产来划分，国有财产法律关系可以分为境内国有财产法律关系、港澳台国有财产法律关系和国外国有财产法律关系。

（7）依据国有财产客体及其分类立法来划分，国有财产法律关系分为行政事业性国有财产法律关系、企业性国有财产法律关系和资源性国有财产法律关系等。

二 国有财产法律关系的构成要素

法律关系的构成要素包括主体、客体和内容。任何部门法的法律关系构成要素均如此。国有财产法也不例外。研究国有财产法律关系的构成要素，其目的便是为了探求国有财产法主体、客体和内容与其他部门法的法律关系构成要素有何区别，有何规律可循，以便有所帮助国有财产法的合理制度设计。

1. 国有财产法律关系主体

国有财产法律关系主体是指国有财产法律关系的参加者，即国有财产

---

① 在自然经济和计划经济为基础的社会，所谓的国有财产容易成为极少数利益集团有意或无意地盗用"国家"名义而谋取的集团私产。

法律关系中权利的享受者和义务的承担者。如同其他部门法一样，国有财产法律关系主体通常简称为国有财产法主体。

我国法律关系主体一般包括自然人、集体主体和国家。其中，集体主体包括两类：一类是国家机关，包括国家的立法机关、行政机关和司法机关等；另一类是社会组织，比如政党、社会团体和企事业单位等。[①] 集体主体实际上就是法人组织和非法人组织。在民事法律关系等有些部门法法律关系中，自然人、法人或非法人组织甚或国家作为法律关系主体资格的取得并不需要法律加以确认。但在国有财产法律关系中，有些法人或非法人组织能否成为国有财产法主体，则需要通过相关法律法规予以确认和规范。比如国务院国资委行使企业性国有财产的出资人职能、财政部行使行政事业性单位国有财产的出资人职能、国家授权投资机构等。这在经济法中的其他部门法律关系中也同样存在此问题，比如金融法律关系、财税法律关系等。

一般意义上的法律关系主体在具体部门法中要提炼为部门法属性的法律关系主体，赋予部门法特有的权利义务，方显部门法主体的特征。比如行政法中的行政主体和行政相对人（方），刑法中的犯罪主体等。[②] 关于经济法主体，经济法学界为此做了许多有益的尝试与探索。比如有些学者将经济法主体分为经济管理主体和经济活动主体；[③] 有些学者将经济法主体概括为消费者、经营者和经济管理者。[④] 有些学者将经济法主体提炼为调制主体与调制受体；[⑤] 有些学者将经济法主体分为管理主体与被管理主体，或者国家经济调节主体与被调节主体。[⑥] 等等。从经济法主体来看，笔者倾向于使用调制主体与调制受体，同样，国有财产法主体包括调制主体和调制受体。

（1）调制主体

所谓调制主体，是指在国有财产法律关系中，处于宏观调控或微观规

---

① 参见孙国华、朱景文主编《法理学》（第二版），中国人民大学出版社 2004 年第 2 版，第 383 页。

② 李昌庚：《回归自然的经济法原理》，知识产权出版社 2010 年版，第 207 页。

③ 参见史际春、邓峰《经济法总论》（第二版），法律出版社 2008 年版，第 175 页。

④ 参见徐孟洲《经济法学原理与案例教程》，中国人民大学出版社 2006 年版，第 33 页。

⑤ 参见张守文《经济法总论》，中国人民大学出版社 2009 年版，第 126 页。

⑥ 参见漆多俊主编《经济法学》（修订版），武汉大学出版社 2004 年版，第 83 页。

制的一方主体。调制主体包括如下几个特征：①一般是行使国家公权力的国家机关或是授权组织；②对国有财产处于管理或主导的一方；③能够以自己名义行使管理职能的组织；④能够以自己名义独立承担法律责任的组织。从国有财产法宗旨来看，调制主体也正是国有财产法研究的重点内容。

调制主体从狭义来看，仅指履行出资人职能的行政机关及其授权组织，而立法机关和司法机关则成为国有财产的监管机构；从广义来看，包括立法机关、行政机关、司法机关和授权组织等。具体分析如下：

①立法机关。在我国，就是指各级人大及其常委会。人大及其常委会代表所辖区域的人民对其国有财产行使立法权、人事权、调查权、监督权等。比如人大及其常委会对国有财产的立法、对其所属国有企业负责人的任免、对涉及国有企业特定问题的调查等。

②行政机关。中央和地方各级政府对其所属国有财产行使所有权职能，并履行出资人监管职能。就中央政府层级而言，国资委履行中央企业等国家私产的出资人职能，财政部履行行政事业性单位等国家公产的出资人职能。对于有些资源性行业的国有财产，现行法律规定仍有相关主管部门履行出资人职能。比如国土资源部对国有土地履行出资人职能等。这要取决于国有财产管理体制改革的深化。同时，国务院发改委、商务部、国家工商总局等相关部委根据各自职能对国有财产履行相应的管理职能。相应的，对于地方各级政府也大致如此。

③司法机关。在我国，司法机关是指法院和检察院。司法机关代表所辖区域的人民对涉及国有财产的案件独立行使审判权、检察监督权、司法解释权和司法建议权等，以起到对国有财产的监督管理功能，从而形成了一道司法救济的最后防线。

④授权组织。国家机关尤其行政机关依据宪法和法律法规将其管理国有财产的部分或全部权限授权给具有相应资质的组织。一般而言，司法机关的司法权不存在授权组织情形，只有在司法执行等程序方面，可能存在授权或委托问题；立法机关的立法权也不存在授权组织情形，即使授权立法也是在国家机关之间。对于行政机关而言，政府常将出资人职能授权或委托给其他组织。比如国家授权投资的机构履行国有企业或国有参股企业国有股权的出资人职能等。

（2）调制受体

所谓调制受体，是指在国有财产法律关系中，调制主体行使国有财产管理职能所针对的另一方当事人，在国有财产管理中处于被管理的一方。凡是国有财产的所有者、占有者或使用者均将成为国有财产法调制主体被管理的对象。故调制受体既包括立法机关、行政机关和司法机关等国家机关，还包括企事业单位和自然人。基于中国国情，调制受体还涉及类似国家机关或依靠财政拨款的人民政协、执政党和各民主党派组织机关等。由于调制受体主要是国家机关，即便企事业单位和自然人，由于其占有或使用的国有财产背后渗透着国家公权力因素，决定了国有财产管理的难度，这也正是国有财产法实施的难点所在。某种意义上说，国有财产法制化水平反映了一个国家或地区的民主法治化程度。

2. 国有财产法律关系客体

依通说，法律关系客体一般情况下包括物、行为和非物质财富。尽管法律关系客体存有新的说法，比如有学者认为法律关系客体包括国家、社会和个人的基本经济、政治和精神文化财富、物、非物质财富和行为结果等。① 但如前所述，不要过分"教条化"大陆法系传统，这样的争论并没有多大价值。因此，本着求同存异的原则，基于国有财产法制度设计的需要，避开与国有财产法制度设计无多大关联的法律关系客体的细节性考虑，笔者认为，国有财产法律关系客体主要包括两类：一是国有财产；二是涉及国有财产的行为。随着社会经济的发展，法律关系的客体也在不断地发生变化。相应的，国有财产法律关系客体中的国有财产和涉及国有财产的行为其内涵和范围也在不断地变动。

（1）国有财产

国有财产是国有财产法律关系最重要的客体，也是中央和地方各级政府公法人所有权的客体。前已述及，在我国，国有财产的市场转型及其定位直接关系到国有财产的范围，最终关系到国有财产法制度设计的合理性。

我国《物权法》第五章对国有财产的范围作了原则性规定，包括国家所有的自然资源、野生动植物资源和无线电频谱资源、文物财产、国防

---

① 参见孙国华、朱景文主编《法理学》（第二版），中国人民大学出版社 2004 年第 2 版，第 390—391 页。

财产、特殊企业用财产、① 国家机关支配的财产、政府投资的事业单位支配的财产、政府出资企业的国有股权等。虽然我国《物权法》未直接采用国家公私产概念，但从其规定不难看出国家公私产的因素以与国际接轨的痕迹。当然，由于《物权法》对国家所有权和集体所有权未作全新解构，故而留下立法遗憾。至于涉及国有财产的法律区别适用，则已超出《物权法》范畴。因此，有关国有财产的范围及其法律适用理应由未来制定的专门《国有财产法》予以弥补。

从国有财产的立法价值取向来看，国有财产的范围既包括国家公产，也包括国家私产；既包括有形国有财产，也包括无形国有财产；既包括不动产，也包括动产；既包括境内国有财产，也包括境外国有财产；既涉及资产形态的财产，也涉及资本权益形态的财产，比如国有股权、债权等。对于国有控股企业或参股企业，国有财产体现了一种国有股权，而不是以前所理解的国有企业财产，而这正是法人所有权制度设计下的政府与国有企业的一种现代企业制度关系。

在我国，由于境外投资项目多是境内中央或地方国有企业尤其是中央国有企业，因此，我国不仅存在着大量境外国有财产，而且还存在着很强的国家公权力因素，在缺乏如同私有财产自律的游戏规则的情况下，必然面临着境外国有财产的管理难度。这也正是国有财产法制度设计需要重点考虑的问题之一。

（2）涉及国有财产的行为

从调制主体来看，涉及国有财产的行为包括立法机关、行政机关、司法机关和授权组织等。从立法机关来看，涉及国有财产的立法、重要国有企业的审批、国有资本经营预算的审批、国有财产重大事项的调查、质询等行为。从行政机关来看，涉及财政部门、国资部门以及部分专业部委的国有财产出资人职能的履行、涉及国有财产的规划、立项、税务、审计等。从司法机关来看，涉及国有财产案件的审理、司法解释和司法建议等。从授权组织来看，涉及国有财产出资人职能的履行等。

从调制受体来看，涉及国有财产的行为包括国有财产的取得、界定、

---

① 笔者将我国《物权法》第52条第2款涉及国家所有的铁路、公路、电力设施、电信设施和油气管道等基础设施称为特殊企业用财产，即国家公产中的企业用财产。当然，我国《物权法》未直接采用此种说法。

登记、使用、处分、收益和监管等。由于国家公产原则上具有不可交易性，而国家私产具有可交易性，决定了在涉及国有财产的取得、界定、登记、使用、处分、收益和监管等方面均存在法律适用的差异性，前者一般由公法规范，而后者在民事流转领域可以由私法规范。这一点必须在国有财产法制度设计中得以体现。

3. 国有财产法律关系内容

法律关系内容就是一种法律上的权利和义务关系。国有财产法律关系内容就是国有财产法主体的权利义务，涉及调制主体和调制受体在国有财产法律关系中所享有的权利和承担的义务。国有财产法主体的权利义务具有经济性、法定性、重合性和公权力等特点。其中，重合性特点是指国有财产法主体的权利往往又是它的义务，比如人大及其常委会对涉及重大国有财产问题的调查和质询等既是权利也是义务等。公权力特点是指国有财产法主体的权利义务渗透着国家公权力性质，具有权利与权力的双重属性，尤其调制主体的权利义务。比如人大及其常委会对重要国有企业设立的审批，既是其权利也是其义务，同时也是其行使国家权力的表现等。当然，调制主体与调制受体的权利义务体现在国有财产法具体制度设计中。这将在本书后续研究的《国有财产法基本制度研究》中得以体现。

第四章　国有财产法的历史与现状

目前，学界关于私有财产立法及其法制的历史沿革论述较多，但对于国内外国有财产立法及其法制的历史沿革却少有人问津。除了弗朗索瓦·泰雷和菲利普·森勒尔所著的《法国财产法》等极少数论著外，有关财产法的研究一般均是私有财产的问题，很少涉及国有财产问题。比如 F. H. 劳森和 B. 拉登所著的《财产法》、约翰·G. 斯普兰克林所著的《美国财产法精解》、约瑟夫·威廉·辛格所著的《财产法：规则、政策与实务》、梁慧星、龙翼飞、陈华彬所著的《中国财产法》等。① 即使专门研究财产法历史的论著，比如郭建所著的《中国财产法史稿》、吕世论和彭汉英所著的《财产法史考略》等，也很少涉及国有财产问题。② 也难怪有学者给财产法所下的定义无论广义还是狭义均属于私法范畴；③ 或者说，财产法是私法的核心。④ 究其原因，一方面，这与"有恒产者，方有恒心"的人性私欲需要以及财产自身发展规律有关；另一方面，也与国有财产固有的公权力治理而缺乏法律调整有关。

因此，财产法的历史几乎就是一部私有财产法的历史。有关国有财产问题常被认为是一国"政治"或"主权"话题，相应的法律法规及其研究就相对很少。关于国有财产法的历史考证就显得非常困难。因此，有关国有财产法的史料研究只能从私有财产法及其他史料及研究中去提炼概括

---

① 参见［英］F. H. 劳森、B. 拉登《财产法》，施天涛等译，中国大百科全书出版社 1998 年版；［美］约翰·G. 斯普兰克林：《美国财产法精解》，钟书锋译，北京大学出版社 2009 年版；Joseph William Singer: Property Law: rules, policies, and practices, CITIC Publishing House, Aspen Publisher inc. , 2003；王贵国总主编：《中国财产法》，法律出版社 1998 年版。

② 参见郭建《中国财产法史稿》，中国政法大学出版社 2005 年版；吕世论、彭汉英：《财产法史考略》，《南京大学法律评论》1997 年春季号等。

③ 参见王贵国总主编《中国财产法》，法律出版社 1998 年版，第 3 页。

④ ［英］F. H. 劳森、B. 拉登：《财产法》，施天涛等译，中国大百科全书出版社 1998 年版，第 117 页。

和零星汇总。此项研究有助于填补国内外此项研究领域的空白，既是国有财产法原理研究体系的需要，更是为了寻求国有财产与私有财产不同的法治路径轨迹，借鉴国外国有财产立法的经验和教训，分析我国国有财产立法存在的缺陷和原因，以便于我国国有财产法的体系构建。

关于人类社会历史发展阶段的表述，世界各国以及不同的学者有不同的观点。鉴于马克思主义观点在中国的影响，为便于问题的陈述和读者的理解，本书借用马克思主义关于原始社会、奴隶社会、封建社会、资本主义社会和社会主义社会等涉及人类社会历史发展阶段划分的表述。[①] 同时，考虑到国有财产自身发展规律，尤其近现代社会以来国有财产受到意识形态及其社会制度的变迁影响非常大，故以原始社会、奴隶社会和封建社会、资本主义社会、社会主义社会以及转型国家的转型社会作为国有财产法历史源流拷辨的阶段划分。此外，为了更好地分析和研究国有财产法的历史发展规律及其经验教训，关于国有财产法的历史考证必然涉及私有财产方面的规定。

第一节　前资本主义社会国有财产法历史拷辨

一　原始社会

在原始社会，由于生产力水平非常落后以及原始人的自身素质等因素，决定了原始人依赖个人的财产无法生存，只能依靠群体力量维持生存。这种极其落后的生产力导致原始人不可能存在个人财产的观念。故这是一种无意识的部落氏族公共财产，而非自从人性私欲社会以来基于人们生存能力的差异及其他诸多因素的影响而产生的有意识的集体要求及其公共财产的需要。

有学者认为，"私有观念对于一切资产者是非常自然的，但当初跑进人们的头脑却不那么容易。当人们开始思想时，恰恰相反，他们首先想到

---

① 其实，马克思主义关于人类社会历史发展阶段的划分更多地是从经济形态或经济社会学的角度思考，但令人遗憾的是，教条主义者在实践马克思主义理论的过程中对其泛政治化及其意识形态化，导致包括国有财产在内的诸多致命缺陷。本书借用马克思主义关于人类社会历史发展阶段的表述，并不反映笔者关于人类社会历史发展阶段的观点，仅是为了便于问题的阐述而已。

的是一切应当归大家。"① 然而，他在文中又提到，"关于建立猎场的公有制——土地所有制的第一种形态，他们连想都没有想过。"② 很显然，这是一种前后自相矛盾的说法。其中，后一种说法恰恰验证了笔者的观点，即这是一种无意识的部落氏族公共财产，也是对该学者前一种说法的否定。笔者认为，这种极其落后的生产力以及原始人的自身素质等因素决定了这是一种无意识的部落氏族公共财产，更多地体现了一种原始生存的本能。但当人们开始有自主自觉意识的情况下，人们首先想到的应当是财产归他（她）个人所有。就此而言，人性存在"恶"的一面。③ 而这正是"国家"产生以后私有制的基础，体现了国家治理的逻辑起点！有无考察到私有财产的人性属性正好反映了世界各国民主法治历史发展的路径差异及其公民社会的成熟度。

在没有"国家"产生的情况下，这种无意识的部落氏族公共财产尚不能称为国有财产，但无疑是未来"国家"出现以后国有财产的一种雏形，如果用今天法律人的眼光来衡量，它更类似于共同共有关系或法人所有权的模式。但这仅仅是"类似"而已，绝非用今天法律人的眼光去考证当时的财产关系。即使在有"国家"的情况下，在某些原始的尚未完全开化的部落中，依然存在着这种无意识的部落氏族公共财产的痕迹。

在人性私欲的社会，由于私有制的缺陷，使某些人基于自身因素的需要从原始社会公共财产的痕迹中憧憬着未来的公共财产。一方面，这种"憧憬"使人类社会不断地修正传统私有制的缺陷和传统公有制的不足，在满足人性私欲的基础上，渐进地实现着所有权的社会化，体现了生产力高度发达基础上的公共财产的回归。另一方面，这种"憧憬"也使某些人教条主义地对待马克思主义理论，扼杀了人性，使公有制发生了异化。无论如何，人类社会对这两种"憧憬"的实践均给国有财产法治化路径考虑提供了有益启示。

二　奴隶社会和封建社会

随着社会生产力的发展，以及人类心智的成长，社会剩余产品的出

---

① ［法］拉法格：《财产及其起源》，王子野译，生活·读书·新知三联书店1962年版，第46页。

② 同上书，第51页。

③ 此意中的"恶"是中性词，是指人性私欲及其可能带来的消极因素。

现，人性的私欲逐渐显现出来，氏族的公共财产逐渐让位于以血缘为基础的若干家庭的公共财产，有些学者将之称为血族集产制，诸如历史上曾经出现过的米尔（Mir）、马克（又译为马尔克）（Mark）和农村人民公社（Rural People's Commune）等。① 这种血族集产制有点类似于现代所谓的集体所有制。在此基础上，逐渐形成了家庭的私有财产。私有财产加速了商品交易和利益集团的分化，利益冲突和阶层的分化导致原始的氏族习惯和道德无法维持原有的社会结构，最终催生了国家和法的产生。② 某种意义上说，私有财产是导致国家和法产生的社会经济根源。私有财产是人性的本源，也是国家和法产生的本源。从理论上说，国家产生的同时，也产生了国有财产。③

　　但从奴隶社会和封建社会来看，由于生产力的局限，土地是当时的主要财产，也是人类生存和国家统治的基础。正如马克思曾经说过，"只要对罗马共和国稍有了解就会知道，土地所有权的历史构成了罗马共和国的秘史"。④ 这在当时世界各国乃是普遍现象。当时的国有财产除了维持国家机器日常运转的财物之外，主要也就是土地。尽管当时土地存在私有的现象，尤其在欧洲地区，但从世界各国的历史来看，如同中国奴隶社会和封建社会历史一样，"普天之下，莫非王土"，即土地很长一段时期主要属于一国最高统治者。如若以今人法治眼光来衡量，此乃是王室私有财产，但这种基于政权属性的私有财产不同于一般私有财产。因此，从当时"国家"的标准来衡量，此乃是国有财产。从此意义而言，国有财产在当时占了重要地位。这是由于当时生产力发展的历史局限造成的。但至少说这种以土地为基础的国有财产满足了王室的人性私欲。如果避开土地及其附属物等不动产不谈，就其生产力发展的财产成果（主要是动产）而言，理应是私有财产为主导。事实也是如此，除了天然的土地、矿藏等不动产

---

① ［法］拉法格：《财产及其起源》，王子野译，生活·读书·新知三联书店1962年版，第63页。

② 即使在国家产生以来，在国家之间甚至在一个国家内部，由于生产力发展的巨大差异，上述历史发展进程也是参差不齐的。同时，由于意识形态和人为政策因素的影响，也会出现诸如原苏联的集体农庄、中国的人民公社和以色列的基布兹（Kibbutz）等社会现象。

③ 当然，世界各国在不同历史时期的国家性质的差异决定了国有财产性质的差异。本书其后将详细阐述。

④ 马克思：《资本论》第1卷，中国社会科学出版社1983年版，第61页。

在当时主要属于国家外，生产力发展成果的动产一般伴随着私有制出现。马克思、恩格斯已经深刻地认识到了这一点，"无论在古代或现代民族中，真正的私有制只是随着动产的出现才出现的"。[①] 遗憾的是，后来的公有制实践并未充分考虑到他们的人性洞见。此外，鉴于当时以土地为基础的国有财产的主权属性，以及奴隶社会和封建社会缺乏法治的土壤，决定了国有财产管理更多地是以行政手段等方式体现。难怪世界各国尤其欧洲历史上的法律制度主要表现在私有财产方面，而较少国有财产的规定。即使有关国有财产的法律规定也主要体现在土地方面。

奴隶社会和封建社会的法律制度被法制史学界称为古代法时期。笔者试以世界古代法时期一些比较典型的国家和地区的法律制度为线索加以考证国有财产。

（一）古代亚非地区

在奴隶社会和封建社会，古代亚非地区除了中华文明外，主要是古埃及、古巴比伦、古印度和伊斯兰等文明。相应的法律制度也是以其为代表。

1. 古埃及法

古埃及法是指古代埃及奴隶制时期整个法律规范的总和，既包括埃及历史上 31 个王朝时期的法律，也包括古希腊、古罗马统治古埃及时期的法律。

从古埃及法来看，埃及全国土地的最高所有权名义上属于法老，法老以封赐的方式或俸禄的方式分配给寺庙、贵族和官吏，并规定永久占有或定期占有。[②] 古埃及王国时期的土地占有和使用情况，大体分为王室土地、神庙土地、官僚贵族占有土地和农民占有土地等四种类型。[③] 有学者又进一步将之分为两类五种。比如在古埃及托勒密王朝时期，国王是埃及土地的最高占有者，实际占有情况分为两类五种：一类是王田，是由王室直接管理的土地。另一类是授田，又分为：庙田，即国王拨给神庙专用的土地；屯田，即国王授予军事移民的份地；禄田，即以代替国王对神庙的

---

①　马克思、恩格斯：《德意志意识形态》，《马克思恩格斯全集》第 3 卷，人民出版社 1960 年版，第 70 页。

②　参见何勤华主编《外国法制史》，法律出版社 1997 年版，第 5 页。

③　林榕年、叶秋华主编：《外国法制史》，中国人民大学出版社 2003 年版，第 13 页。

津贴或官员的俸禄；赐田，即国王赐给官员私人的土地。①

其中，王田在当时是典型的国有财产，其处置权由国王决定，在王田上耕作的是"王田农民"，他们向国家交纳一定数量的抵押品，并通过契约的方式取得土地租种权。他们在国家监督下从事生产，并向国家交纳税收和履行劳役义务。这是当时关于国有土地的管理法律制度。至于授田，更具有土地私有的性质，实际上是国有土地私有化的一种表现。当然，这种土地私有权是有限制的，国王保留了最终决定权。限于历史局限，这在当时是理所当然的。比如：庙田不能买卖，祭司可以世袭使用；屯田可以出租或继承，以服兵役、纳税为占有条件；赐田不得转让，如果确需转让，需得到国王批准。据《梅腾自传铭文》记载，他们出售土地必须有"国王证书"承认方能进行。②

古埃及从第一王朝起，国王每两年派官员清查土地、人口、牲畜和黄金，然后根据清查的结果来确定租税数额，这在当时已经成为国家大事。③ 这种清查制度实际上也是一种国有财产管理法律制度。

2. 楔形文字法

世界上最古老的成文法系之一就是来自于古代西亚地区的楔形文字法。所谓楔形文字法，是指公元前3000年左右古代西亚地区两河流域及其相邻领域先后兴起的以楔形文字镌刻而成的各奴隶制国家法律的总称。楔形文字法除了习惯法之外，比较典型的成文法典有《乌尔纳姆法典》、《苏美尔法典》、《苏美尔亲属法》、《尼尼微法律教本》和《汉穆拉比法典》（又叫"石柱法"）等，其中最典型也是保存最完整的就是古巴比伦王国的《汉穆拉比法典》。故又将楔形文字法称为古巴比伦法。

楔形文字法在其早期就确认了财产私有制。作为人类社会迄今为止最早的一部成文法典《乌尔纳姆法典》就规定了私有财产保护制度。比如《乌尔纳姆法典》第5、14、21条涉及对奴隶的所有权保护，第27、28、29条涉及对土地的所有权保护。④ 这在楔形文字法系的其他法典中均得以体现。比如《苏美尔法典》第1、2、3条就确认了私有财产神圣不可侵

① 参见米辰峰主编《世界古代史》，中国人民大学出版社2001年版，第190页。
② 林榕年、叶秋华主编：《外国法制史》，中国人民大学出版社2003年版，第13—14页。
③ 参见米辰峰主编《世界古代史》，中国人民大学出版社2001年版，第150页。
④ See Russ Versteeg, Early Mesopotamian Law, Carolina Academic Press, Durham, North Carolina, 2000, P22.

犯的原则。又比如《汉穆拉比法典》就有动产变为私有以及私人占有奴隶等方面的严格保护性规定。等等。

在当时，土地主要属于国家所有和公社所有，并在楔形文字法系各个法典中均有规定。从《汉穆拉比法典》来看，古巴比伦长期实行土地公有制，在法律上国王对全部土地享有最高所有权，在实际经济生活中，则存在王室土地和公社占有土地两种形式。[①] 在当时，王室土地即为国有土地，公社占有土地类似于当今的集体土地，但最终决定权仍在国家手中。王室土地一部分由王室直接享用；一部分由佃耕者和奴隶耕种，到期交纳租税；还有一部分赐予寺院、贵族官吏和军人作为任职和服兵役的报酬，其中军人必须以服兵役为条件。公社占有土地除了森林、牧场等由公社成员集体占有外，其余大部分土地则作为份地给公社成员各家庭使用。使用者必须向国家交纳税收并承担劳役义务，超过3年不赋税并不服劳役者，则要剥夺土地使用权。份地允许世袭，也可以在公社内部转让，但买主必须承担卖主对公社和国家所应尽的一切义务。[②] 古巴比伦土地之所以采取国家所有和公社所有？恩格斯对此有过分析，认为这是与当地的气候和地势有关。[③]

在《汉穆拉比法典》之后，约制定于公元前15世纪的史称《中期亚述法典》第1表第6条中，可以发现当时亚述古国的土地已经出现私有，并可以自由买卖。但在该法典第1表第17至18条中规定，水源仍为公有，供大家共同使用。

3. 古印度法

古代印度法是指包括当今印度、巴基斯坦、孟加拉国国、斯里兰卡等整个南亚次大陆奴隶制时期法律制度的总称，包括婆罗门教法、早期的佛教法等，是一种宗教法。其中，最为典型的就是《摩奴法典》，是古代印度法系的基础。即使古代印度封建时期的法律制度也是以此为基础。

古代印度的土地也主要是国有制，国王被誉为"大地的主人"，国王原则上是全国土地的最高所有者，凡占有土地者皆向国家交纳税负。土地占有的主要形式是村社制，村社中的土地除了森林、牧场和水渠等由村社

① 林榕年、叶秋华主编：《外国法制史》，中国人民大学出版社2003年版，第30页。
② 林榕年、叶秋华主编：《外国法制史》，中国人民大学出版社2003年版，第30页。
③ 《马恩通信选集》三联版第1卷，第546页。转引自张梦梅主编《新编外国法制史》，中国政法大学出版社1991年版，第31页。

成员集体占有外，耕地一般分配给村社各个家庭使用。①

古代印度法也保护私有财产权。但由于古代印度存在种姓制度，高等种姓和低等种姓所享有的财产权是有区别的。婆罗门作为高等种姓，视为"万物之主"，给予特殊保护。《摩奴法典》认为，"世界上任何东西全都是婆罗门的财产；由于地位优越和出身高贵，婆罗门的确有资格享有一切"。② 与此相比较，种姓较低的首陀罗私有财产权的保护就相当有限了。根据《摩奴法典》规定，婆罗门的财产绝不应归于国王，但其他种姓没有继承人时，国王可占有其财产。③

4. 古日本法

古代日本奴隶社会和封建社会尤其封建社会受到古代中国的影响非常大，因而也属于中华文明体系。古代日本法主要是自大化革新至明治维新止，故古代日本法主要是指古代日本封建时期的法律制度的总称。由于它受中国法律制度的影响非常大，故其也属于中华法系。

古代日本大化革新后，将土地收归国有，天皇被视为全国土地的最高所有者，从而确立了封建土地国有制。同时，也实行班田收授法，即国家将一部分国有土地按人口分给口分田，受田人需要向国家负担租、庸、调。而在实施班田收授法的过程中，土地私有制也在发展。当时的日本仿效中国隋唐时期颁布律令，以保护土地国有和土地私有。比如 701 年颁布的《大宝律令》、718 年颁布的《养老律令》等。其中，723 年颁布的《三世一身法》规定，凡开垦生荒可以传三世再还给国家，熟荒则开垦者死后归还。743 年颁布的《垦田永世私财法》则对《三世一身法》作了修改。④

古代日本"幕府政治"时期，天皇被排斥在国家权力之外，确立了幕府的土地制度，即幕府将全国领地分配给武士，形成藩国；藩主又授予其下属大臣和武士以封地或俸禄。这种土地制度通过武家法典比如《御成败式目》、《武家诸法度》和《公事方御定书》等加以调整。

---

① 参见林榕年、叶秋华主编《外国法制史》，中国人民大学出版社 2003 年版，第 42 页。

② 《摩奴法论》（即我们通常理解的《摩奴法典》）第 1 卷第 100 颂，蒋忠新译，中国社会科学出版社 1986 年版，第 13 页。

③ 张梦梅主编：《新编外国法制史》，中国政法大学出版社 1991 年版，第 135 页。

④ 参见张梦梅主编《新编外国法制史》，中国政法大学出版社 1991 年版，第 108—109 页。

5. 伊斯兰法

伊斯兰法是以"古兰经"为基础的中世纪阿拉伯帝国的法律制度的总称。中世纪阿拉伯帝国是在穆罕默德领导下的政教合一的国家。伊斯兰法是一种典型的宗教法，虽生处古代法时期，但它已经超出了奴隶社会和封建社会等历史发展进程，在整个伊斯兰国家影响至今。

伊斯兰法并无系统的财产法理论，而是分散在伊斯兰法中。如同其他古代法一样，在伊斯兰法中，有关财产制度主要是土地，与国有财产有关的也是土地。按照伊斯兰法早期规定，土地是安拉的财产，只有先知及其继承人哈里发才有权支配土地，阿拉伯贵族和普通自由人只有占有权。[1]这种以"安拉"为名义的土地财产实际上就是一种国有财产。阿拉伯贵族和普通自由人对于土地只有使用权，而没有所有权。

随着战争与征服土地的历史演进，以及社会的发展，在阿拉伯社会也出现了土地私有或变相私有的现象。大体而言，伊斯兰法将土地分为如下几种：一是圣地，即麦加及其邻近地区，该土地不准异教徒居住，也禁止埋葬异教徒，不准杀死或损害生物等。二是被征服地区的土地，如土地占有者不愿改奉伊斯兰教，其土地收归国有，并在承担税负后方可取得土地使用权。如果土地占有者改奉伊斯兰教，则其土地称为"米克尔"，虽然还需承担税负，但税负较轻，并且土地还可以进行买卖。三是"伊克特"的土地占有形式，土地的占有者必须以服兵役为条件。四是"瓦克夫"（waqf）的土地占有形式，[2]即以奉献真主之名捐献的土地，包括清真寺、神学院、墓地、医院等占有的土地。这类土地只能用于宗教、慈善目的，不得转让。[3]从中不难发现，伊斯兰法关于土地的管理制度在某些方面有点类似于当今社会国家公产与国家私产的用途区分。

在此基础上，有学者将伊斯兰土地占有制度概括为三种：一是享有完全所有权的私有地产；二是"维克弗"（waqf）地产，即占有人享有永久所有权，而其收益则用于维持某项慈善事业或"维克弗"成员家庭生活

①　林榕年、叶秋华主编：《外国法制史》，中国人民大学出版社 2003 年版，第 163 页。

②　有学者将"waqf"译为"维克弗"。参见［美］法哈特·J. 泽德《阿拉伯国家财产法》，郭锋、陈丽洁、汤树梅译，中国人民大学法律系 1985 年内刊，第 6 页。

③　参见林榕年、叶秋华主编《外国法制史》，中国人民大学出版社 2003 年版，第 163—164 页。

的地产；三是订有各种租种条件的国有地产。① 对于国有地产，尤其是那些闲置尚未开垦的国有土地，在保留国家所有的前提下，国家通过征税把这些土地转给个人占有使用，并允许他们享有负纳税义务的所有权和开垦权等特许权。这种特许权逐渐使伊斯兰法土地制度向封建土地国有制转变。

（二）古代欧洲地区

欧洲地区的古代法时期以奴隶社会的古希腊法、罗马法和中世纪封建社会的日耳曼法为典型代表。除此以外，还有教会法、城市法等。其中，最典型也是对世界影响最深远的就是古希腊法和罗马法。

1. 古希腊法

古希腊法是指古希腊地区各奴隶制城邦国家所有法律制度的总称，包括雅典法、斯巴达法等。其中，以雅典法最典型。

古希腊人私有财产的观念要比其他民族早很多，包括土地私有的观念，从而加速了古希腊财产的交易和流转，以及以土地为代表的他物权形态的发展。② 比如地役权、担保物权等。梭伦改革则以财产为基础进行公民等级划分，"国家高级官吏之任免均以门第和财产为准"，③ 进而使私有财产的价值理念深入人心。虽然雅典初期私有制也如同当时所有奴隶制国家一样，还带有一些原始公社所有制痕迹。比如土地通过抽签决定所有权。又如：土地所有权仅仅属于家庭，个人并无处分权，而且土地不能转让，直到后来法律才允许转让等。④ 但雅典繁盛时期，私有制已经相当发达，一切动产和不动产均可以自由买卖。而且，私有财产权受到法律的严格保护。比如雅典第一部成文法《德拉古法》明确规定保护私有财产。而且雅典法律还规定，国家不能通过没收财产的方式取得所有权；对官员处分自己财产加以限制，防止他滥用国有财产等。⑤ 这些规定明显体现了现代国家的理念，即严格限制公权力，从而保障私权利。也难怪雅典国家

---

① ［美］法哈特·J. 泽德：《阿拉伯国家财产法》，郭锋、陈丽洁、汤树梅译，中国人民大学法律系 1985 年内刊，第 8 页。

② 何勤华、魏琼主编：《西方民法史》，北京大学出版社 2006 年版，第 43 页。

③ ［古希腊］亚里士多德：《雅典政制》，日知、力野译，商务印书馆 1959 年版，第 5 页。

④ See Douglas M. MacDowell, The Law in Classical Athens, Thames and Hudson Ltd Press, London, 1978, P134.

⑤ 何勤华、魏琼主编：《西方民法史》，北京大学出版社 2006 年版，第 57 页。

是古代社会比较成熟的民主国家，进而影响了后来的罗马法及其整个西方文明。这与雅典当时的私有财产制度不无关系。

在这样的私有制环境下，古希腊地区各奴隶制国家国有财产又是如何呢？从有关史料考证，首先，虽然古希腊土地私有制非常发达，但也存在土地国有和集体所有的形式。在古希腊，人们可以通过承租的方式取得国有土地或集体土地的使用权，并要在石板上铭刻租约条款。承租人可以对国有土地使用权在一定程度上享有转让或遗赠的处分权。[①] 其次，雅典的矿产所有权属于国家，比如罗立温银矿。相应的，采矿权也属于国家，任何人想采矿必须办理注册登记（类似于今天的采矿许可证），以购买方式取得一定期限的租用权。为此，还有专门的矿产法加以规范。[②] 再次，古希腊对所有权的标的物作出了公有物和神有物等的分类。[③] 无论公有物还是神有物在当时就是所谓的国有财产。又次，在《雅典政制》中记载，梭伦改革后，公民抽签选举议事会，议事会主席专门保存国家金钱。总体而言，从中不难看出，古希腊以私有财产为基础，国有财产的定位比较准确，以弥补私有财产之不足，在某些方面类似于现代意义上的市场经济国家。

2. 罗马法

罗马法是指罗马奴隶制国家所有法律制度的总称。罗马法法典很多，其中最著名的就是《十二表法》（以前一般译为《十二铜表法》）和《国法大全》。其中，《国法大全》是最成熟、最完备的法典。罗马法的产生与发展除了与罗马奴隶制国家自身因素有关外，还深受古希腊法律思想的影响。但罗马法的发展又远远超出了古希腊法，进而影响整个世界。孟德斯鸠认为，罗马法是"欧洲法律之基础"，[④] 也是大陆法系之基础。即使英美法系也在不同程度上吸收了罗马法的精华。

与古希腊法一样，罗马法也是以私有制为基础，强调保护私有财产。自《十二表法》以来，就是以维护私有制为核心，尤其保护贵族的私有财产权。但《十二表法》就已经正式承认了平民与贵族同样享有所有权。

---

① 参见何勤华、魏琼主编《西方民法史》，北京大学出版社 2006 年版，第 57 页。

② See Douglas M. MacDowell, The Law in Classical Athens, Thames and Hudson Ltd Press, London, 1978, P137—138.

③ See A. R. W. Harrison, The Law of Athens, Oxford at The Clarendon Press, 1968, P228.

④ ［法］孟德斯鸠：《罗马盛衰原因论》，婉玲译，商务印书馆 1962 年版，第 52 页。

这在当时是历史性进步。有关所有权的规定，早期只有罗马公民享有市民法上的所有权，外国人的财产不受保护。后来，罗马国家赋予外国人享有万民法上的所有权。直至查士丁尼时期，外国人和罗马公民同等对待。以上规定也可见罗马共和国在当时是一个相对民主而成熟的国家。

罗马法与国有财产相关的规定，主要表现在如下几个方面：

（1）从土地制度来看。罗马共和国前期，罗马奴隶制尚处于早期阶段，土地占有制尚未完全摆脱公有形式，只有罗马国家才能享有土地所有权，公民个人只能享有占有等土地使用权。《十二表法》中就提到了"公共土地"问题。历史考证，土地在罗马共和国很长一段时期主要是国有。有学者将这种土地国有称为罗马公民共同所有。① 到了罗马共和国中后期以及后来的罗马帝国时期，土地私有现象愈益频繁。这与被征服的外省土地有关。在罗马共和国早期，外省土地除了赏赐或出卖外，大部分被视为国有土地，私人不得交易，国家只赋予当地贵族、官吏和商人等土地使用权。市民可以在公地上耕作，但需赋税。到了罗马帝国时期，被征服的外省土地私人交易非常普遍，于是国家最高裁判官的司法活动确认了外省土地所有权，将占有保护原则推及到外省土地。对于剩余的公地，政府将其部分正式出租给市民而征收"佃租"，直至后来形成了永佃权，实为一种变相的私有权。对此，民国时期就有学者分析到，"凡自敌国掠夺之土地，除国家保存一部分外，余皆卖却或分配于罗马人，或送还于旧来住民，而个人之土地所有权，乃于是乎起源矣"。②

（2）从公法人概念由来来看。罗马法已经有了团体概念，并将之分为社团和财团两种，前者以一定数量人的集合为基础，如地方行政机关、宗教团体、行业协会等；后者以财产为基础，如国库（即帝王之财库）、慈善基金和商业基金等。根据奥古斯都时期《优利亚法》的规定，团体的成立必须具备三个条件：一是以帮助国家或社会公共利益为目的，二是具有一定的物质基础，三是必须经过政府的批准或皇帝的特许。③ 在很长一段时期内，罗马法中的公共团体的财产大都属于国有财产。虽然罗马法当时并无法人概念，但中世纪法学家从罗马法团体概念及其分类中提炼出

① 参见〔匈〕格约基·多斯迪《罗马古代和古典期前的所有权》，布达佩斯，1974年英文版，第43页。转引自王利明《国家所有权研究》，中国人民大学出版社1991年版，第24页。
② 陈允、应时：《罗马法》，商务印书馆1931年版，第130—131页。
③ 林榕年、叶秋华主编：《外国法制史》，中国人民大学出版社2003年版，第89页。

了法人概念及其分类。其中，国有财产性质的团体实际上就是公法人所有权。这对于国有财产分类研究颇有帮助。

（3）从与国有财产相关的财产分类来看。《国法大全》中，无论其中的《法学阶梯》还是查士丁尼法典编撰，关于物的分类提到了可有物与不可有物。有学者将可有物又译为融通物，将不可有物又译为不融通物。① 可有物是指一切可以归个人私有的财产。不可有物是指不得为个人所有的物，它又分为"神法上之非私有物"（神法物）（Res nullius divini juris）和"人法上之非私有物"（人法物）（Res nullius humani juris）。神法物不得为个人所有，实际上是一种宗教公法人所有权。人法物又分为：①万民共享物，即供全人类共同享用的公用物，如空气、阳光、海洋等；②国家之公用物，既包括直接供罗马公民享用但所有权属于国家的公有物，如河流、道路、公园和港口等，也包括属于国家所有但公民个人不能直接使用的物，即国家私产，如公奴、官府之债权等；③市府之公用物，即供全市人民共同使用之物，如同国家之财产一样分类，将市府之物分为市府之公用财产与市府之私有财产等。② 这种分类受到了古希腊法关于所有权客体的物的分类影响，但罗马法显然要进步许多。其实，无论神法物还是人法物实际上都是国有财产，并且对国有财产作了类似于国家公产与国家私产以及国家与地方财产的划分，也首开国家公私产划分的先河，其意义深远。

（4）从与国有财产相关的财产权取得来看。根据查士丁尼的《法学总论》规定，在属于公家或国库的地方所发现的财物，一半归发现者，一半归国库或城市所有。其中，属于国库的所有物不能以时效取得。③

3. 中世纪欧洲封建法

中世纪欧洲封建法主要包括日耳曼法、教会法、城市法和商法等，其中，比较典型的是日耳曼法。

所谓日耳曼法是指西欧早期封建社会适用于日耳曼人的所有法律制度的总称。日耳曼法早期主要为不成文的习惯法，后来日耳曼各王国对习惯法进行了汇编，主要法典有：法兰克王国的《撒利法典》和《利普瑞安

---

① 参见陈朝璧《罗马法原理》，法律出版社 2006 年版，第 77—78 页。

② 参见陈朝璧《罗马法原理》，法律出版社 2006 年版，第 77—78 页；法学教材编辑部《罗马法》编写组：《罗马法》，群众出版社 1983 年版，第 146—147 页。

③ 参见［古罗马］查士丁尼《法学总论》，商务印书馆 1989 年版，第 57、66 页。

法典》、勃艮弟王国的《勃艮弟法典》和伦巴德王国的《伦巴德法典》等。当时被征服的罗马人视之为"蛮族法典"。之所以如此，不仅源于遭受侵略的罗马人的仇恨心理，更源于日耳曼人相对于罗马人自身历史发展进程的滞后。难怪日耳曼法既有私有制的反映，又有许多原始公社时期氏族习惯的残余。当然，日耳曼人在征服罗马人的过程中，日耳曼法也受到罗马法的影响，最终导致罗马法在欧洲的复兴。

相对于罗马法的"个人本位主义"为中心，日耳曼法强调"团体本位主义"为中心。以土地为例，在农村公社中，土地为公社集体所有，家庭获得土地使用权。其中最典型的就是法兰克王国的马尔克公社土地所有制。但这种被恩格斯所主张的土地制性质在西方一直存有争议，甚至遭受否定。有学者认为，"马尔克"是一块界限模糊的领土，"公有权"仅仅意味着个人在集团所占地区的界限以内可以开垦若干土地之权而已。① 不过，可以肯定的是，从早期日耳曼王国的一些立法中确实能够找到土地、森林、草地等实行公有的条款。② 比如：法兰克王国的法律规定，如果某利普瑞安人从公共森林、国王森林或者其他人木材中盗窃木材，需赔偿15 索尔第等。③ 笔者以为，这种"公有"或所谓的马尔克公社土地制看似公社集体所有，实质为国家所有。这与后来社会主义国家推行的土地集体所有制实质并无多大区别。随着社会发展，这种"公有"或所谓的马尔克公社土地所有制也在不断发展变化，农民份地逐渐成为私有土地。

除此以外，日耳曼人在征服西罗马帝国以后，将没收的西罗马帝国的土地、进行反抗的大地主的土地以及无人继承的土地都归国王所有。除将一部分土地分配给马尔克公社所有外，国王将大部分土地封赏给贵族、军人和教会等，形成了封建土地所有制。④ 后来通过"采邑改革"进一步巩固了封建土地所有制。这种土地制度除受日耳曼法调整外，其中的教会土地等财产则受到教会法的调整。

这种"采邑改革"在中世纪欧洲比较盛行。凡是日耳曼人征服的地

---

① 参见［美］汤普森《中世纪经济社会史》（上册），耿淡如译，商务印书馆1984年版，第113—114页。

② 李秀清：《日耳曼法研究》，商务印书馆2005年版，第235页。

③ Lex Ribuaria 79（76）. See Law of the Salian and Ripuarian Franks, Translated and with an Introduction by Theodore John Rivers, AMS Press, New York, 1986, P208.

④ 林榕年、叶秋华主编：《外国法制史》，中国人民大学出版社2003年版，第111页。

区均逐渐实行"采邑改革"，形成了封建土地保有制度。比如日耳曼人在征服英格兰过程中，被征服土地属于国王，国王将土地赏赐给效忠于他的属下，这些属下可以将其土地再次分封给其下属，并有对等的权利义务，形成了金字塔形的土地制度。[1] 英国学者梅因认为，这种封建土地保有制度最大的特点就是承认了双重所有权，即封建主所有的高级所有权以及同时存在的佃农的低级财产权或地产权。[2] 有学者将之称为普通法上的所有权和衡平法上的所有权。[3] 该土地制度决定了，土地虽名义上由国王所有，但实际上由各个大大小小的封建主享有，这些受封的贵族和属下在其采邑土地上设立相应的法院，形成了封建割据式的若干自治城市。因而，在获得自治权的若干封建主的城市中形成了若干城市立法，也在一定程度上调整着城市土地占有关系。比如：1183 年的《君士坦丁堡和约》规定，"河流视为公产，其所有权属于意大利伦巴平原的城市"。[4]

　　这种封建土地保有制如同中国封建社会一样，实质为各个封建主假国家公权力之名的私有财产，但从当时"国家"来衡量，则属于国家所有。[5] 在这种制度下，真正意义上的私有财产难以得到充分发展。中国的封建社会和中世纪的欧洲即是典型例证。某种意义上说，中世纪的欧洲及其日耳曼法相对于罗马国家及其罗马法在某些方面在某种程度上是一种倒退。但相比较中国的封建土地制度而言，土地保有制度虽在一定时期强化了封建土地所有制，但最终又逐渐瓦解了国王名义下的国有土地，变相地增量土地私有化进程。因为佃户实际占有一块土地要比封建领主自己支配土地更有意义，土地被控制在佃户家族手中的时间一旦延续到一定期限，领主权对该土地的效力就将荡然无存。[6] 除此以外，中世纪欧洲的教会对世俗政权的制衡以及教会法学家秉承罗马法的私有财产神圣的观念则是一种进步。

---

[1]　See A. W. B. Simpson, A History of the Land Law, Clarendon Press, Oxford, Second Edition, 1986, p. 2.

[2]　参见［英］梅因《古代法》，沈景一译，商务印书馆 1959 年版，第 167 页。

[3]　参见何勤华、魏琼主编《西方民法史》，北京大学出版社 2006 年版，第 350 页。

[4]　张梦梅主编：《新编外国法制史》，中国政法大学出版社 1991 年版，第 81 页。

[5]　中国封建社会与中世纪欧洲有一个重要区别在于，中国封建社会主要是中央集权的社会，而中世纪欧洲各国主要是包括教会在内的各个封建主诸侯割据的分权国家。

[6]　［英］约翰·哈德森：《英国普通法的形成》，刘四新译，商务印书馆 2006 年版，第 99 页。

　　而上述这些自治城市、教会的相互制衡、多元法律体系以及相应的城市法院、王室法院、教会法院等恰是中国封建社会所缺乏的，也正是中国现代化历史有别于欧洲的一个重要因素。

　　（三）古代中国

　　中国的奴隶社会和封建社会如同世界其他国家一样，由于生产力极其低下的局限，财产主要是土地，而土地在早期主要是国有。随着社会生产力的发展，逐渐出现了包括土地在内的私有化现象。有关财产法尤其与国有财产有关的法律主要是土地制度。除此以外，在我国奴隶社会和封建社会长期以来一直实行禁榷制度，存在大量的官营手工业作坊，即现代所谓的国有企业。故笔者也主要从这两方面来考证中国古代法时期的国有财产法历史。

　　1. 土地制度

　　我国自商朝、周朝奴隶社会以来，土地一直采取国有制，即所谓的"普天之下，莫非王土；率土之滨，莫非王臣"。[①] 具体而言，由国王享有最高的土地所有权，国王再把土地分封给贵族使用，贵族向国家交纳税赋。受封土地的诸侯贵族只对土地享有使用权，不能自由买卖土地。当时，除了土地国有外，奴隶也是国有的。无论是土地还是奴隶均不得进入流通领域。[②] 但土地以外的财产实行奴隶主家族所有制，所有权归家长，[③]即是一种私人所有权的形式。

　　自商朝开始，这种土地国有制在农业生产中主要采用井田制。"方里而井，井九百亩，其中为公田。八家皆私百亩，同养公田。公事毕，然后敢治私。"[④] 有学者认为，这种井田制可能就是马克思所言的这种耕地的部落及国家所有制。[⑤] 也有学者将夏商西周这种财产制度称为以宗族所有制为基础的私有制。[⑥] 笔者以为，土地虽如前所述本质为王室之私产，但从当时"国家"之衡量，此乃是国有制。至于土地以外的财产，则属于宗族所有制的一种私有形式。

---

① 《诗经·小雅·北山》。

② 参见朱勇主编《中国法制史》，法律出版社1999年版，第39页。

③ 游绍尹主编：《中国法制通史》，中国政法大学出版社1990年版，第65页。

④ 《孟子·滕文公上》。

⑤ 郭建：《中国财产法史稿》，中国政法大学出版社2005年版，第47—48页。

⑥ 参见张晋藩主编《中国法制史》，中国政法大学出版社2002年版，第31—32页。

到了春秋战国时期，出现了大量"私田"。各诸侯国开始不分"公田"、"私田"，一律按照土地进行征税。比如公元前594年，当时的鲁国颁布了"初税亩"的法令，[①] 对公私土地一律按亩征税，从而在事实上承认了"私田"的合法性，土地交换也得到了法律认可。[②] 公元前645年，晋国宣布"作爰田"，[③] 承认开垦私田的合法性。秦国商鞅变法时颁布《为田开阡陌令》等，废除了井田制，实行土地私有制。后来，秦朝使用商鞅之法，改帝王之制，除井田，民得买卖。[④]

到了封建社会，土地除了国有外，还有私有。当时所谓的国有实际上就是皇帝所有权，即王室之私产，但如前所述，从当时"国家"之衡量，此乃是国有制。历代王朝一般均把森林、河流、矿山、牧场等归为国有。除此以外，像屯田、无主荒地等长期以来也归为国有。如"土业无主，皆为公田"。[⑤] 对于国有土地，历代王朝一般将国有土地分封给贵族、功臣等使用，并授田给农民使用，但限制土地兼并。比如《汉律》规定：官田禁止买卖，民田允许买卖和继承。当时，除了全国性一般法律如秦朝的《秦律》、汉朝的《汉律》、隋朝的《开皇律》、唐朝的《唐律疏议》、元朝的《元律》、明朝的《大明律》、清朝的《大清律》等调整土地外，已经有专门的土地方面的法律加以调整，比如秦朝的《垦草令》、《开阡陌封疆令》、汉朝的《田律》、《田令》和《田租税律》、西晋的《占田法》、北魏时期的《均田令》、清朝的《侵占屯田惩罚条例》等。

对于属于国家所有但原本是无主的荒地，我国历代王朝长期以来采用均田制。南北朝时期，北魏王朝颁布了《均田令》，实行均田制，即国家将无主的荒地分给农民种植，其中桑田作为世业，不须还官；露田的所有权仍属于国家，受田者老年免役及身死后，要归还官府。[⑥] 其后，北齐、北周等王朝也都实行均田制。唐朝对官田荒地继承和发展了北魏时期以来的均田制，也颁布了《均田令》，规定：永业田归私人所有，可以继承和在一定条件下买卖；口分田归国家所有，不许买卖，身死后或年老后由国

---

① 《左传·宣公十五年》。

② 游绍尹主编：《中国法制通史》，中国政法大学出版社1990年版，第71—72页。

③ 《左传·僖公十五年》。

④ 《汉书·食货志上》。

⑤ 《三国志》卷十五《魏志.司马朗传》。

⑥ 游绍尹主编：《中国法制通史》，中国政法大学出版社1990年版，第177页。

家收回。① 到了宋朝以来，唐朝的均田制逐渐衰落，地主的土地私有制发展迅速。宋朝法律明确规定，新垦荒田即为永业田，归私人所有权；弃田的土地所有权的取得时效为 10 年。至明朝，确立了先占原则，对于无主土地，明律直接规定垦荒先占者的土地所有权。清初也颁布相关垦田方面的法律，明确规定，"开垦无主荒芜土地，地方官给以印信执照，永准为业"。②

到了明朝后，土地私有权日益受到重视，确立了庶民地主为主体的土地所有制。明朝土地所有权主要包括三种：一是国家所有的土地；二是私人所有的土地；三是宗族所有的土地（集体土地）。③ 宗族所有的土地被有些学者视为"集体土地"，实际上是受传统社会主义国家的影响。如本书第一章节所述，集体所有权本就是原苏联传统意识形态下杜撰的产物，是个亟需解构的概念。宗族所有的土地实际上就是一种共有或类似于当今的一种法人所有权形式，其本质是私人所有权。

清朝入关后，实行圈地运动，后到康熙时期宣布"永免圈地"。④ 圈占的土地一部分是官田，一部分是官庄，主要属于国有。清朝法律严格保护国有土地，比如康熙时期颁布了《侵占屯田惩罚条例》等。到清朝中叶以后，包括屯田在内的官田开始出现私田的现象。

对于遗失物及地下埋藏物，历代王朝对此已有法律规定，并与近现代法大致相似。比如早在西周时期，当时法律规定，大件拾得物，无人认领者则归国库。⑤ 唐律也明确规定，官有土地和私有土地的地下埋藏物，各归土地的所有人。但如果埋藏物具有文物价值，则必须上交官府，官府给付报酬。⑥ 路上捡到的物品，捡到者不可据为己有，应上交官府，由官府公开认领，无人认领者充公。⑦ 等等。由此可见，基于人性使然，古今中外的法律有其共通性一面。

虽然自春秋以来，中国出现了土地私有，但中国历史上国家对土地的

---

①   游绍尹主编：《中国法制通史》，中国政法大学出版社 1990 年版，第 223 页。

②   《钦定大清会典事例·户部·田赋·开垦》。

③   范忠信、陈景良主编：《中国法制史》，北京大学出版社 2007 年版，第 417 页。

④   《养吉斋全录》卷一。

⑤   范忠信、陈景良主编：《中国法制史》，北京大学出版社 2007 年版，第 63 页。

⑥   参见《唐律疏议·杂律》。

⑦   张晋藩主编：《中国法制史》，中国政法大学出版社 2002 年版，第 153 页。

影响一直存在，国家对私有土地一直有着较为严格的限制。历代王朝都有大量的关于土地的立法，不是试图以国有形式来包容土地私有制，就是直接对土地私有制加以某种程度的限制。像所谓的"限田"或"田制"等法律术语就是典型表现。① 比如对土地买卖的限制，以抑制土地过分兼并等。

2. 禁榷制度

中国自奴隶社会以来，由于受当时社会生产力水平的限制，对某些产品一直实行官府垄断经营，即所谓的禁榷制度。在西周时期开始官设市场制度。由于盐和铁器是当时最重要的生产、生活资料，故由官府垄断经营，实行盐铁官营制度，即官营手工业作坊。春秋时期沿袭西周，手工业以官府经营为主。秦朝时期，国家还直接经营农庄、牧场、采矿、制盐、冶铁等产业。并有相关的法律调整这类官营手工业作坊，比如《工律》、《均工律》、《工人程》、《效律》、《司空律》等。汉代实现了全面的盐铁酒官营禁榷制度。随着社会发展，根据产品对当时社会需要及其重要性，列入禁榷制度的产品也在不断扩大和调整。比如在唐朝，对盐、茶、酒、铁、铜、金等实行禁榷制度，官办手工业在唐朝已经发展到一定规模。据统计，少府监就有工匠近两万人，将作监有 1.5 万人。② 作为中国古代法发展顶峰的《唐律疏议》对此有所规定。明朝更加重视官营手工业的发展和保护，建立了匠户匠籍制度，强调了政府垄断特点。并有相关立法保障，比如《大明律》、《盐法》等。

禁榷制度在中国历代王朝一直延续，直至清朝末年。这种制度在某些方面有它的合理性，有助于调控社会经济和维护社会稳定。即便在当今世界各国，对于关系到国计民生的一些产业也实行政府垄断经营。但从另一方面来看，基于统治者的需要，这种制度由于没有完全适应生产力发展的需要，不适当地一味强调官府垄断经营，而忽视了私人经商的空间，从而体现了重农抑商以及限制私人经商的经济政策，这也正是中国与西方历史上的一个重要差异。

① 郭建：《中国财产法史稿》，中国政法大学出版社 2005 年版，第 53—54 页。
② 张晋藩主编：《中国法制史》，中国政法大学出版社 2002 年版，第 157 页。

第二节　资本主义社会国有财产法历史与现状

随着 16、17 世纪产业革命的推进，使社会生产力发生了质的飞跃，使人性的私欲及其私有制得到了极大发展，也改变了社会生产方式。原有的统治结构已经无法适应这种生产方式，最终导致自 16 世纪末以来在荷兰、英国、法国等欧洲国家陆续发生了一系列资产阶级革命，从而进入了资本主义社会。当然，由于社会生产力发展的差异及其他因素，世界各国进入资本主义社会的时间差别很大。

从所有制来看，资本主义社会与奴隶社会，尤其与古希腊、古罗马的奴隶社会并无多大区别，都以私有制为基础，所谓的区别主要在于：社会生产力发展的巨大差异，而致私有财产量和交通运输方式的差异，进而影响到商品交易的发达程度及其生产方式的转变。某种意义上说，资本主义社会与奴隶社会、封建社会最大的区别不在于所有制，而在于政治制度，即是否对国家权力加以有效限制。尽管资本主义社会也存在诸多缺陷，但相对于奴隶社会和封建社会而言，资本主义社会普遍推行代议制，"限制王权，保障民权"。尽管限制"王权"的程度存有差异，但对国家权力的限制以保障私权已经成为社会发展的主流。在此语境下，国有财产才逐渐走出"王室私产"之阴影，才有了法律意义上的国有财产概念，国有财产立法才具有现实意义。从日本等国历史考证中有此可见一斑。

对国家权力愈有效制约，愈体现国家权力的公权力属性，国有财产愈回归公共财产的属性，愈容易释放私有财产发展的空间；反之，愈体现国家权力的私权力属性，国有财产愈沦为统治者私有财产的代名词，愈容易挤压私有财产的发展空间。这恰是资本主义以来的社会与奴隶社会和封建社会最大的区别之一。当然，在奴隶社会时期的古希腊雅典国家和古罗马国家也有过相对民主的成熟国家，这也是后来以此为基础的西欧国家相比较世界其他国家之所以有相对成熟的资本主义社会的重要原因。在较为成熟的资本主义社会，私有财产渐趋回归公民属性，国有财产渐趋回归公共财产属性，从而使财产性质发生了质的飞跃，并使以财产为基础的法律制度发生了根本性变革，由此人类社会开始从古代法时期进入近现代法时期。

在资本主义社会，由于社会生产力的巨大发展及其生产方式的根本性改变，加以国家公权力限制的政治环境，极大地满足了人性私欲，从而使私有财产得到了迅猛发展，在非竞争性领域，普遍确立了私有财产主导地位。与此相应的是，国有财产主要存在于土地及其附属资源、行政财产和一定比例的国有企业等领域，主要用于弥补市场失灵，以解决私有制的不足。由此导致人类社会的财产发展规律渐趋理性。总体而言，国有财产在资本主义社会主要遵循这一财产发展规律。

以企业为例，在自由资本主义社会时期，在私有制发展能够被市场机制所容纳的情况下，政府充分奉行"守夜人"的角色，私有企业占据绝对主导地位，国有企业一直保持在有限的范围内。到了 19 世纪末期，随着社会化大生产的发展，私有制缺陷的暴露，以及战争等外力因素对市场机制的破坏等因素，导致所有权的社会化应运而生，其中一个表现即是一定程度的国有企业及其国有经济的产生。正如恩格斯在《反杜林论》中指出，"资本主义生产方式迫使人们日益把巨大的社会化的生产资料变为国有财产"。[①] 在市场机制遭受严重破坏的时期，无论是市场内在因素导致的经济危机，还是外力因素如战争等，则是国家干预经济程度较高的时期，也就是国有企业及其国有财产比重相对较高的时期。从经济危机来看，据考证，有关公有企业的思想最早可以追溯到 19 世纪的英国。[②] 这与英国作为产业革命的来源地和最早出现经济危机有关。在 19 世纪末期，法国、德国、美国等国相继建立了若干国有企业。在 1929 年至 1933 年的经济大危机时期，美国政府加大了对国家经济的干预，先后建立了一批国有企业，其中最著名的就是田纳西流域管理局。同样，在 2008 年以来的金融危机期间，美国政府也加大了对经济的干预，出台了《复兴与再投资法》等，加大对私有企业的接管或入股等。西方其他国家也多是如此。从两次世界大战尤其二战来看，许多国家在战争期间加大了对经济的干预，国有企业也有了较大发展。比如美国将铁路、邮电和船运等行业置于国家垄断经营，先后建立了 2600 多家大型国有企业。德国、日本等国也是如此。除此以外，包括西方国家在内的许多国家早期受到原苏联等社会主义国家计划经济体制初期的影响，也建立了一些国有企业。比如：英国工党执政时在历史上多次国有化；非洲一些国家在 20 世纪 70 年代自称走社会

① 《马克思恩格斯全集》（第 19 卷），人民出版社 1972 年版，第 241—242 页。
② 史树林、庞华玲等：《国有资产法研究》，中国财政经济出版社 2003 年版，第 477 页。

主义道路，纷纷采取国有化措施等。即便如此，国有企业暨国有经济比重在资本主义社会尤其在西方国家一直处于很低的水平。比如英国在 1974 至 1979 年经过第二次国有化浪潮后，国有企业也才约占国民生产总值的 13%。即使在西方国家国有企业比重较高的法国，到 1990 年，国有企业的产值也仅占国内生产总值的 18%。① 一旦战争或经济危机结束以后，市场机制逐渐恢复常态时，各国就纷纷减少对经济的干预，把自由市场经济作为发展目标，纷纷从国有领域退出。比如美国就把战时建立的国有企业以及相应的法律法规、政策、措施等多数清理完毕。尤其值得一提的是，随着社会主义国家计划经济的失败，国有企业的弊端日渐严重，曾经受初期计划经济影响的西方国家比如英国、法国、德国等自从 20 世纪 70 年代末以来掀起了多次私有化浪潮，即使以前一直认为的自然垄断行业也纷纷引入私有资本、引入竞争，比如电力等。② 同样，在非洲等地的许多国家自 20 世纪 90 年代以来，也纷纷推行国有企业私有化进程。

正因为如此，资本主义社会相比较奴隶社会和封建社会而言，以私有制为主导的法律制度更为发达，财产法也是以私有财产为核心。资本主义国家包括宪法在内的法律制度普遍确立了私有财产神圣不可侵犯的原则。在此法律制度背景下，国有财产又是如何加以法律规范呢？笔者试以世界不同地区以及不同法系的一些典型资本主义国家作为例证加以阐述。

一　美国

美国较少有"国有财产"的直接表达，一般以联邦政府财产和州政府财产相称。美国所理解的国有财产一般指联邦政府财产。无论联邦政府财产、州政府财产还是市镇政府财产主要包括如下几方面：一是政府的行政财产，主要包括政府用的房地产和公务车等。二是政府所有的土地及其附属资源。美国实行多元化的土地所有权制度，私人所有的土地占 51%，印第安人保留地占 2%，联邦及州政府所有的土地占 47%。其中，联邦政府所有的土地主要包括联邦政府机关及派驻各州、县、市机构的土地和军事用地等。三是政府投资设立的政府企业。如前所述，政府企业主要以弥

---

① 参见史树林、庞华玲等《国有资产法研究》，中国财政经济出版社 2003 年版，第 482—490 页。

② 参见李昌庚《金融危机视野下经济法价值拷辨——以国有企业为例的实证分析》，《政治与法律》2010 年第 7 期，第 85 页。

补私有企业之不足为己任，往往随着经济危机、战争以及经济发展的需要
（如需要扶持的高新技术产业等）而有所变化。美国是一个联邦制国家，
联邦和州、县、市的财产彼此独立，不存在随意占用或调用的可能性，如
果确实需要，也要依法通过买卖、租赁等有偿方式取得。同时，对联邦政
府财产、州和市镇政府财产实行分别立法的做法。

1. 从联邦政府的行政财产来看

美国采取联邦政府财产管理的基本法律与相关的普适性法律相结合的
做法。从基本法律来看，主要包括《联邦政府财产与行政服务法》（Fed-
eral Property and Administrative Services Act）、《联邦财产管理法》、《联邦
采购政策办公室法案》、《联邦采办政策法》、《联邦采购合理化法案》等。
除此以外，联邦政府相关部门还制定了若干相应的实施细则和条例。从相
关的普适性法律来看，主要包括《合同纠纷法案》、《公共工程法案》、
《小企业法》、《购买美国产品法》、《克林格尔——科亨法案》、《合同竞
争法案》、《服务合同法案》等。[①]

在 1949 年之前，美国联邦政府的财产由联邦工程局、公共建筑管理
局、财政部下属的联邦供应局和合同争议解决办公室四个部门负责管理。
根据 1949 年制定的《联邦政府财产与行政服务法》规定，设立统一的联
邦事务服务总局（GSA），以取代原来的四个机构，代表联邦政府集中履
行管理联邦政府财产的职能。联邦事务服务总局直接受总统领导，但必须
接受国会的监督。

美国联邦政府财产管理的总体原则是"集中管理、分散使用"。所谓
"集中管理"，即指由联邦事务服务总局集中履行管理联邦政府财产的职
能。所谓"分散使用"，即指将政府财产分为动产（主要是公务车）和不
动产（主要是办公用房地产），实行分类使用和管理。具体而言：

（1）从房产管理来看，联邦事务服务总局下设公共建筑服务中心
（PBS），负责对联邦政府各部门及其分支机构分布于全国各地的房产进行
管理和服务，为联邦政府各部门及其分支机构提供办公用房。其他部门使
用房产要向联邦事务服务总局交纳租金，租金标准由国会予以审定。无论
租金还是新建和维修费用均要纳入联邦事务服务总局预算中，由国会审

---

① 参见陈金亮、马淑萍《日本、美国政府资产管理的基本情况及启示》，载 http://www.
studa. net/guanliqita/081002/14532597 - 2. html，2010 - 12 - 27 访问。

批。联邦政府房产可以与地方政府之间进行合理交易，由联邦事务服务总局负责。

（2）从地产管理来看，由内政部的联邦土地管理局管理土地，联邦事务服务总局依照法律协助政府部门利用土地，为政府部门提出土地利用和处理计划，并为政府部门提供有关土地利用的服务。

（3）从公务用车管理来看，联邦政府的公务用车主要包括邮政用车、军事用车等。公务用车各种费用均纳入使用部门的预算中，并由国会批准，统一由联邦事务服务总局依据政府采购办法办理。公务用车都有专用的信用卡和专门的牌照，接受社会公众的监督。[①]

2. 从土地及其附属资源管理来看

美国作为联邦制国家在土地管理方面却是例外，即实行垂直的集中管理土地体制。1946 年之前联邦政府设立联邦土地办公室。1946 年，在原联邦土地办公室的基础上设立了联邦土地管理局（BLM）。联邦土地管理局隶属内政部（又译内务部），并在全国各地设立若干派出机构，但地方政府却无专门的土地管理机构。联邦土地管理局不仅管理联邦政府所有的土地，还统一管理全国的森林、河流、珍稀动物、自然保护区和地表以下所有的矿产资源、水资源等，同时还对各州和私人所有的土地利用行为进行指导、协调和规范等。在联邦政府所有的土地中，联邦土地管理局控制60%，联邦森林局控制 24%，国防部、垦荒局、联邦公园局、水电资源局等部门控制剩下的 16%。1997 年，美国国会通过了《联邦土地政策和管理法》（FLPMA），从而系统地以法律的形式对土地管理的地位和职责进一步加以明确和界定。除此以外，美国还有专门的分类立法，比如1981 年制定的《农地保护政策法》以及有关矿产资源的专门立法等。[②]

美国的土地管理相对体现了民主法治精神。比如在土地利用规划方面，一般都是从基层开始逐级往上编制，充分听取专家学者和社区民众的意见，公民有权决定是否编制土地利用规划。[③] 又比如美国的土地无论公

---

① 参见陈金亮、马淑萍《日本、美国政府资产管理的基本情况及启示》，载 http：//www. studa. net/guanliqita/081002/14532597 – 2. html，2010 – 12 – 27 访问。

② 参见 http：//zhidao. baidu. com/question/12611735. html，2010 – 12 – 27 访问。

③ 参见美国《联邦土地政策和管理法》第 201、202 条等规定；丁晓红：《美国内政部土地管理局土地利用规划手册》，载 http：//www. china – up. com：8080/international/message/showmessage. asp？id = 643，2010 – 12 – 29 访问。

私均可以交易，交易主体地位平等，所有的土地都实行有偿使用。美国允许私有土地之间的自由买卖，也允许外国人到美国购买土地。美国政府处于公共利益目的也可以向私人征收土地，但须支付公平的补偿。① 根据美国宪法第 5 条修正案的规定，"没有合理之补偿，私有财产不得充作公用"。② 由此产生的土地权属纠纷由法院解决，政府不予干涉。

3. 从联邦政府企业来看

美国无论联邦还是州均可以设立政府企业，但在私有企业绝对主导的美国，政府企业主要集中在联邦政府，而且也少得屈指可数，主要集中在私人不愿意或难以投资而又是公共需求的公共产品领域或暂时需要国家扶持的科研、高新技术产业等，比如航天、核工业、公共基础设施等。其中，联邦政府管理的企业主要有八类：部分电力、全国邮政、国土管理、运输、保险、医疗卫生、工业和环境保护等；而州政府和市镇政府管理的企业负责各自辖区内的市政设施和公益事业等。③ 美国联邦政府企业即通常所谓的联邦公司，包括政府全部所有、控股所有或参股所有但有政府控制或监督的企业。联邦公司具有企业法人资格，从事商业性活动，但同时又履行政府的社会公共职能，因而，联邦公司具有公法人和私法人的双重属性，是一种特殊企业。比如美国的田纳西流域管理局（TVA）就以满足公共需求和为社会提供公共产品（the Public Goods）为目标，该公司所有项目均服务于这种目标。④ 因此，有关联邦公司的立法除了 1945 年制定的《联邦公司控制法》外，往往采取"一特一法"或"一类一法"的立法模式，即针对一个特殊企业或一类特殊企业单独加以立法，而且每个联邦公司往往均是特别立法的产物。比如：美国的田纳西流域管理局有专门的《田纳西流域管理局法》、阿巴拉契亚区域开发委员会有专门的《阿巴拉契亚开发法案》、全国铁路客运公司有专门的《铁路客运法》等。但是《联邦公司控制法》仅涉及联邦政府对联邦公司的管理和监督，联邦公司法律关系的具体调整仍通过特殊企业立法解决，因而不同于普通商业企业

---

① 参见薛源编着《美国财产法》（American Property Law）（英文版），对外经济贸易大学出版社 2006 年版，第 400—401 页。

② 参见《美利坚合众国宪法》（通称美国联邦宪法）第 5 条修正案。

③ 参见李松森《中央与地方国有资产产权关系研究》，人民出版社 2006 年版，第 185—186 页。

④ 参见 1933 年颁布的美国《田纳西流域管理局法》（the TVA Act）。

统一调整的《公司法》。

除此以外，由于美国较少受到社会主义国家计划经济的影响，国有企业比重一直很低，因此，美国没有经历过像英国、法国等欧洲国家大范围的国有化与私有化的反复运动的过程。但如前所述，除了市场失灵及其所有权社会化而要求一定比例的国有企业外，美国基于经济危机和战争等因素，出于国家对经济干预的需要，也会适时地通过立法产生一些国有企业，比如20世纪30年代的《全国产业复兴法》、《紧急银行法》等；而一旦危机或战争结束，往往又通过法案将国有企业私有化，并清理相关法律法规及其政策、措施。

二　英国

在英国，由于历史传统因素，中央政府的国有财产又称为王室财产，包括王室拥有的财产和中央政府各部门机构拥有的财产，比如财政部、国防部、交通部门和林业部门的财产。① 除此以外，国有财产还包括地方政府和其他公法人机构如英国铁路委员会、英国煤炭委员会、英国广播公司、伦敦港务局以及公立学校、公立医疗机构等的财产。国有财产的范围涉及政府公务使用的财产、土地及其附属资源和国有企业等。

英国法虽为英美法系国家，但也受到罗马法等大陆法系的影响，国有财产法律调整中也存在类似于大陆法系国家公产与私产的划分，往往是用国有商业性财产与国有非商业性财产表述。国有财产不适用于以私有财产为核心的财产法，主要依靠行政法或经济法以及相关的部门规章等公法来调整，这些立法往往均需议会或议会的特别授权。有关国有财产的处置完全不同于私有财产的法律规范，有着一套非常严格的法律程序。比如政府建筑物一般不能进入市场交易；依据特定目的形成的国有财产不能随便改作他用，如公立医疗服务机构不能购买土地用于商业活动，也不能用于与医疗机构无关的非商业活动等。原因就在于公共财产来源于公众，只服务于公众目的而非其他目的。② 但在市场交易中，即国有商业性财产的行为和私人行为一样，可以与私人一样平等地进入市场交易，比如地方政府机

---

① 曹培：《英国财产法的基本原则与概念的辨析与比较》，载《环球法律评论》2006年第1期，第15页。

② See F. H. Lawson and Bernard Rudden, The Law of Property (Third Edition), Oxford University Press, 2002, P7—9.

构通过协议购买土地等。

英国也是一个联邦制国家，而且美国受英国影响很大，同为英美法系国家。故英国关于国有财产的法律规定与美国存在诸多类似，但也有自身的特殊差异性。

1. 从土地方面来看

由于英国封建土地保有制的特殊性以及英国资产阶级革命的不彻底性，导致英国土地制度一直比较特殊。土地一直是英国财产法的核心。虽然，17 世纪英国资产阶级革命后，陆续颁布了一些土地方面的法律，比如 1643 年的《关于废除教会领地的法令》、《关于没收国王领地的法令》以及 1646 年的《关于取消骑士领有制和庇护制的法令》等，从而使一部分土地变成免除封建依附关系和不受限制的私有财产，进而逐步实现由封建土地国有制向资本主义土地私有制的转变。① 但由于革命的妥协，并没有影响到不动产等方面法律制度的根本性变革，旧的财产法依然存在，尤其土地法，越来越成为私有制发展的障碍。直至 1925 年，英国开始了一场彻底的以土地法为核心的财产法改革，陆续颁布了《土地授予法》（the Settled Land Act）、《信托法》（the Trustee Act）、《财产法》（the Law of Property Act）、《土地登记法》（the Land Registration Act）、《土地负担法令》（the Land Charges Act）、《地产管理法》（the Administration of Estates Act）等，以适应资本主义市场经济发展的需要。通过 1925 年的财产法改革，使英国仅剩下两种法定的地产权：一是绝对自由继承地产（即完全保有地产权），大致相当于绝对所有权；二是绝对定期租赁保有地产（即租借地产权）。② 虽然这项改革并没有触及英女王仍是全国所有土地的绝对所有者原则，但这仅具有象征意义，完全保有地产权实际上就是土地私有化。③

除此以外，与世界各国一样，英国也有国有土地，名义上属于英王，实际上由政府公共机构和其他公法人机构所有，比如英国铁路委员会等。从土地利用规划来看，1909 年，英国就有了土地利用规划制度，后历经多次改革，尤其是 1947 年的改革，形成了较为完善的土地利用规划制度。

---

① 参见张梦梅主编《新编外国法制史》，中国政法大学出版社 1991 年版，第 197 页。

② 参见 1925 年通过的英国《财产法》第 1 条规定。

③ 参见由嵘《1925 年改革与现代英国财产法》，载《中外法学》1993 年第 1 期，第 74 页。

如同美国一样，英国土地利用规划也是在充分尊重民意基础上的自下而上的编制，具有很强的法律效力及其实施过程中的上诉机制。从土地登记来看，英国由政府土地登记局负责土地登记，充分利用军用测绘部门以及民间资产评估机构英国皇家特许测量师学会（RICS）等社会力量，实行契约登记制度。① 从政府用地来看，政府用地是严格按照《土地授予法》加以调整的。绝大部分国有土地用于地方政府建造住宅，类似于我们所说的廉租房，供给符合条件的"地方议会租户"租赁，在1980年之前受到私法领域的租赁法律调整。但至1980年之后，"地方议会租户"被赋予正式的保有权保障和购买自由继承地产的权力。②

2. 从政府房地产管理来看③

近几年来，英国和美国一样，在政府房地产管理方面从过去的分散管理向相对集中管理以及"统分结合"的模式转变，即政府房地产管理的政策目标、产权界定标准等宏观事项则由统一的宏观协调部门负责，而对于房地产管理的具体工作如政策的执行、房地产的日常维护等则由各使用单位和执行机构各自负责。

2000年，英国政府改革政府机构，成立了隶属于财政部的政府商务办公室（OGC），统一协调中央政府房地产的宏观事项。房地产管理中涉及区域规划、城市规划、各部门建设项目协调、皇室宫殿和公园的管理维护等问题，由交通、地方政府和区域部负责，该部直属的财产管理署管理中央政府的民用和军用不动产，并以产权代表身份进行管理。英国土地登记局负责土地所有权的审查、确认、登记、发证以及办理过户换证等，它是统一管理城乡土地权属的政府机构。同时，英国推行决策机构与执行机构分离的制度，政府商务办公室（OGC）是其中央政府的房地产供求管理的决策机构，政府不动产咨询机构（PACE）是OGC房地产管理方面的政策执行机构。在政府各部门不动产内部管理中也实行政策制定机构和政策执行机构分离原则，如外交部的不动产战略司是政策制定机构，而不动产

① 参见马毅等《英国土地管理制度介绍与借鉴》，载《中国土地》2003年第12期，第38—39页。

② 参见［英］F. H. 劳森、B. 拉登《财产法》，施天涛等译，中国大百科全书出版社1998年版，第121页。

③ 本部分资料来自：国务院机关事务管理局的《英国、法国、德国中央政府房地产管理考察报告》，http://www. ggj. gov. cn/bgs/bgswxzl/200406/t20040622_ 1823. htm，2010 – 12 –30访问。

管理局则是执行机构。英国政府各部对房地产的处置有很大的自主权。但与此同时，英国议会对房地产预算控制非常严格。

政府房地产管理在非市场交易领域主要适用公法或具有公法内容的法律，比如《政府预算法》、《政府机构设置法》、《政府财务管理法》、《政府采购法》、《政府工程管理机构设置法》、《政府工程投资和建设管理程序法》、《公共工程担保法》、《土地登记法》等。但在市场交易领域，政府则与私人一样适用诸如《财产法》、《租赁法》、《建筑法》等私法，如建设和购买办公用房必须到政府土地登记部门备案登记，领取"业权证明书"；出租办公用房应到政府国税部门申报，并照章纳税等。当然，政府享有相应的行政优益权，但需以公平补偿为前提，而不致损害私人的合法权益。

3. 从国有企业来看

英国的国有企业发展在西方国家也颇具特色。英国由于受到经济危机、战争和社会主义国家计划经济的影响，曾经掀起过几次国有化浪潮。比如在1945年至1951年，政府通过直接购买私有企业股票和参股的方式进行投资，1974年至1979年，政府通过直接投资和参股的方式组建国有企业。国有企业除了分布在基础设施和公用事业等领域外，还广泛分布在制造业等竞争性领域。① 在此阶段，英国国有企业曾经达到1600多家，产值占国民生产总值的10%。② 自20世纪80年代撒切尔夫人执政以后，英国掀起了大规模的私有化浪潮，从而使国有企业暨国有财产大幅度降低。目前，英国国有企业主要集中在私人不愿意投资而又关系国计民生的重要产业，比如铁路、地铁、航空航天和军工等，往往国家全资或控股。总体而言，英国国有企业经过大规模的私有化之后所剩无几，主要包括英国煤炭公司、邮局、英国铁路公司、英格兰银行、伦敦市内公共交通公司等。英国政府工业部在20世纪70年代下设国家企业局，随着国企私有化进程，1981年该局与英国研究开发公司合并，组建了英国技术集团，负责国有企业控股及其关联企业的出资人管理。

由于英国国有企业为数不多，且一直奉行充分的市场机制，故缺乏如

---

① 参见刘玉平主编《国有资产管理》，中国人民大学出版社2008年版，第16页。

② 参见陈健《政府与市场——美、英、法、德、日市场经济模式研究》，经济管理出版社1995年第2版，第70页。

同美国一样的国有企业的专门立法，而是通过行政法或经济法等公法加以规范。但国有企业与私有企业在市场交易中则适用同样的有关市场竞争的法律法规，比如《垄断与限制竞争法》、《限制交易法》、《垄断与合并法》、《公平交易法》和《竞争法》等。除此以外，英国的国有化运动以及有关国有企业的设立、改组和解散等重大事项均经议会通过专门法案决定。比如 1946 年，英国根据国有化法令，将英格兰银行国有化。又比如英国根据《工业分配法》和《工业发展法》等，将关系到国计民生的基础产业如电力、造船、石油等进行国有化。① 同样，英国在 20 世纪 80 年代大规模的私有化过程中，也是立法先行，通过议会严格监督控制。

此外，由于英国是欧盟成员国，尽管原欧共体法律中，财产规定保留于国家法，② 但涉及国有企业等还受到早先的欧共体相关条约及其后的欧盟相关法律的调整。比如欧洲经济共同体条约（EWGV）中关于公共企业③的规定等。④

三　法国

法国在西方国家中是一个国有财产比重相对较高的国家。这与法国的资产阶级革命、自身的历史传统以及受社会主义计划经济影响的程度等因素有关。法国如同多数国家一样，采用"分别所有"的原则处理政府之间的财产关系。

18 世纪，法国爆发了资产阶级革命。虽历经多次反复，但不同于英国，最终较为彻底地废除了封建土地所有制，确立了资本主义私有制。1789 年的法国大革命就明确宣告，个人所有权也是一种人权。虽然，法国大革命期间对教会的财产实行国有化，没收流亡贵族的财产。但是，法

---

① 参见吴振国《西方发达国家企业法律制度概观》，中国法制出版社 1999 年版，第 81—83 页。

② EWGV 第 222 条规定等。参见［德］沃尔夫冈·费肯杰《经济法》（第二卷），张世明、袁剑、梁君译，中国民主法制出版社 2010 年 1 月版，第 426 页。

③ 在西方国家，关于国有企业的表述常用外延更广的"公共企业"替代，公共企业包括国有企业。本书其后涉及"公共企业"均作此注释。

④ EWGV 第 90 条规定等。参见［德］沃尔夫冈·费肯杰《经济法》（第一卷），张世明、袁剑、梁君译，中国民主法制出版社 2010 年版，第 530—535 页。

国大革命对"集体所有权"持反对态度，① 因而将国有财产大部分都卖给了个人。② 正因为如此，1804 年，拿破仑执政时期颁布的对后来影响深远的《法国民法典》（又称为《拿破仑法典》）明确规定：任何人非因公共利益的需要，并给公正和事前的补偿，不得被强制出让其所有权。③ 从而确立了私有财产神圣不可侵犯的原则，这也是法国财产法的基础。尽管法国其后有过多次国有化运动，但均无法动摇这一基本原则。

　　法国的国有财产在政府房地产管理和国有企业方面颇具特色，尤其在国有企业方面。关于国有财产立法，应当说法国是相对比较完善的。从私法来看，1804 年的《法国民法典》如同许多国家的民法典一样主要是从私法的角度对所有权及其财产加以保护，而较少涉及公法范畴的国有财产问题。即便涉及国有财产问题，也是从私法角度原则规定。国家所有权或类似概念的原则性规定就是典型例证。比如 1804 年的《法国民法典》第 713 条规定，无主财产属于国家。有关国有财产的法律调整主要通过行政法和经济法等公法。对此，法国有两大特点：一是 1962 年专门制定了《国有财产法典》，2006 年被《公法人财产总法典》所取代。二是对国有财产进行国家公私产划分并予以不同法律规制。实际上，在《法国民法典》中，就使用了"公产"一词作为"国有财产"的代名词，但未对此作出明确规定。直到 19 世纪上半叶，学理上才将属于国家的财产区分为"公产"与"私产"。④ 对此，《国有财产法典》及其后来的《公法人财产总法典》、1963 年的关于海上公产的法律和 1964 年的关于河流公产的法律等作了较为充分的阐述。除此以外，法国的《环境法典》、《城市规划法典》等都涉及国有财产的规定。

---

① 法国在此所涉及的"集体所有权"不同于社会主义国家所说的"集体所有权"，而是指公共所有权，即本书所理解的广义的国家所有权。本部分其后涉及的"集体所有权"也作同样的注释。

② ［法］弗朗索瓦·泰雷、菲利普·森勒尔：《法国财产法》（上），罗结珍译，中国法制出版社 2008 年版，第 139 页。

③ 参见 1804 年的《法国民法典》第 545 条规定。

④ 参见［法］弗朗索瓦·泰雷、菲利普·森勒尔《法国财产法》（下），罗结珍译，中国法制出版社 2008 年版，第 663 页。

1. 从政府房地产管理来看①

法国如同英国一样，在政府房地产管理方面从过去的分散管理向相对集中管理以及"统分结合"的模式转变。即对中央政府各部门的不动产使用标准、维修和保险、购置和处理及财政预算实行统一的管理政策；各部门不动产的日常使用、维护、物业管理等具体工作由其自行承担。

1992 年，法国设立全国性不动产管理协调机构，即国家跨部际不动产政策委员会（CIPI）。法国国家跨部委不动产政策委员会，是中央政府不动产决策机构，财政部是国家不动产政策的主要执行机构和责任单位。财政部与不动产管理有关的职能部门主要有：预算司（通过预算优化公共财政，控制各部房地产经费支出）、税务总局（下设 13 个处，负责土地资源管理，不动产的租赁、购买、建筑，土地信息管理）、抵押支出监察局（负责工程和不动产市场）、国家监察局（负责城市土地和城市整治）。此外，各部门均设有不动产管理机构。比如：内政部的规划财政和不动产事务局，农业部的行政总局，装备运输住房旅游和海洋部的财产和行政局，国防部也有专门机构负责军队的不动产管理等。

关于政府房地产监督，法国历经几个世纪的发展和完善，现已形成议会宏观监督、财政部门日常业务监督、审计法院事后监督的分工明确、协调互补的监督体系。

在政府房地产管理方面的立法来看，法国的《国有财产法典》和《国有土地法典》是房地产管理的专门法典，这两部法律对法国国有财产和国有地产作了明确的界定，对房地产的开发、建设、维护、买卖、租赁等作了具体的规定，对于出现的问题，也都有相应法律条款进行处理。除此以外，还有政府预算法、政府机构设置法以及政府工程建设方面的法规。同时，还涉及房地产方面的普通法，如民法、建筑法、城市规划法、工程安全法等。

2. 从国有企业来看

19 世纪末，法国开始建立国有企业，并以法令形式将水力资源收归国有，采矿需取得国家特许证。从 20 世纪 30 年代中期至 80 年代，法国经历了三次规模较大的国有化运动。一是从 1936 年开始加速了国有化法

---

① 本部分资料来自：国务院机关事务管理局的《英国、法国、德国中央政府房地产管理考察报告》，http://www.ggj.gov.cn/bgs/bgswxzl/200406/t20040622_ 1823. htm，2010－12－30 访问。

律的制定，实现了银行、铁路、军工等领域的国有化。二是二战期间及其后，国有化运动大规模扩张。法国在国有化运动中，出现了对私人所有权的强制转让。比如1946年的《法国宪法》序言中规定，任何企业在其经营活动中已经具有或者正在具有社会公用或事实上垄断地位时，均须成为集体所有权财产。① 1944—1946年，法国戴高乐临时政府时期，制定了一系列法律，比如《国有财产法典》、《国有市场法典》、《国有企业法》等，将雷诺汽车公司、保险公司、法兰西银行等各大银行、电力、煤气和矿藏等企业收归国有。1948年，又将巴黎市交通系统国有化，将法国航空公司变为公私混营等。三是1982年，法国通过《国有化法令》将几家工业公司和若干金融企业收归国有。1983年的《公营部门民主化法》规定对新旧国有企业实行"三方代表制"原则，即国家、职工和经济界代表组成董事会。② 尽管如此，基于私有制的市场机制，法国的国有企业比重相比较私有企业依然很低。

自从20世纪80年代以来，世界各国掀起了私有化浪潮。法国也不例外。自1986年开始，法国陆续颁布法律规定对部分国有企业逐步私有化。其中，在1986—1988年间，法国就对国有企业进行了大规模的私有化。1993年，法国又通过法律规定对一些国有企业进一步私有化。目前，法国国有企业主要集中在能源、交通、通信、原材料、金融等领域。

关于国有企业管理，法国于2003年设立了国家参股局，专门行使企业国有财产管理职能。同时，辅以政府财政部和各主管部门管理的模式。这种模式的特点在于：专职管理部门一般作为国有财产的出资人，除了专职管理部门行使出资人管理权外，政府财政部和各主管部门根据职能分工对国有财产也行使相应的管理职能。法国对不同类型的国有企业实行不同的管理方式，实行合同管理是法国管理国有企业的一大特色。

除了前已述及的国有化和私有化的法律调整外，法国国有企业的运营又是如何法律调整呢？总体而言，公共企业法律制度的基本思想是使它们

---

① ［法］弗朗索瓦·泰雷、菲利普·森勒尔：《法国财产法》（上），罗结珍译，中国法制出版社2008年版，第143页。

② 参见林榕年、叶秋华主编《外国法制史》，中国人民大学出版社2003年版，第297—298页。

在很大程度上受私法管辖，与同类的私营企业类似对待。^① 言下之意，包括法国在内的西方国家尽可能把国有企业与私有企业在市场环境下同等对待。然而，国有企业与私有企业毕竟存在差异。对于由公共法人管理的公共服务，原则上服务的运行从属于私法，而其组织则从属于公法。比如工商业公共服务机构可拥有公共权力的特权，并服从监督，则适用公法，如关于一项适用于法国航空公司的条例。^②

此外，由于法国也是欧盟成员国，其国有企业等同样也受到早先的欧共体相关条约及其后的欧盟相关法律的调整。

四　德国

本书讨论德国问题时，其中的分裂时期只涉及联邦德国，至于民主德国则在其后"社会主义社会"中加以分析。

在德国，也是如同多数国家一样以"分别所有"原则处理中央与地方政府所有的财产关系，一般将联邦政府财产称为国有财产，州及市镇财产称为地方财产，上述统称为公共财产。关于国有财产的分类，也是作出了类似于法国国家公私产的划分，并以国家公私产的分类加以不同的法律规制。有关国有财产的法律调整，如同其他西方国家一样，主要是通过宪法、行政法或经济法等公法加以规范。比如《联邦长途公路法》、《联邦水路法》、《航空法》等。由于德国关于国有财产也是实行"分别所有"的原则，故德国各州关于地方公共财产也有相应的立法，比如《汉堡州道路法》、《柏林州水法》等。因公产发生争议的法律救济途径既有可能是普通法院，也有可能是行政法院。区分标准在于发生争议的关系是私法性质还是公法性质。因公产的私法关系发生的争议由普通法院管辖，如作为道路组成部分的不动产所有权争议等。^③ 反之，则由行政法院管辖。

从民事立法有关国有财产规定来看，1900 年的《德国民法典》如同《法国民法典》及其他民法典一样，确立了私有财产神圣不可侵犯原则。与国有财产相关的规定，值得提及的主要有两点：一是涉及公物概念，类

---

① ［法］古斯塔夫·佩泽尔：《法国行政法》（第十九版），廖坤明、周洁译，国家行政学院出版社 2002 年版，第 194 页。

② 同上书，第 192—193 页。

③ ［德］汉斯·J. 沃尔夫、奥托·巴霍夫、罗尔夫·施托贝尔：《行政法》，高家伟译，商务印书馆 2002 年版，第 493 页。

似于法国国家公私产的分类；二是首次确立了法人制度，从而为后来的所有权的进化、法人所有权、公司法人所有权制度的构建以及国家所有权的合理解构等提供了依据。

1. 从国有企业来看

如同其他西方国家一样，在经济危机和两次世界大战期间及其后，德国也加强了国家对经济的干预，相应颁布了若干经济法律法规，比如《关于社会化的法律》、《煤炭经济法》等，史称应对危机经济法和战时经济法。由此也产生了一批国有企业。比如在二战以后，联邦德国将关系到国计民生的一些基础产业如铁路、航空、邮电、市政交通、水电、煤气以及部分银行等实行国有化。

二战以后，基于自身历史传统、凯恩斯主义以及社会主义计划经济等因素的影响，德国奉行社会市场经济模式。即强调在市场机制的基础上，保持国家对经济的适度干预。这种模式虽不必然会产生国有企业暨国有经济，但国有企业则是国家干预经济的一个重要手段。国家在履行经济行政职责时也利用公共企业来实现其经济目的。比如国家在阻止形成垄断的同时也要确保市场竞争，国家的这一目的常通过公共企业的经济活动来实现。① 一方面，国家利用国有企业实施经济行政职责，此种行为属于宪政或国家行政行为，理应由宪法、行政法或经济法等公法加以规范，比如《基本法》、《经济稳定与增长促进法》、《联邦预算法》和《反对限制竞争法》等。另一方面，对于政府持股的国有企业或国有企业在市场交易领域又与私有企业一样类似对待，适用同样的私法规范，比如《德国民法典》、《德国商法典》和《股份公司法》等。

虽然联邦德国在二战以后对一些关系国计民生的基础产业实施国有化，但与此同时，联邦德国在 1945 年之后也对战争时期形成的一些国有企业实施一系列私有化政策。比如煤钢公司、大众汽车公司的部分私有化等。自从 20 世纪 80 年代中后期，联邦德国也掀起了私有化浪潮，比如对大众汽车公司、煤炭电力股份联合公司等全部私有化。在两德统一以后，德国成立了"托管局"，对前民主德国地区的国有企业进行了大规模的私有化。为此，德国颁布了一系列有关国企私有化的法律法规。

---

① ［德］乌茨·施利斯基：《经济公法》，喻文光译，法律出版社 2006 年版，第 139、116 页。

此外，由于德国也是欧盟成员国，其国有企业等同样也受到早先的欧共体相关条约及其后的欧盟相关法律的调整。

2. 从政府房地产管理来看①

德国如同英国、法国一样，在政府房地产管理方面从过去的分散管理向相对集中管理以及"统分结合"的模式转变，也是实行决策机构与执行机构分离的原则。即对中央政府各部门的不动产使用标准、维修和保险、购置和处理及财政预算实行统一的管理政策；各部门不动产的日常使用、维护、物业管理等具体工作由其自行承担。

德国中央政府不动产政策统一协调决策机构是联邦政府财政部6司，下设3个处，负责联邦不动产、动产和外国驻军的不动产事务，制定不动产管理的政策。联邦政府财政部直属的联邦资产管理局（BVV）为德国中央政府房地产管理的执行机构，在全国设有37个分支机构，专门负责联邦政府各部门占用以外的联邦房地产管理、转让、出租等。联邦政府各部门均设有房地产管理机构，负责各部自己使用的房地产的管理工作，主要包括维修、保养，物业管理单位招标等。这些机构一般是设在各部的中央司。比如联邦交通建设住房部的中央司等。

关于政府房地产管理监督，主要包括议会监督、财政部门监督、审计监督和政府各部门内部的专设监督机构。如同其他西方国家一样，议会监督和社会力量监督非常有力，主要通过议会审批财政预算等方式控制"钱袋子"，同时充分发挥无形中的第四种权力"新闻权"的作用。

从政府房地产管理相关立法来看，主要有《基本法》、《一般性预算法》、《财政管理法》、《土地法》、《规划法》等。除此以外，还有政府预算法、政府机构设置法以及政府工程建设方面的法规。同时，还涉及房地产方面的普通法，如民法、建筑法、城市规划法、工程安全法等。

五　日本

明治维新后，日本开始从封建社会向资本主义社会转变。封建土地国有制也开始向资本主义私有制过渡。一方面，明治政府将幕府划给大名的领地收归天皇所有，成为土地国有；另一方面，大藏省发布了《地契让渡

---

① 本部分资料来自：国务院机关事务管理局的《英国、法国、德国中央政府房地产管理考察报告》，http://www.ggj.gov.cn/bgs/bgswxzl/200406/t20040622_1823.htm，2010 - 12 - 30 访问。

规则》，将土地划分为"官有"与"民有"两类，确认土地实际占有者的所有权，允许土地自由买卖，法律上正式承认了土地私有。资本主义私有制逐渐成为社会主导。相关法律制度也体现了私有制基础。比如1898年的《日本民法典》如同法国、德国等国一样，也确立了私有财产神圣不可侵犯原则。

与此同时，开始有了法律意义上的国有财产概念，国有财产立法逐渐显现其必要性。明治政府于1889年颁布了《官有财产管理规则》。虽然，《官有财产管理规则》从现在来看是一部很不完善的财产法，范围过于狭窄，没有统一的管理制度等。但从当时来看是一个历史性进步，对后来日本的《国有财产法》颁布以及世界各国国有财产立法均具有重要借鉴意义。除了《官有财产管理规则》外，明治政府还先后制定了若干国有财产方面的法律法规，如1880年的《帝国会计法》、1890年的《河川法》、1897年的《北海道国有未开垦地处置法》、1899年的《国有林野法》等。后来日本的国有财产立法均受此影响。

从目前来看，日本虽是单一制国家，但也是以"分别所有"原则处理中央与地方政府财产关系。日本把财产划分为私有财产、公有财产和国有财产。国有财产是指中央政府所有的财产，而各地方政府（都道府县和市町村）所有的财产则被称为公有财产，又称为地方财产。根据财产的用途，日本将国有财产分为行政财产和普通财产。其中，行政财产进一步分为公用财产、公共财产、皇室财产和企业财产。① 由此可见，日本的国有财产主要包括政府公务用财产、事业用财产、供社会公众使用的财产、皇室使用的财产、国有企业财产及其他财产。国有企业主要属于普通财产范畴。

从国家层面来看，日本国有财产管理机构包括三大部分，即执行机构、咨询机构和监督机构。其中，执行机构是指国有财产管理的具体行政机构。日本对国有财产实行分类管理，分为综合管理、行政财产管理、普通财产管理及处理三类。大藏省是国有财产的总管辖机构，下设理财局，专门负责国有财产的综合管理。行政财产一般由各省厅进行归口管理。普通财产通常由大藏省的理财局统一行使国有出资人管理职能。咨询机构即

①　关于日本国有财产的分类及其含义参见本书第一章的内容；同时参见日本《国有财产法》（2002年修订版）的规定。

是国有财产管理的咨询机构如各种审议会等。监督机构即是对国有财产履行监督职能的机构，包括国会、会计检查院和总务省等。①

从国有财产相关立法来看，日本如同其他西方国家一样，《日本民法典》及其他民事法律法规主要是私有财产的规范，即使涉及国有财产的规定也是从私法角度加以规范。国有财产的法律调整主要是宪法、行政法、经济法等公法，其中的普通财产除了受到国有财产法、财政法等公法约束外，还要受到民商法等私法规范。② 具体来说，主要包括如下两个方面：

1. 从行政财产管理来看

行政财产管理由相关各省厅负责。各省厅总部一般将分布于全国各地的行政财产委托其下属机构、外派机构、地方公共团体或地方政府负责管理。行政财产管理涉及政府房地产、公务用车、公用设施及物品等管理事务，具体包括行政财产的取得、维护、保管、运用以及产权变更等。日本也是如同英国、美国、法国和德国等西方国家一样，从过去的分散管理向相对集中管理以及"统分结合"的模式转变，即行政财产总的综合管理机构是大藏省下设的理财局，各省厅则具体负责管理各自的行政财产。

从行政财产管理立法来看，并无行政财产管理的专门立法，而是纳入整个国有财产管理法律框架内。具体而言，行政财产管理在宪法统领下，《国有财产法》是其基本法律。③ 当然，《国有财产法》受到明治维新时期的《官有财产管理规则》影响较大，早期侧重行政不动产管理，后来才不断扩大国有财产调整范围。除此以外，一方面，还有关于物品管理的《物品管理法》、关于债权管理的《国债管理法》、关于现金管理《会计法》等专业技术性分类法律法规调整；另一方面，还有与《国有财产法》相配套的法律法规及其实施细则、行政命令等，如《国有财产法实施令》、《国有财产特别措施法》、《关于调整使用国家官厅房舍的特别措施法》、《国有财产特殊整理资金会计法》（后改为《特定国有财产建设特别会计法》）、《国有林野法》、《道路法》、《农地法》、《国家公务员宿舍

---

① 参见陈金亮、马淑萍《日本、美国政府资产管理的基本情况及启示》，载 http：//www. studa. net/guanliqita/081002/14532597 – 2. html，2010 – 12 – 27 访问。

② 参见阮慧斌、王永礼《透视日本国有财产法律制度》，载《人民政坛》2001 年第 11 期，第 45 页。

③ 日本于 1948 年专门制定了《国有财产法》，后历经多次修改，目前是 2002 年修订版的《国有财产法》。

法》等。

2. 从国有企业来看

明治维新后，虽然日本开始走向资本主义私有制。但鉴于日本与当时发达国家之差距，日本政府采取"官营示范"的产业政策，直接创办了大量国有企业，[①] 包括军事工业在内的国有经济体系。但至 1880 年，由于国有企业固有弊端及其经济危机，导致日本政府又将大量国有企业私有化。但政府主导经济发展的社会市场经济模式传统在日本一直得以延续。在两次大战期间，日本颁布了大量的战时经济法，比如《军需工业总动员法》、《船舶管理法》、《国家总动员法》等。为此，也成立了若干国有企业。二战结束后，部分国有企业以及军事工业被解散或转为民用，但国有企业仍占据较大地位。尽管如此，日本很长一段时期为了赶超发达国家，在市场机制的基础上，运用政府的产业政策引导经济发展，周期性兴办一些国有企业。一旦产业扶植成熟了，国家往往又退出该领域。对此，并有相应的法律保障。因而，这与社会主义计划经济有着本质区别。这也是日本经济快速发展的一个重要因素。

如同其他西方国家一样，自 20 世纪 70 年代末期 80 年代开始，日本也对国有企业开始实行私有化。比如日本国有铁道公社、日本电信电话公社等。目前日本国有企业主要集中在部分基础设施产业和公用事业，竞争性领域几乎不涉足。日本在国有企业私有化过程中，也颁布了有关私有化法律法规。比如日本对特殊法人企业"国铁"进行改革时，先后制定了八部法律，其中较重要的有《日本国有铁路改革法》。又如日本对电信电话株式会社的改革也是如此，比如《日本电信电话株式会社法》等。[②]

日本的国有企业主要分为直营事业、特殊法人和第三部门。其中，直营事业是指由政府设立并直接经营的国有企业；特殊法人是指政府设立并由政府依照特别法设立的特殊法人企业；第三部门是指由中央政府、地方政府、公共机构和私有企业共同投资并采取股份制形式经营的企业。日本对不同的国有企业实施不同的管理办法。日本大藏省内设理财局，作为国有企业出资人职能的履行机构。

---

① 日本一般将政府所属企业称为"公营企业"，包括中央和地方政府所属的公营企业。根据日本"分别所有"原则，中央政府所属公营企业即我们所理解的国有企业。

② 李源山、黄忠河：《日本国有财产管理与监控的启示》，载《外国经济与管理》1998 年第 6 期，第 27 页。

日本法律既受到法国、德国等欧洲国家的影响，同时也受到美国等国家的影响，尤其在二战以后。在国有企业立法方面也不例外。故日本也多采用美国等国的"一特一法"或"一类一法"的做法，大部分国有企业依据国会制定的特别法进行设立、经营和管理。比如《日本邮政公社法》、《日本国营铁路公司法》等。在国有企业专门立法的基础上，国有企业还受到《国有财产法》等基本法律及其相关配套法律法规的调整。除此以外，日本国有企业工作人员还受国家公务员法调整。也难怪日本部分国有企业中由政府直接投资提供的设施及员工宿舍等企业财产纳入行政财产范围。

对于地方政府企业，即地方公营企业，日本遵循"分别所有"原则，采取地方自治、分别立法的做法。地方公营企业主要有《地方公营企业法》、《地方公务员法》等调整。

六　巴西

巴西是世界上最大的发展中国家之一，也是新兴工业化的资本主义国家。巴西在国有财产管理方面有其自身特色，被誉为"巴西模式"。

巴西国有财产分为三种：一是一般财产，即由巴西全体人民共同所有、共同使用的财产，如公路、铁路、码头等；二是特殊财产，即由各级国家机关占有、用来为公众服务的财产，如各级立法、行政、司法机构占有使用的办公楼、车辆、设备等；三是自然财产，即公有的土地、森林、湖泊、河流、矿产资源等。[①]

如同多数国家一样，巴西的政府财产也是实行"分别所有"原则，即由联邦、州和市三级所有，国有财产一般指联邦所有的财产。政府财产在联邦宪法的统帅下，由各级政府分别加以立法规范。有关国有财产的法律调整与其他国家大多类似，在此不再重复。

巴西国有财产管理有两大特点值得一提，也是我国国有财产立法中需要考虑的因素。

1. 联邦政府财产管理比较特别。联邦政府财产由计划预算管理部负

---

① 国务院发展研究中心课题组：《国外公共资产管理模式分析与借鉴》，载 http：//www. mof. gov. cn/preview/xingzhengsifa/zhengwuxinxi/tashanzishi/200806/t20080617_ 45926. html，2011 - 1 - 1访问。

责，下设联邦财产秘书处负责具体管理。巴西与其他国家不同，管理预算的部门不是财政部，而是计划预算管理部。联邦财产秘书处在1998年之前设在联邦财政部，为了与预算管理相结合，1999年便将其划入计划预算管理部。因此，巴西形成了特殊的"预算部—管理局"管理模式，但其管理特点的实质与"财政部—直属局"模式相同。联邦财产秘书处总部下辖7个局；在全国分设27个地区财产管理局和2个区域性财产管理代表处。联邦财产秘书处主要负责联邦政府不动产的管理，管理对象是政府大楼和国有土地。联邦政府的动产由联邦政府各部门自己管理。

2. 国有企业管理比较特别。巴西独立以后也大力发展了一些国有企业。自20世纪90年代以来，巴西如同许多国家一样，也是立法先行，通过法律对国有企业进行了改革，掀起了私有化浪潮。目前，巴西的国有企业已经很少，主要集中在能源、电信、矿业、铁路、水电等关系到国计民生的基础产业。许多国有企业既具有企业性质，又具有政府机构性质，既从事经营活动，又承担政府职能。因而，巴西的国有企业往往依据其不同性质分别适用公法与私法规范。巴西对国有企业实行专职管理机构和政府业务部门管理相结合的管理体制，国家计划预算管理部下属的国有企业控制署是国有企业的专职管理机构。

七 中国

由于历史等诸多因素，中国曾经有过一个相对不成熟的资本主义社会。其又分为两个阶段：一是1840年至1912年的清朝末年；二是1912年至1949年的中华民国时期。1949年后，台湾所谓的"中华民国"时期开始进入相对比较发达的资本主义社会。

1. 清朝末年

中国自1840年鸦片战争后，开始进入半封建半殖民地社会，近代民族工商业以及商品经济也得到了进一步发展。尤其洋务运动，加速了近代工商业的发展。由此中国也进入了资本主义社会的早期孕育阶段。相应的法律制度也受到了西方国家的强烈影响，故中国开始从古代法进入近现代法时期。这也是国有财产法历史研究之所以如此阶段划分的重要理由。

随着民族工商业的发展，基于当时国家需要，也出现了一些官办或官商合办的工商业企业，尤其洋务运动以来。为此，清政府采取了类似于"一特一法"或"一类一法"的立法模式，为这些企业专门颁布了一系列法律和规章，如《轮船招商局章程》、《开平矿务招商章程》、《黑龙江矿务招商章程》、《上海机器织布局招商章程》等。

清朝政府顺应商品经济发展的潮流，逐渐废止了长达中国数千年的重农抑商的经济政策，放松了私人从事工商业的限制。比如光绪时期颁布了《大清矿务章程》，规定由农工商部统一负责全国矿政管理，废除了对民间开矿的种种限制。1903 年《钦定大清商律》是我国第一部依据西方国家商法标准制定的近代商事法律，使中国古代对重要行业的行政垄断经营和特许经营体制向自由经营体制转变。①

1911 年制定了中国历史上第一部民法典《大清民律草案》。该法律借鉴了西方国家的立法经验，从法律上确立了私有财产神圣不可侵犯原则。比如《大清民律草案》第 2 章第 983 条规定，"所有人于法令之限度内得自由使用、收益、处分其所有物"。虽然该法律未经颁布清朝即灭亡，不过为后来的中华民国临时政府、北洋政府及中华民国民事立法等提供了诸多参考。

清朝末年对私有财产的政策及其法律制度的转变，某种程度上也反映了当时国有财产一定程度上的理性回归！

2. 1912 年至 1949 年的中华民国时期

自辛亥革命推翻封建帝制以后，中国开始进入中华民国时期，也正式进入了一个相对不成熟的资本主义社会。无论是中华民国临时政府、北洋政府、广州政府、武汉政府，还是 1927 年以后的南京国民政府，均从法律形式上确立了以私有制为主导的法律制度。比如《中华民国临时约法》确立了私有财产神圣不可侵犯原则，如规定了"人民有保有私产及营业之自由"，也明确保护私人土地所有权等。其后，无论是 1931 年颁布的《中华民国训政时期约法》、1936 年的《中华民国宪法草案》，还是 1947 年颁布的《中华民国宪法》等也无一例外。同样，在民事立法等相关法律法规中也体现了这一点。比如 1929 年至 1930 年陆续颁布的《中华民国民法》规定，"所有人于法令限制之范围内，得自由使用、收益、处分其所有物，并排除他人之干涉"等。

基于私有财产主导的价值理念，中华民国时期国有财产发展的一大特点就是，如同世界各国一样，基于战争和经济危机等特定情形，颁布了若

---

① 范忠信、陈景良主编：《中国法制史》，北京大学出版社 2007 年版，第 486 页。

干法律法规,成立了一些国有企业,以服务于特殊时期的经济需要。比如北洋政府于 1914 年颁布了《国有荒地承垦条例》、《矿业条例》、《电信条例》、《中国铁路总公司条例》等,均规定了对有些行业实行国家经营。北洋政府的《民业铁路法》也规定,国家有权将私营铁路收回国有。武汉国民政府时期颁布了《湖北省立国货商场条例》,规定设省立国货商场,作为各地产品陈列展销之地等。南京国民政府时期为了应付战争和经济危机等需要,颁布的应急性法律法规暨国有企业就更多。比如通过 1928 年的《中国银行条例》和《交通银行条例》等,实现中国银行和交通银行的国有控股;1931 年颁布的《中华民国训政时期约法》在"国计民生"这一章,一方面鼓励和保护私有企业,另一方面强调国家对煤、油、金、铁等矿业及航空业等关系到国计民生的产业实行国家经营;1938 年颁布的《非常时期农矿工商管理条例》规定,成立了工矿调整委员会,协助所有国营厂矿资本不足运用或新设国营厂矿资本尚待筹措者,对于原有或新设之民营厂矿,采用接管或加入政府股份办法,由政府统筹办理或共同经营之;[①] 1942 年的《国家总动员法》、《国家总动员实施纲要》等均相应成立了一些国有企业或实现部分财产的国有化。抗日战争结束后,虽还存在内战,但民国政府自 1947 年开始对部分国有企业进行了私有化改革。

除此以外,国有财产发展暨相应立法还具有如下特点:(1)对资源性国有财产等实施专门性单行立法。比如 1929 年的《渔业法》、1930 年的《土地法》、1932 年的《森林法》等。(2)除了战争和经济危机等应急性需要成立国有企业外,总的原则是:公用事业及其他具有独占性质的企业以国家公营为原则,必要时可特许私人经营,除此以外,以私营为主导。对此,《中华民国训政时期约法》、《中华民国宪法草案》等均作了相应规定。(3)国有财产管理实行"分别所有"的原则。从 1947 年颁布的《中华民国宪法》以及其后在台湾的实践均得以体现。《中华民国宪法》规定,实行省、县两级自治。(4)对交通及许多国有企业立法往往采取类似于"一特一法"或"一类一法"的立法模式。比如 1928 年的《中国银行条例》和《交通银行条例》、1930 年的《船舶法》、1932 年的《铁路法》、1935 年的《中央银行法》、1936 年的《邮政法》等。

---

① 游绍尹主编:《中国法制通史》,中国政法大学出版社 1990 年版,第 420 页。

3. 所谓的"中华民国"在台湾时期

1949 年，随着国民党战败迁移台湾以后，台湾在所谓"中华民国"的旗号下，继承和发展了民国时期的社会制度，进入了一个相对比较发达的资本主义社会。基于市场经济及其私有制的价值理念，台湾长期以来"国有财产"比重一直相对很低。相应的法律制度也是以私有制为基础，无论"宪法"还是民法等其他基本法律法规。

台湾"国有财产"的形成主要包括三个方面：一是台湾光复后，民国政府没收了日本政府和日本个人的大量财产，收归国有；二是市场失灵的经济规律需要一定比例的公营企业，① 再加以民国政府一直奉行的"民生主义"尤为强调一些行业实行国家垄断经营。台湾"国有财产"除了政府机关和军队所使用的财产外，大部分集中在公营企业中。台湾地区的公营企业一般不以营利为目的。

台湾"国有财产"管理及其立法具有如下几个特点：

（1）台湾地区继受了民国时期的诸多制度如地方自治等，也受到日本及西方国家的立法影响，在政府财产方面也是实行"分别所有"的原则，即"国有"、省有、市县有或乡镇有等。② 同时，如同多数国家一样，将"国有财产"区分为公用财产与非公用财产，其中公用财产包括公务用财产、公共用财产和事业用财产，并采用类似于国家公私产分类的区别法律适用。

（2）台湾地区在国有财产管理体制方面也借鉴了西方国家的"相对集中管理"与"统分结合"的管理经验，即在台湾地区"中央政府"的"财政部"下设"国有财产局"，作为国有财产的综合管理机构，履行国有财产的出资人职能。同时辅以"中央政府"各主管部门分类管理。至于省及以下地方财产，由各级地方政府采取类似于"中央政府"的做法。

（3）借鉴了日本和韩国的立法经验，有一个统一的"国有财产"方面的基本法律。台湾地区于 1969 年颁布了《国有财产法》，后历经多次修改，目前是 2002 年修订的《国有财产法》。1970 年还颁布了《国有财产法施行细则》等。

____

① 台湾地区的"公营企业"包括"国营企业"和"省营企业"等各级政府创办的企业。

② 这里的"国有"仅指台湾地区"中央政府"所有的财产。有些学者认为，台湾的省有、市县有等财产从理论上均属于"国有"。参见谢怀栻《台湾经济法》，中国广播电视出版社 1993 年版，第 27、105 页。

（4）台湾地区的公营企业除了有一个曾经长期适用的统一的公营企业基本法律外，根据公营企业的不同组织形式还有其他法律适用。统一的公营企业基本法律是指 1949 年颁布的《国营事业管理法》，一直沿用至2002 年失效。该法律既适用"国营企业"，也适用"省营企业"。但这仅是公营企业的基本法律，对于不同组织形式的公营企业，除了《国营事业管理法》外，往往还有具体的法律适用。对于公司形式的公营企业如台湾电力股份有限公司、"中国"石油股份有限公司等还要适用《公司法》和公司章程等。对于非公司形式的公营企业如中央银行、中央信托局等，还要适用其他法律法规。对于公营企业如有特别法规定的，应优先适用该特别法。比如《矿业法》、《森林法》、《铁路法》、《电信法》等涉及公营企业的规定。当然，在国民党"一党专政"时期，台湾的公营企业还面临着党营企业的困境。①

（5）台湾地区除了《国有财产法》作为"国有财产"的基本法律外，对于资源性国有财产，还有《土地法》、《矿业法》、《森林法》等单行法律调整。

（6）台湾地区如同世界上许多国家一样，也有相应的"国有财产"私有化的相关立法保障。即使在以私有制为主导的台湾地区，无论是 20世纪 50 年代初的战后，还是 20 世纪 80 年代以来国际上私有化浪潮的影响，台湾地区均存在"国有经济"私有化的现象。为此，台湾也借鉴了日本、英国等国国企改革立法先行的经验，于 1953 年颁布了《公营事业移转民营条例》，后历经多次修改，目前是 2003 年修订的《公营事业移转民营条例》。同时，还制定了《公营事业移转民营条例施行细则》等。除此以外，台湾地区对于公营企业是否私有化还有特别规定：不准私有化的行业，如《邮政法》关于邮政的规定；以公营为原则，同时允许私有化的行业，如《铁路法》关于铁路的规定；完全允许私有化的行业，如《公路法》关于汽车运输的规定等。

第三节　社会主义暨转型社会国有财产法历史与现状

正统社会主义理论认为，传统社会主义国家只有 15 个国家。但事实

① 参见谢怀栻《台湾经济法》，中国广播电视出版社 1993 年版，第 107 页。

上，许多亚非拉国家在 20 世纪很长一段时期深受苏联东欧国家及其马克思主义的影响，也在一段时期采取了类似社会主义的发展道路。尽管匈牙利、南斯拉夫等国曾经有过自己的发展实践，但总体而言，几乎所有社会主义国家均深受苏联的影响，有着相同或相似的发展模式。故关于社会主义社会国有财产法的历史考证，除了中国专门阐述以外，以苏联为基础，同时参考其他社会主义国家。

从马克思、恩格斯最初对当时社会的分析来看，资本主义社会主要是从经济学或经济社会学角度思考的，即随着社会生产力的极大提高，私有财产的迅猛发展，商品交易的发达，使社会进入了"资本"时代。马克思也对这种生产方式在解放生产力方面给予了高度评价。他曾经指出"假如必须等待积累去使某些单个资本增长到能够修建铁路的程度，那么恐怕直到今天世界上还没有铁路，但是，集中通过股份公司转瞬之间就把这件事完成了。"[①] 即便马克思在《资本论》中所言，社会主义所实行的"对土地及其靠劳动本身生产的生产资料的共同占有"，[②] 还是恩格斯在《反杜林论》中指出，"资本主义生产方式迫使人们日益把巨大的社会化的生产资料变为国有财产"等，[③] 这也是针对私有制缺陷而提出的所有权社会化的一种路径而已，至少说仅是"一家之言"。如果马克思、恩格斯把这理解为克服私有制之不足而实现所有权社会化的路径之一的话，也未尝不可，如当今世界包括西方国家在内普遍采用的法人所有权也是"共同占有"的一种形式，由此足以验证马克思、恩格斯思想的深邃与超前。然而，令人遗憾的是，后来的教条主义者却把马克思、恩格斯对资本主义私有制缺陷的认识过分夸大，而致忽视人性私欲及其社会经济发展规律，将所有权社会化绝对化，将经济学意义上的公有制和私有制意识形态化，并上升到对私有制的全盘否定。曾经经历过的社会主义社会就是典型例证。

所有社会主义国家都以公有制为绝对主导，全民所有制为基础，辅以集体所有制，公民个人所有制被限制在非常有限的限度内。国有财产统领了整个社会生活。应当说，这种制度设计的初衷是美好的，寄希望公有制实现人人均贫富。但其实践结果则是扼杀了"有恒产者，方有恒心"的

① 《马克思恩格斯全集》（第 23 卷），人民出版社 1972 年版，第 688 页。
② 同上书，第 832 页。
③ 《马克思恩格斯全集》（第 19 卷），人民出版社 1972 年版，第 241—242 页。

这一永恒不变的人性私欲，违背了社会经济发展规律，最终使其成为一种美好的"乌托邦"。绝对的平等意味着绝对的贫穷。而在这种寄希望"贤人治理"而忽视人性私欲的制度设计下，天然地缺乏权力制约机制及其法治环境，因而导致美好初衷的"国有财产"在"全民"或"国家"的幌子下被糟蹋、浪费、蚕食甚至被少数人或利益集团利用特权而据为私产。在此情形下，其与奴隶社会、封建社会的国有制似乎似曾相识。也难怪有人将此阶段称为"封建社会主义"。

在这种计划经济体制下，由于失去了商品交易的基础，故在市场经济社会所存在的国家公私产或类似划分及其不同的法律规制也失去了意义。无论国有企业还是其他形式的国有财产，所谓的法律调整也沦为"清一色"。即便所谓的法律调整在计划经济体制下也沦为政治主张、行政命令或计划的代名词。如同有学者所言，中央集权和计划体制的推行使法的作用远不及行政命令或行政计划来得重要，既有的法律法规也带有浓厚的行政色彩，并不具有法自身的权威性、独立性，甚至形同虚设。[①] 因此，即便社会主义国家也曾经制定过《民法典》等，那也是民法典的异化，如果说其还具有法律色彩的话，更多地具有公法色彩，而缺失私法色彩。只有在把握社会主义计划经济体制下的国有财产和法律的实质的前提下，才能更好地理解社会主义社会的国有财产法历史。

当然，由于计划经济固有的缺陷等各种因素，导致苏联东欧等社会主义国家最终走向解体，逐渐向资本主义社会转型，社会主义社会的国有财产法历史也走向终结。与此对应的是，中国、越南则采取了一种渐进的相对平稳的社会转型改革，国有财产立法也发生了很大改变。而朝鲜、古巴尤其朝鲜目前依然采取以公有制绝对主导的国有财产立法模式。

一　苏联东欧等社会主义国家时期

总体而言，苏联东欧等社会主义国家以绝对的公有制为主导，长期以来奉行计划经济体制，以党的政策和行政命令等对国有财产实行高度集中的管理体制。即便所谓的法律，不管形式上的公私法，均服务于国有财产，而无国有财产单独立法的必要性。虽然，匈牙利、南斯拉夫等国在此期间有所改革，但并未动摇国有财产法的总体趋势。到了 20 世纪 80 年

---

① 史际春：《经济法》，中国人民大学出版社 2005 年版，第 50 页。

代，这些国家也开始了包括国有企业在内的各项改革，相应的国有财产立法也有所变化。以与国有财产相关的立法为线索，大致考证原苏联东欧等社会主义国家关于国有财产立法主要体现在如下几个方面：

1. 私有财产国有化的法律法规及其政策

早在巴黎公社时期，就曾经颁布过《关于处理被企业主所抛弃的工业企业的法令》等，将工厂收回工人合作社经营管理。俄国在苏维埃政权建立初期，即在 1917 年颁布了《土地法令》，废除了土地私有制，将地主、皇族、教堂和寺院等的土地无偿收归国有，并将其分给农民；所有的森林、矿藏、河流等资源收归国有，实现了土地及其附属资源的国有化。1918 年公布了《被剥削劳动人民权利宣言》，肯定了土地、工厂、矿山、铁路和银行的国有化。1918 年颁布了"关于工业企业国有化法令"和"关于商船国有化法令"等，宣布将一切大型工业企业、交通运输企业和金融企业等收归国有。等等。总体而言，俄罗斯及其后来成立的苏联实行的是全面的国有化，而且是无偿的。这恰与西方国家的"私有财产神圣不可侵犯"的原则是相违背的。这对后来的社会主义国家起到了示范效应。其他国家在社会主义革命及其改造阶段也大体相似。

2. 宪法

1918 年的《俄罗斯社会主义苏维埃共和国宪法》（简称《苏俄宪法》）模仿法国 1791 年宪法把《人权宣言》列为序言的做法，也把《被剥削劳动人民权利宣言》列为宪法第一篇，以宪法形式确定了国有化政策。后来的所有苏联宪法均明确了生产资料公有制。比如 1924 年的《苏联宪法》、1936 年的《苏联宪法》、1977 年的《苏联宪法》等均确立了国家所有制和集体农庄合作所有制。由此产生了影响所有社会主义国家及其他国家的全民所有制（即国家所有制）和集体所有制，这些国家的宪法均规定了这两种所有制形式。人们一直所理解的公有制就是以这两种所有制形式为主导。

3. 民法

在资本主义社会，民法是私法属性，主要调整私人的人身、财产关系，即便涉及国家等公法人机构也是从私法角度加以规范。实际上，民法等私法规范在社会主义计划经济时期并无存在的市场。也难怪中国在计划经济时期一直缺乏统一的民事立法。但苏联及其俄罗斯等加盟共和国却简单地把在商品经济（即后来通称的"市场经济"）条件下的民法典概念运用到计划经济体制，由此也发生了民法典的异化。故苏俄民法典及其他社会主义国家的民法典或民事立法无一例外地以公有制为主导，强调国有财产的维护，而抹杀了私有财产的发展空间。比如1922年的《苏俄民法典》规定所有权由国家、合作社和私人三种，规定土地、矿藏、森林、铁路、航空、河流以及大型工业企业等为国家绝对所有，允许一定数量的小型企业归个人所有。1962年实施的《苏联民事立法纲要》及其他各加盟共和国颁布的《民法典》，尤以1964年的《苏俄民法典》为典型，也继承了1922年的《苏俄民法典》的基本原则和精神。1975年的《德意志民主共和国民法典》第18条规定了"社会主义财产"，社会主义财产包括全民财产、社会主义合作社财产和公民社会组织财产。全民财产即是国有财产，合作社财产属于合作社组织，公民社会组织财产属于社会组织，[①]虽然1959年的《匈牙利民法典》较少政治色彩，强调了市场经济因素，但依然以计划经济及其国有财产为主导。

4. 其他法律法规

在社会主义国家，除了宪法、民法等基本法明确规定了国家所有制和集体所有制外，其他几乎所有的法律法规均体现了国有财产主导因素。比如1922年的《苏俄土地法典》明确规定苏俄境内的全部土地皆为国有，不得成为私人流转的标的物，永远废除土地、地下矿藏、森林和河流等的私有权。1923年的《苏俄森林法典》、1968年的《苏联和各加盟共和国土地法纲要》、1970年的《苏联和各加盟共和国水法纲要》、1975年的《苏联和各加盟共和国地下资源法纲要》、1977年的《苏联和各加盟共和国森林法纲要》、1978年和1980年的《关于保护大气、保护利用动物界法》等也是如此。1964年的捷克斯洛伐克《经济法典》等也是如此。除此以外，关于国营企业，[②]还有专门的立法规定。比如1965年颁布的南斯拉夫《企业基本法》；1973年颁布的民主德国《关于国营企业、联合企业和国营企业联合公司的任务、权利和义务的条例》；1974年颁布的苏联《生产联合公司（联合企业）条例》；1978年颁布的匈牙利《国营企业法》等。

---

① 参见〔德〕罗伯特·霍恩、海因·科茨、汉斯·G.莱塞《德国民商法导论》，托尼·韦尔英译，楚建译，中国大百科全书出版社1996年版，第191页。

② 在社会主义计划经济时期，一般将国家投资并经营的企业称为"国营企业"，而不是"国有企业"。以下相同概念作同样注释。

到了 20 世纪 80 年代中后期，许多社会主义国家纷纷开始了包括国营企业私有化在内的各项改革，逐渐允许多种所有制形式并存，并在相关立法中得以体现。比如 1990 年的《苏联财产所有权法》以及《俄罗斯苏维埃联邦社会主义共和国财产所有权法》第一次将公民个人所有权排在国家所有权和集体所有权之前等。由此体现了尊重并保护私有财产的价值理念。

二　原苏联东欧等国家的转型社会时期

1991 年 12 月苏联解体，俄罗斯、原苏联各加盟共和国以及东欧国家社会主义体制解体，纷纷向资本主义社会转型。同时，中国和越南等国也纷纷从计划经济向社会主义市场经济体制转变。我们将这类国家统称为社会转型国家。

对于这类转型国家，改革的总体趋势是政治民主法治化、经济市场化和国家社会化等。从国有财产方面来看，自 20 世纪 90 年代初以来，国有财产大量退出竞争性领域，包括土地、国有企业等在内的国有财产出现了大规模的私有化，国有财产比重大幅度降低，奠定了以私有制为基础的市场经济体制。比如俄罗斯国有企业私有化截至 2002 年 1 月国有成分降低到 10.7%。

尽管如此，原苏联东欧国家的国企私有化进程尚未完全结束。比如俄罗斯已经决定在 2011 至 2013 年将 11 家国有企业进行私有化，其中包括 4 家大型金融机构。吉尔吉斯斯坦大规模的私有化进程始于 2008 年，近期计划将 250 多家国有企业或国有实体组织加以私有化。等等。

不同的国家私有化方式也有差异。以国有企业为例。俄罗斯成立国家财产管理委员会（GKI）以及地区委员会，统一负责有关私有化的立法起草、解释、执行、协调、批准、登记等工作。俄罗斯对国有企业采取分类私有化做法，比如立即私有化和暂不私有化、交由地方政府私有化和由联邦政府私有化等。其中，对国有小型企业采取公开出售、拍卖、租赁等方式进行私有化；对大中型国有企业一开始采取证券私有化做法，后又采取货币（现金）私有化做法，待 1997 年大规模私有化阶段基本结束后，开始采取个案私有化做法。同时，按照对国计民生的重要程度，将大规模私有化企业细分为强制私有化、自愿私有化、需经国有财产委员会批准、需经政府批准及禁止私有化等 5 种。① 东欧其他国家对国有企业私有化做法与俄罗斯大致相似。像乌克兰、罗马尼亚、蒙古等国也实行向公民发放私有化证券的做法。捷克共和国通过私有化投资基金（PIFS）等票证私有化计划有效实现了国企私有化进程。② 而波兰、保加利亚、匈牙利等国则采取有偿出售、拍卖等方式，虽然波兰等国的国企私有化进程不如捷克迅速，但相对比较平稳。在德国专门成立"托管局"，负责原民主德国国有企业私有化计划。当然，俄罗斯等东欧国家的私有化也得到了西方七国集团、国际货币基金组织和世界银行等的支持。

当然，这类转型国家在国有财产私有化过程中，虽然对于市场经济体制的建立健全、社会经济结构的转型以及国家的民主法治化进程有着不可否认的贡献，但也同时付出了较大的代价。比如国家经济水平在一定时期的倒退、外国资本对某些关键领域的介入甚至控制、国有财产不应有的流失以及国企私有化中新的官僚经济而造成的私有化正当性与公平问题等。以俄罗斯为例，分给雇员或公民的私有化证券，一般民众迫于收入压力，往往以相当低廉的价格将这些股份卖给经理人员或私人基金，从而使曾经由政府所有的财产短期内又转为高度集中的原体制精英把持的私人财富。截止 1993 年为止，其原体制精英在三分之二已经私有化或正在私有化的公司里获得了大部分份额，而少数财阀寡头直接控制了某些经济命脉等。③ 这与这类国家国有财产私有化过程中缺乏规范化、法治化等因素有关，尤其是在私有化早期阶段。相比较而言，原民主德国、捷克、匈牙利、波兰等国代价较小，而俄罗斯、乌克兰等国代价较大。这种代价不是否定国企私有化本身，而是反思如何更有效地进行国企私有化及其路径选择。这些恰是中国国企改革需要吸取的经验教训。

通过 10 多年的国企私有化改革，这类国家关于国有财产管理也发生了变革，学习西方国家的管理经验，逐步向市场经济的管理模式靠拢。从国有财产管理的中央与地方关系来看，从国家"统一所有"原则向"分

---

① 参见林跃勒《俄罗斯私有化及其对中国产权改革的借鉴》，载 http://www.chinaacc. com/new/287/296/2008/7/hu04652141416178002348-0.htm，2011-1-3 访问。

② 参见世界银行编《官办企业问题研究》，李燕生等译，中国财政经济出版社 1997 年版，第 144 页。

③ 边燕杰等主编：《社会分层与流动——国外学者对中国研究的新进展》，中国人民大学出版社 2008 年版，第 314—315 页。

别所有"原则转变,比如俄罗斯、越南、蒙古、并入德国后的原民主德国等。从国有财产分类法律规制来看,与国际惯例接轨,采取国家公私产或类似分类的有区别的法律规制。从国有财产管理机构设置来看,也逐步与国际惯例接轨,遵循政府的社会公共管理职能与出资人职能分离的市场机制原则。比如俄罗斯按照国有财产管理与财政部门分开的原则,成立联邦财产关系部和联邦财产基金会、联邦主体和自治地方(市政)三级财产管理机构,分别负责对联邦、联邦主体和自治地方财产进行管理,不设立中间层次的国有财产运营机构,直接由国有财产管理机构履行出资人职能,行使与国资相关的股东权利。

从国有财产立法来看,这类国家最大的特点就是国有财产私有化方面的立法以及逐步接近西方国家立法惯例的做法。首先,修改宪法,从宪法上保障私有化改革。比如 1993 年《俄罗斯联邦共和国宪法》明确规定,人人享有私有财产权,私人所有权受法律保护,非经法院判决,不得剥夺私有财产。宪法确立国家的经济基础是私有制、国家所有制、自治地方所有制以及其他所有制形式混合的经济制度。其次,颁布了大量的私有化法律、规章制度及其行政命令等,形成了较为完善的私有化法律体系,力求为私有化提供合法性。比如俄罗斯 1991 年通过了《俄罗斯联邦国有和市有企业私有化法》,后来又陆续颁布了《私有化纲要》及其他一系列法规和总统令,2002 年又颁布了《俄罗斯联邦国有财产和市政财产私有化法》等;波兰 1990 年颁布了《国营企业私有化法》;捷克斯洛伐克 1991 年颁布过私有化法案;匈牙利 1995 年颁布了《关于国有企业财产出售的法案》等。再次,随着国有财产尤其国有企业的市场转型,相关法律制度也随之改变。以民法为例,这类国家纷纷出台了民法典,确立和保护私有财产制度,重新合理定位国有财产及其国有企业等。比如 1994 年的《俄罗斯联邦共和国民法典》在民事主体中确立了公民、法人、国有和自治地方组织,并将私人所有权列于国家所有权和自治地方所有权之前,废除了集体所有权。[①] 同样,1996 年的《哈萨克斯坦民法典》、1996 年的《吉尔吉斯斯坦民法典》以及 1998 年的《土库曼斯坦民法典》等也是如此。除此以外,其他与国有财产有关的单行法律法规也随之调整。比如 1991 年的

---

① 参见《俄罗斯联邦民法典》,黄道秀、李永军、鄢一美译,中国大百科全书出版社 1999 年版,第 102—103 页。

《俄罗斯联邦土地法典》、2003 年的《越南国有企业法》等。当然，由于这类国家尚处于转型过程中，某些方面还残留着计划经济及其中央集权的阴影，故相关立法仍有一些计划经济色彩。比如《俄罗斯联邦共和国民法典》等。

三 中国

中国国有财产法在社会主义社会阶段的历史划分大致可以分为三个阶段：一是 1931 年至 1949 年中国共产党（以下简称"中共"）革命根据地的社会主义萌芽时期；二是 1949 年至 1978 年的社会主义计划经济时期；三是 1978 年至今的改革开放时期，即社会主义转型时期。严格而言，在革命根据地时期，由于"国家"的合法性问题尚未明确，故当时尚未有法律意义上的"国营企业"、"国有财产"（至多称之为"公营企业"暨"公共财产"）以及"法律法规"。本书之所以追根溯源至中共革命根据地时期，其目的是为了探究社会主义阶段国有财产法的历史踪迹。

（一）中共革命根据地时期

1927 年国共合作失败后，中共就开始在农村开辟革命根据地。1931 年，中共在江西瑞金成立了中华苏维埃共和国（以下简称"中央苏区"），通过了《中华苏维埃共和国宪法大纲》。

20 世纪 30 年代，中央苏区为了生产自救和应付战争以寻求革命胜利的需要，在适当保留私有财产及私有经济的基础上，也形成了一定比例的公共财产。为此，也有相关法律法规及其政策调整。当时，中央苏区的公共财产主要包括如下几类：一是没收归为"国有"的动产与不动产。1931 年的《关于经济政策决议案》、1932 年的《店房没收和租借条例》等对此均作了规定。1931 年的《中华苏维埃共和国宪法大纲》明确规定，"帝国主义的银行、矿山、工厂等一律收归国有"等。二是苏维埃政府创办的公营企业，比如"中央政府"造币厂、印刷厂、织布厂等。1934 年的《苏维埃国有工厂管理条例》规定，"国营工厂实行厂长负责制"等。从而形成了比较早期的公营企业法。三是依法规定为"国家"所有的资源性财产，比如土地、森林、矿山等。1931 年的《中华苏维埃共和国土地法》宣布"土地实行国有"。1932 年的《矿山开采出租办法》规定，"允许将国有矿山出租给私人资本家开采"等。

中央苏区的公共财产管理虽然没有直接的史料证明，但可以从相关资料中加以佐证。比如 1933 年 4 月 9 日,中央苏区财政人民委员部部长邓子恢发布《关于富农借款与群众借款问题》的紧急通令,对借款问题提出"借出后需报县财政部国有财产管理科记账";1933 年 9 月 15 日的《红色中华》报道了《中华苏维埃共和国人民委员会第 49 次会议》,会议提出"各级财政部组织要加强,中央财政部的设委会、公债局、国有财产管理局,有的要增人,减少兼职,有的要加以整理"等。由此我们可以大致推断当时中央苏区的公共财产管理体系为:在财政人民委员部内设国有财产管理局,各省、区、县和市财政部内设国有财产管理科,科之下可以设立国有财产管理委员会、乡苏维埃设立国有财产管理委员会。[①]

进入抗日战争和解放战争时期,中共陕甘宁边区政府继承和发展了中央苏区关于公共财产管理的许多政策和规章制度,但也基于战争及当时形势需要,也纠正了中央苏区在某些方面过分公有制的极端做法。比如1941 年的《晋冀鲁豫边区土地使用暂行条例》、1944 年的《陕甘宁边区地权条例》和《陕甘宁边区土地租佃条例》等均明确保护地主的土地所有权以及关于土地公有、土地租佃关系的规定。1946 年的《陕甘宁边区宪法原则》规定,"允许国有、私有和合作经营等多种经济形式",尚未提出没收官僚资本。1947 年的《中国土地法大纲》提出了"没收官僚资本,没收地主土地,保护民族工商业的三大经济纲领",纠正了《中华苏维埃共和国土地法》要求实现土地国有化的错误,允许土地私有。1948年的《华北人民政府施政方针》提出了"没收敌方公共财产、战犯财产、官僚资本家财产为国家所有,保护除没收外的一切公私财产"等。

(二) 社会主义计划经济时期

1949 年,随着中华人民共和国的成立,我国开始进入社会主义社会。我国在社会主义社会阶段国有财产的形成大致包括如下几个方面:一是中共革命根据地所形成的公营企业等公共财产;二是没收民国时期的官僚资本、改造民族资本。在改造民族资本方面,吸取原苏联东欧国家的经验教训,采取"利用、限制、改造和赎买"的政策;三是财政投资;四是依法认定的国有财产;五是国有企业积累;六是国家接受捐赠的财产等。

如同苏联东欧等社会主义国家一样,中国也是以公有制为绝对主导的计划经济体制,由此也形成了对国有财产实行高度集中的分级归口管理体

---

① 彭传生:《赤色国有财产管理局 (二)》,载《国有资产管理》2010 年第 2 期,第 79 页。

制。即国有财产由中央统一所有，各级政府分级管理，并由中央各主管部门根据不同职能归口管理。虽然，我国在 1957 年、1958 年和 1970 年等进行过国企管理权的下放和上收等改革，但均没有在实质上改变这一管理体制。在这种体制下，形式上的"集权管理"带来的却是巨额的管理成本和非效率的资源配置，从而实质上在变相地导致国有财产流失。由于如前所述的计划经济的法律虚无主义，导致更多地是以党的政策或行政命令来管理国有财产。即便所谓的法律，不管形式上的公私法，均服务于国有财产，而无国有财产单独立法的必要性。

关于国有财产的法律法规及其规章制度主要表现在如下几个方面：

1. 私有财产国有化法律法规及其政策

1949 年 6 月颁布的具有临时宪法性质的《中国人民政治协商会议共同纲领》明确规定，实行耕者有其田的土地改革政策；各种社会经济成分在国营经济领导之下，分工合作，各得其所；凡属有关国家经济命脉和足以操纵国民生计的事业，均应由国家统一经营；扶助合作经济，鼓励私人资本向国家资本主义方向发展。中华人民共和国成立后，延续了中共革命根据地时期的诸多政策和法律法规，加快私有财产国有化进程。1949 年 10 月 1 日，中央人民政府委员会第一次会议宣布：凡属有关国家经济命脉和足以操纵国民生计的事业，均应由国家统一经营。凡属国有的资源和企业，均为全体人民的公共财产。1951 年，政务院发出指示，宣布没收战犯、汉奸、官僚资本主义及反革命分子的财产。[①] 1954 年的《中华人民共和国宪法》明确规定，实行国家所有制、合作社所有制、个体劳动者所有制和资本家所有制等各种生产资料所有制同时并存；依法保护农民的土地所有权；为了社会公共利益，可以对城乡土地和其他生产资料实行国有化，并给予一定补偿等。

除了上述总的国有化法律法规及其政策外，对于土地改革还有专门立法，比如 1950 年颁布的《土地改革法》，该法基本继承了 1947 年的《中国土地法大纲》的各项原则和精神；对于私营工商业的社会主义改造也有专门立法，比如 1954 年颁布的《公私合营工业企业暂行条例》等。

相比较苏联东欧等社会主义国家，一方面，我国私有财产国有化采取了渐进过渡并适当补偿的做法，从而实现了私有财产国有化的平稳过渡；

---

① 谢次昌：《国有资产法》，法律出版社 1997 年版，第 23 页。

另一方面，我国私有财产国有化法治化程度不够，更多地体现了政策和行政命令。

2. 宪法等其他各种法律法规

除了 1954 年的《宪法》外，我国在改革开放之前于 1975 年和 1978 年又两次修改了《宪法》。虽然这两部《宪法》存在诸多缺陷，但在经济制度上均确立了公有制的绝对主导地位。

虽然中国在 20 世纪 50 年代也曾模仿苏联等国起草民法典，但终因计划经济、政治运动以及缺少法治环境的东方传统等因素，而致民法典起草中途夭折。即使颁布《民法典》，也徒具形式意义。民法典如此，其他诸多法律法规也是如此。或者当初的立法者及决策者已有所体悟。然而，即便民法典在苏联东欧等社会主义国家发生异化，趋于公法化，但毕竟仍有形式意义上的《民法典》等相关法律法规，这与苏联东欧国家的法制历史传统有一定的关系。故中国当时即使形式意义上的与国有财产相关的法律法规也是少得可怜，就连在苏联东欧等社会主义国家普遍存在的国营企业法和土地法也没有。我国当时的国营企业和土地，除了前已述及的私有财产国有化中相关法律法规外，至多是一些政策性文件和行政法规、规章等。比如 1957 年的《国务院关于改进工业管理体制的规定》；1961 年的《国营工业企业工作条例（草案）》（简称"工业七十条"）；1953 年的《国家建设征用土地办法》（后于 1957 年修订）等。

（三）社会主义转型时期

自 1978 年党的十一届三中全会以来，我国开始进入改革开放时期，同时也开始进入社会转型时期。相比较苏联东欧等社会主义国家的"先政治、后经济"的激进式改革而言，我国采取的是一种"先经济、后政治"的渐进式改革。我国这种改革模式既有其好的一面，即能降低眼前改革成本，有助于实现社会平稳过渡；也有不好的一面，即容易使问题被掩盖或迁就而致积重难返，最终会延缓我国的现代化进程，实质会加大改革成本。相应的，中国社会转型期也变得异常漫长，改革开放虽经 30 多年，但时至今日，中国尚未完成现代化转型。如此表述并非简单地照搬或否定哪种改革模式，而是在立足国情的基础上，如何趋利避害的问题。国有财产法改革也是如此。

长期以来，我国国有财产管理采取"国家统一所有、分类分级管理"的原则，即国有财产由国务院代表国家统一行使国家所有权，同时由国务院授权各级地方政府分别行使管理权；并将国有财产分为行政事业性国有财产、资源性国有财产和企业性国有财产而加以区别管理和立法。虽然我国这种渐进式改革模式，以及政治体制改革的滞后，从而使经济体制改革也变得异常曲折。从社会主义有计划的商品经济到社会主义市场经济经历了较长过程，国有财产比重也在不断降低。但是，行政事业性国有财产和资源性国有财产管理体制并没有发生太大的改变。比如行政事业性国有财产一直由财政部门履行管理职能，资源性国有财产由诸如国土资源部、林业部等政府相关主管部门履行管理职能。而以企业性国有财产管理为核心的国有财产管理体制却随着经济体制改革的变迁，发生了多次改革。尽管如此，但总体并没有改变"国家统一所有、分级管理"的原则。

从以企业性国有财产管理为核心的国有财产管理体制的改革变迁来看，主要经历了如下阶段：

1. 1978 年至 1988 年的放权让利阶段

党的十一届三中全会明确提出了"简政放权、减税让利、扩大企业经营自主权"。为此，1979 年，国务院颁布了《关于扩大国营工业企业经营管理自主权的若干规定》和《关于国营企业实行利润留成的规定》。1982 年的《宪法》第 16 条明确规定，国营企业在完成国家计划的前提下，享有一定的经营自主权。随着改革的深入，国务院于 1983 年和 1984 年分别颁布了《关于国营企业利改税试行办法》和《国营企业第二步利改税试行办法》。与此同时，国务院于 1983 年颁发了《国营工业企业暂行条例》，它是我国 20 世纪 80 年代调整国营工业企业的综合性行政法规。到了 1985 年，我国出台了《中共中央关于经济体制改革的决定》，明确提出了社会主义有计划的商品经济，从而使国营企业改革进入全面推进阶段。这一阶段的改革总的概括就是：减少中央高度集权，逐步放权让利，但并未根本触及产权改革和政府职能转变，也未根本改变原有的国有财产管理体制。

2. 1988 年至 1998 年的专职国有财产管理机构阶段

随着经济体制改革的进一步深化，在国有企业实行多种形式的承包经营责任制的基础上，以现代企业制度为目标，加快国企股份制等多种形式私有化改革。为此，我国借鉴国外经验，于 1988 年在国务院成立了直属机构"国家国有资产管理局"，统一归口行使国有财产出资人职能。但国有资产管理局并不是企业性国有财产的唯一出资人，除此以外，对于一些特殊资源性行业的国有企业仍由其主管部门履行出资人职能。1994年，我国对国有资产管理局的隶属关系作出调整，由国务院直属局降格为财政部下属局，形成了"一体两翼"的管理模式，即以政府财政部门为主体，国有资产管理局和税务局作为其"两翼"。有学者认为，"一体两翼"的管理模式更具有计划经济色彩，因为它试图将国有资产所有权职能和社会经济管理职能合而为一。① 笔者以为，专职国有财产管理机构隶属财政部门在国际上并不鲜见，也是普遍惯例，有助于把财政预算与国有财产管理结合起来。因此，问题不在于管理机构的隶属关系改变问题，而是国企的市场边界以及管理机构的管理职能问题。

为了适应国企改革及其国有财产管理体制的改革变迁，我国立法也作出了相应的反映。1993年的《宪法》修正案明确规定了社会主义市场经济体制，将"国营企业"改为"国有企业"，确立了国有企业的法人主体资格地位等。与此同时，我国先后颁布了《全民所有制工业企业法》、《全民所有制企业转换经营机制条例》、《国有企业财产监督管理条例》和《公司法》等。对于公司形式的国有企业适用《公司法》等。

3. 1998年至2003年的"五龙治水"阶段

1998年政府机构改革时，考虑到国有资产管理局与政府相关部门存在着职能大量交叉，导致国有资产管理局成效不大等因素，我国借鉴了新加坡等国经验，撤销了国有资产管理局和相关行业主管部门，将国有资产管理局职能并入财政部，同时组建综合性的国家经贸委，并组建一批大型企业集团来试行国有财产授权经营。在此基础上，企业性国有财产的出资人职能主要由当时的财政部、国家经贸委、人事部、中共中央大型企业工委以及新设立的稽查特派员公署等分工负责。② 这就是所谓的"五龙治水"模式。这种管理模式在"政企分开"和鼓励国企自主市场经营等方面的尝试值得肯定，但在国有财产归口管理等方面某种程度上是一种倒退。

---

① 沈志渔，林卫凌：《国有资产监管体制变迁及目标模式》，载《新视野》2005年第1期，第16页。

② 1999年，中共中央大型企业工委撤销，成立中央企业工作委员会；2003年，国家经贸委撤销，相关职能并入商务部；2008年，人事部与有关部门合并调整为人力资源社会保障部；稽查特派员制度也逐渐取消，改为外派监事会制度。

4. 2003 年至今的专职国有财产管理机构阶段

2003 年，为了解决"五龙治水"模式的缺陷，我国成立了国有资产监督管理委员会（以下简称国资委），作为国务院特设直属机构，代表政府专门履行国有财产出资人职能。2003 年颁布的《企业国有资产监督管理暂行条例》对此作出了明确规定。2008 年颁布的《企业国有资产法》又进一步明确了国资委的出资人职能。但是，国资委如同以前设立的国有资产管理局一样并非是企业性国有财产的唯一出资人。对于特殊行业的企业性国有财产如金融、铁路、邮政、烟草等，仍由相关主管部门履行其出资人职能。我国企业性国有财产管理的这一惯例一直延续至今。

尽管国有企业暨国有财产经历了 30 多年的改革，但相比较其他国家而言，我国国有财产比重依然较高，距离市场经济的要求尚远。由此也决定了我国国有财产立法现状。主要包括如下几个方面：

（1）从宪法层次来看。我国 1982 年颁布的《宪法》经历了 1988 年、1993 年、1999 年、2004 年等四次宪法修正案。宪法一般是从基本经济制度角度涉及国有财产，主要起到宣示性作用。比如宪法第 6、7 条从宪政高度奠定了公有制的主导地位及其国有财产的作用，但同时也肯定了多种所有制并存以及私有经济的作用。又如宪法第 9 条规定：矿藏、水流、森林、山岭、草原、荒地、滩涂等自然资源，都属于国家所有，即全民所有；由法律规定属于集体所有的森林和山岭、草原、荒地、滩涂除外等。

（2）从私法层次来看。我国如同其他国家一样，在民事法律法规当中也涉及国有财产问题。比如我国 1986 年颁布的《民法通则》确立了法人资格，并把国营企业暨国有财产主体推向了民事主体角色，也把国有财产推向了民事法律关系客体角色。同样，我国 2008 年颁布的《物权法》第五章也规定了国家所有权等相关内容。比如《物权法》从第 45 条到第 55 条规定了国有财产的范围等。

（3）从具体的国有财产法层次来看。主要通过经济法、行政法等法律法规及其规章制度得以反映。除了财政法、会计法等普适性法律以外，长期以来，我国对国有财产的专门立法一直采取分类立法的模式。具体而言，国有企业主要通过《全民所有制工业企业法》、《公司法》、《企业国有资产监督管理暂行条例》等调整；行政事业性单位早先制定了《行政事业单位国有资产管理办法》等部门规章，后又专门制定了《行政单位国有资产管理暂行办法》和《事业单位国有资产管理暂行办法》等；资

源性国有财产主要通过《水法》、《矿产资源法》、《森林法》、《土地管理
法》、《文物保护法》等单行法律法规调整。自从 1993 年全国人大财经委
开始主持起草《国有资产法》以来，我国就一直存在"大小国资法"争
议，历经 15 年坎坷，最终以 2008 年颁布的《企业国有资产法》而告暂时
结束争议，从而依然保持国有财产分类立法的模式。

除此以外，我国对一些特殊国有财产或特定领域的国有财产采取单独
立法的模式。比如金融类国有企业有其单独立法，如《中国人民银行
法》、《金融类企业国有资产产权登记管理办法》等；境外国有资产也有
单独立法，如《境外国有资产管理暂行办法》等。

第四节　中外国有财产法历史比较的经验与启示①

古今中外国有财产法史料考证虽不足以涵盖全面，但从有限史料中大
致洞见财产法暨国有财产法历史发展的规律，以此总结国有财产法历史比
较的经验与启示，反思我国国有财产法的现状，以至于对我国国有财产法
治化有所助益。

一　国有财产法历史比较的总体经验与启示

无论是中国还是国外，无论是奴隶社会、封建社会还是资本主义社
会、社会主义社会及其转型社会等，考证国有财产法历史，大致可见财产
法暨国有财产法历史具有如下共同发展规律：

1. 土地是财产法暨国有财产法的主要内容

由于人类社会长期以来受制于社会生产力低下的历史局限，决定了财
产长期以来不发达，尤其在有"国家"考证的奴隶社会和封建社会，财
产主要表现为土地。因此，人类社会长期以来的财产法暨国有财产法也主
要表现为土地制度。

由于社会生产力的局限，以及土地对国家政权的重要性，决定了土地
及其附属物一开始表现为国有制，私有制是伴随着动产而产生的。正如马
克思、恩格斯所言，"无论在古代或现代民族中，真正的私有制只是随着

---

① 鉴于前文对于归纳的经验与启示已经详细论证，以下不再详细论证。

动产的出现才出现的"。① 人类社会长期以来一直以土地国有制为主。无论奴隶社会还是封建社会，就更不要说社会主义社会。即便资本主义社会，也存在一定比例的国有土地。比如美国联邦及州政府所有的土地占47%，私人所有的土地占51%，印第安人保留地占2%。为此，也有相应的《联邦土地政策和管理法》等规制国有土地。直至社会主义社会，将土地国有制推向了顶峰。因此，土地一直成为国有财产法的主要内容。社会生产力愈不发达的国家和地区，这种现象愈突出。

但与此同时，随着社会生产力的发展，土地制度也适应了人性私欲的要求，人类社会在很早以前就出现了土地私有化。如前所述，古希腊、古罗马以及古代亚非地区均是如此。中国也早在春秋战国时期就出现了土地私有化，尽管国家强制力及封建土地国有制对土地私有化有一定的限制，但并没有根本改变土地私有化的现象。相比较而言，古希腊、古罗马土地私有化现象要早于并发达于包括中国在内的古代亚非地区，而且欧洲封建社会历史相对中国等东方社会要短暂，这就不难理解古希腊、古罗马国家以及其后的欧洲国家现代化程度要高于当时的其他国家。这也是西方法治文明高于东方社会的重要原因之一。到了资本主义社会，土地私有化得到了进一步发展。中国在民国时期及后来的台湾地区甚至在中共革命时期的中央苏区和陕甘宁边区也是如此。原苏联东欧国家进入转型社会以后，也加大了土地私有化进程。

尽管如此，由于土地是关系到国计民生的基本生产资料，尤其对于社会生产力愈不发达的国家和地区愈是如此，因此，无论土地私有化进程如何，任何一个国家或地区在任何一个社会发展阶段均存在土地国有制。而且，对土地兼并和流转等加以适当限制，也是古今中外各国一贯做法，只不过程度不同而已。

2. 私有财产是财产法的核心所在

私有财产体现了人性私欲的一面。正如法国学者巴斯夏所言，财产是人性的必然结果。② 科斯定律早就证明，帕累托效率最优化的前提和保证是私有财产的产权制度。私有财产也是导致国家和法产生的社会经济根

---

① 马克思、恩格斯：《德意志意识形态》，《马克思恩格斯全集》第3卷，人民出版社1960年版，第70页。

② ［法］弗雷德里克·巴斯夏：《财产、法律与政府》，秋风译，贵州人民出版社2003年版，第131—132页。

源。动产伴随着私有制的发展而发展。如前所述，虽然人类社会受到生产力的局限，土地一开始表现为土地国有制。但随着社会生产力的发展，自奴隶社会就很早出现了土地及其附属资源的私有化。即便封建社会有过较强的封建土地国有制，也并没有消解包括土地在内的财产私有化现象。资本主义社会则把私有制推向了顶峰。因而，从有关财产立法史来看，一直是以私有财产为核心。正如爱泼斯坦认为，保护私有财产权才是财产法的核心。①

中国也是如此。虽然封建土地国有制以及禁榷制度等"重农抑商"政策一定程度地限制了私有财产的发展空间，这也是中国有别于西方文明的一种因素，但并没有根本改变私有财产发展的事实。到了清朝末年，逐步放宽了民间资本投资的限制。尤其1903年《钦定大清商律》使中国古代对重要行业的行政垄断经营和特许经营体制开始向自由经营体制转变。1911年制定的《大清民律草案》虽未正式实施，但从法律上确立了私有财产神圣不可侵犯原则。而且为后来的中华民国临时政府、北洋政府及中华民国民事立法等提供了诸多参考。由此足见清朝末年财产立法价值理念之进步！到了民国时期，无论是临时政府、北洋政府、广州政府、武汉政府，还是1927年以后的南京国民政府，均从法律形式上确立了以私有制为主导的法律制度。比如《中华民国临时约法》、《中华民国训政时期约法》、《中华民国宪法草案》以及《中华民国宪法》等无一例外。尽管战争和经济危机导致民国时期存在一定比例的国有垄断资本，但并未改变私有制的基础。即便中华人民共和国成立之前的中央苏区和陕甘宁边区也承认包括土地在内的私有化。

虽然传统社会主义社会计划经济时期将公有制推向顶峰，但毕竟历史较为短暂，也缺乏法治化。原苏联东欧等社会主义国家转型后，开始了大规模私有化进程。同样，对于迈向社会主义市场经济体制的中国而言，基于社会生产力发展、国家治理及民主法治化水平的局限，也以承认多种所有制并存为改革目标。

之所以私有财产是财产法的核心，主要有如下几个理由：（1）从人性私欲和社会生产力发展视角来看，私有财产成为人类社会制度构建的重

---

① See Martin S. Flaherty, "History 'Lite' In Modern American Constitutionalism", *Columbia Law Review*, April, 1995, P563.

要内容。正如大卫·休谟和亚当·斯密等人认为，私有财产、契约自由和法治是人类社会基本制度的关键因素。（2）人性私欲决定了人们更容易关心私有财产，由此也决定了人类社会的利益纷争主要根源于私有财产。而私有财产的纷争关系到社会稳定。由此决定了无论当政者还是公民个人更关心私有财产立法。因此，有关财产法以及学者关于财产论述的历史考证，更多地体现了私有财产规范。无论古代西亚地区的《乌尔纳姆法典》、《苏美尔法典》，还是古希腊雅典的《德拉古法》、古罗马的《十二表法》等均是如此。

如此而言，绝非否定国有财产暨国有财产法存在的历史事实。如前所述，人类社会的不动产一开始就表现为国有制，而且国有制从未中断过，并且一直是人类社会发展的一种要求。只不过国有财产治理更多地来自于公权力的制度安排，尤其专制统治时期的"王室私产"更表现出统治者的内部事情。由此也决定了国有财产法治化的缺失。

鉴于私有财产是财产法的核心，由此导致私有财产的发展程度决定了法治化发展水平。相比较而言，商品经济的社会要比自然经济和计划经济的社会有着更多的法治土壤。财产法的发展规律也决定了国有财产的市场边界及其国有财产法在财产法体系中的合理定位。对此，理应值得我国国有财产立法借鉴。

3. 国有财产经历了"王室私产"到"公共财产"的转变

前已述及，在奴隶社会和封建社会，由于缺乏权力制约，所谓的国有财产，更具有"王室私产"的特性。诚如世界各国古代法时期普遍出现的"普天之下，莫非王土"，即土地很长一段时期主要属于一国最高统治者。但这种基于政权属性的私有财产不同于一般私有财产，因而从当时"国家"的标准来衡量，此乃是国有财产。这种性质的国有财产愈多，愈容易挤压私有财产的发展空间。"财产不自由，人身也不再自由"，[①] 相应的，社会生产力发展及民主法治化水平也愈低。因而，就不难理解包括中国在内的古代亚非地区社会发展及民主法治化水平不如古希腊、古罗马时期，也不难理解中世纪欧洲日耳曼法时期相比较古罗马共和国时期某种意义上说是一种倒退。但中世纪欧洲日耳曼法时期相比较中国等东方社会而

---

① 邓建鹏：《财产权利的贫困——中国传统民事法研究》，法律出版社 2006 年版，第101 页。

言封建历史相对短暂，再加以中世纪欧洲的教会对世俗政权的制衡以及教会法学家秉承罗马法的私有财产神圣的观念，以及封建分权型国家等，而这些恰是中国封建社会所缺乏的，由此也决定了中国现代化历史有别于欧洲文明的一个重要因素。

直至资本主义社会，普遍推行代议制，"限制王权、保障民权"已经成为社会发展的主流。相应的法律制度也才真正具有"民意"基础上的现代意义，由此人类社会开始从古代法时期进入近现代法时期。对国家权力的制约及对公共财政的追求，愈体现国家权力的公权力属性，国有财产愈回归公共财产的属性，愈容易释放私有财产发展空间。尽管资本主义社会不乏有国有财产沦为"王室私产"的可能性，但在较为成熟的资本主义社会，私有财产渐趋回归公民属性以及国有财产渐趋回归公共财产属性已经成为不争事实。一旦国有财产不再成为统治者"分内之事"，国有财产法治化要求就成为必然。国有财产法治化也才具有现实意义。

以克服私有制不足为主要目标的马克思主义所希望构建的社会主义社会理应是对资本主义社会的超越，但教条主义者却不顾社会生产力发展及国家治理水平的现实环境制约将所有权社会化推向极端。此时的诸如"党产"之类说辞的国有财产又与奴隶社会和封建社会的"王室私产"似曾相识。原苏联东欧国家的社会转型力求实现"王室私产"向公共财产的转变。以社会主义市场经济体制改革为己任的中国也在力图使曾有过类似于"王室私产"的国有财产向公共财产的转变。这已经成为国有财产发展的不归之路，也是国有财产法治化的前提和基础！

二　国有财产法历史比较的具体经验与启示

纵观中外国有财产法历史，除了前已述及的关于国有财产暨国有财产法历史发展的总体经验与启示外，能够对我国国有财产立法提供具体经验与启示的当属当代资本主义社会和原苏联东欧等国家的转型社会。对于我国而言，由于民国时期的资本主义社会相当不成熟，故中国历史的经验与启示就相对较少。但相比较中国历史而言，民国时期及我国台湾地区与国外资本主义社会在国有财产法方面类似较多，值得借鉴的经验与启示也相对较多。而奴隶社会、封建社会以及社会主义计划经济时期留给我们的更多是财产暨国有财产及其法治化的发展规律的反思。

国有财产法历史能够对我国国有财产法有所助益的具体经验与启示，

笔者概括如下：

1. 私有财产国有化和国有财产私有化的法治路径

（1）私有财产国有化的法治路径。私有财产国有化是国有财产取得的一种方式，鉴于私有财产的保护以防范公权力的扩张，国有财产理应依法取得，此乃是国有财产取得制度的一项基本原则。故私有财产国有化应有相应的法律规制。对此，西方国家的宪法及其相关法律法规普遍遵循了这一原则。主要体现在如下几个方面：一是资产阶级革命期间及其后，通过颁布法律将有关财产收归国有。比如英国1643年颁布的《关于废除教会领地的法令》、《关于没收国王领地的法令》以及1646年颁布的《关于取消骑士领有制和庇护制的法令》等。二是资产阶级革命胜利后，资本主义国家普遍确立了私有财产征用的法律制度。比如美国宪法第5条修正案的规定，"没有合理之补偿，私有财产不得为了公共用途而被征用"。① 美国这一宪法规定已经成为世界各国普遍确立的价值理念。又比如法国1982年通过《国有化法令》将几家工业公司和若干金融企业收归国有等。三是国有企业的设立、运营、兼并等普遍由议会通过立法审批，遵循立法先行的原则。比如美国的田纳西流域管理局（TVA）通过国会专门制定的《田纳西流域管理局法》而设立等；新加坡议会为每个法定机构专门立法；日本大部分国有企业依据国会制定的特别法进行设立、经营和管理，如《日本邮政公社法》、《日本国营铁路公司法》等。

同样，许多社会主义国家在社会主义革命及改造期间也颁布了一些法律法规进行私有财产国有化，比如俄国1917年颁布的《土地法令》、1918年颁布的《关于工业企业国有化法令》等；中国1931年的《中华苏维埃共和国宪法大纲》、1950年颁布的《土地改革法》等。虽然中国等一些国家在没收私有财产收归国有的过程中也存在过补偿先例，但普遍存在无偿没收私有财产的暴力色彩，因而存在忽视私有财产保护的历史局限。

（2）国有财产私有化的法治路径。国有财产作为纳税人积累的公共财产，其私有化理应得到纳税人许可，并在不损害纳税人公共利益的前提下方可进行。故国有财产私有化的法律规制也是理所当然。对此，无论西方国家还是原苏联东欧等转型国家在国有财产私有化过程中普遍遵循了这一法治路径。首先，通过议会审批设立国有财产私有化的专门机构。比如

---

① 参见《美利坚合众国宪法》（通称美国联邦宪法）第5条修正案。

法国的私有化委员会、德国的"托管局"、新加坡的政府企业私有化委员会、俄罗斯的国家财产管理委员会以及地区委员会、联邦财产关系部等。其次，国有财产私有化遵循议会立法先行的原则。比如法国在 1986 年颁布了两个重要的私有化法律，在 1993 年为 21 家大型国有企业私有化专门颁布了私有化法；① 日本为"国铁"的改革先后制定了八部法律，其中较重要的有《日本国有铁路改革法》；对电信电话株式会社的改革则制定了《日本电信电话株式会社法》等；② 俄罗斯 1991 年通过了《俄罗斯联邦国有和市有企业私有化法》，后来陆续颁布了《私有化纲要》等，并于 2002 年颁布了《俄罗斯联邦国有财产和市政财产私有化法》等；波兰 1990 年颁布了《国营企业私有化法》；捷克斯洛伐克 1991 年颁布过私有化法案；匈牙利 1995 年颁布了《关于国有企业财产出售的法案》；阿根廷 1989 年颁布了《国家改革法》和《经济紧急状态法》等。我国台湾地区也是如此，除了有专门的公营企业私有化的法律如《公营事业移转民营条例》、《公营事业移转民营条例施行细则》以外，还有《邮政法》、《铁路法》、《公路法》等有关私有化的规定。

2. 中央与地方政府财产关系实行"分别所有"及分别立法规制

如同本书第一章所述，国家所有权从中央与地方关系来看，有"统一所有说"和"分别所有说"（或"分别所有说"）。但从国外来看，很少有国家所有权概念的直接表达，关于国有财产一般是以政府所有权、公法人所有权或公共所有权形式出现，即使使用"国家所有权"概念也是解释为中央政府的所有权。③ 一旦将抽象意义上的"国家"通过"政府"代表，加以分税制的财政体制，就必然决定了一级政府一级所有权。因此，国际上无论是联邦制国家还是单一制国家，政府所有的财产普遍采取分别所有原则。比如：美国分为联邦、州和市镇所有财产；德国分为联邦、州、县区或镇所有财产；法国分为国家、省和市镇所有财产；意大利分为国有、省有和市有财产；西班牙分为国家、省和村镇所有财产；日本分为国家、都道府县、市町村三级所有财产；澳大利亚分为联邦、州和地方政府三级所有财产；墨西哥分为国家、州和自治市三级所有财产；巴西分为

---

① 参见杨开峰编著《国有企业之路：法国》，兰州大学出版社 1999 年版，第 312 页。

② 李源山、黄忠河：《日本国有财产管理与监控的启示》，载《外国经济与管理》1998 年第 6 期，第 27 页。

③ 参见孙宪忠《论物权法》，法律出版社 2001 年版，第 490 页。

联邦、州和市三级所有财产等。即使原苏联东欧等转型国家也纷纷放弃了抽象意义上的国家所有权即全民所有的理论。比如：俄罗斯除了国家所有权，还有自治地方所有权，实行俄罗斯联邦、俄罗斯联邦各主体以及自治地方所有财产；① 蒙古实行国家、省、首都、苏木和杜勒格斯五级所有财产；越南实行国家和省分别所有财产等。而且，一般将中央政府所有的财产称为国家财产或国有财产，② 各级地方政府所有的财产称为地方财产，国有财产和地方财产都是公共财产的范畴。

从我国实践来看，我国民国时期就有"分别所有"的实践做法。比如1930年制定的《土地法》第4条规定：本法所称公有土地，为国有土地、省有土地、市县有土地、乡镇有之土地。本条中的国有土地，即区别于地方政府的中央政府土地。③ 1947年颁布的《中华民国宪法》也规定实行省、县两级自治。即使现在的我国台湾地区也是一直实行"国家"、省、直辖市、县（市）和乡（镇）分别所有。

一般认为，联邦制国家实行中央与地方分权，普遍推行地方自治。其实，随着社会发展，即使单一制国家，也普遍强调中央与地方的适度分权，加强地方自治。比如日本、法国等。即便像蒙古、越南等曾经实行过社会主义计划经济的这类小国家也在加强地方自治。就政府财产而言，西方国家在中央与地方政府职能分工方面普遍比较明确，中央政府所拥有的国有财产主要作为国家宏观调控经济的重要手段；地方政府所拥有的财产相对较少，一般只负责城市基础设施和社会福利项目等。同时，政府财产"分别所有"的必然结果是，国有财产与地方财产或各级政府财产由中央与地方相应的立法机构及政府分别立法规制，以最大限度地有效管理和监督相应的公共财产。比如美国1945年颁布了一部《联邦公司控制法》，适用于联邦政府所有的公司，但不适用于州政府所有的公司，后者由州自行立法。再如德国联邦政府的公共财产立法有《联邦长途公路法》、《联邦水路法》、《航空法》等，而各州有相应的地方公共财产立法如《汉堡州道路法》、《柏林州水法》等。又如韩国、日本的地方政府企业有相应

---

① 参见《俄罗斯联邦民法典》第214条第1款，黄道秀、李永军、鄢一美译，中国大百科全书出版社1999年版，第103页。

② 俄罗斯的国有财产包括俄罗斯联邦和俄罗斯联邦各主体所有的财产。美国一般没有"国有财产"说法，而是联邦政府财产和州政府财产等说法。

③ 孙宪忠：《论物权法》，法律出版社2001年版，第490页。

的《地方公营企业法》，而中央政府企业也有自己的专门立法，往往采取"一特一法"或"一类一法"的模式，如《日本国营铁路公司法》等。

3. 国有财产的国家公私产或类似划分及其区别法律规制

早在古罗马时期就有类似于国家公私产划分的"神法物"和"人法物"的分类，也首开国家公私产划分的先河。1962 年版的法国《国有财产法典》则从成文法上首先对国有财产进行国家公产与国家私产的划分，2006 年颁布的以取代《国有财产法典》的《公法人财产总法典》也对国家公私产作了明确规定。《意大利民法典》把国有财产分为国家公共财产和国有财产；德国关于国有财产分类也有类似的公物和国家私有物划分。① 《西班牙民法典》也是将国有财产分为公共所有（公产）和私所有（私产）。② 埃及 19 世纪后期的《混合民法典》和后来的《国家民法典》将国有土地分为私有国土和公有国土即是国家公私产的一种类似划分。③除此以外，像墨西哥、阿根廷、委内瑞拉、智利、危地马拉、多米尼加等绝大多数拉美国家也将国有财产作了类似公产与私产的划分。比如《智利民法典》同样将国家划分为公用全民财产或公共财产；《墨西哥联邦地区民法典》将财产区分为公共权力所有和个人所有，公共权力所有的财产又分为公共使用的财产、用于公共服务的财产和公共权力（国家、州和自治市三级）私有财产。④ 同样，对于日本、韩国等亚洲国家也是如此。比如：日本把国有财产分为行政财产和普通财产；⑤ 韩国国有财产根据其用途分为行政财产、保存财产与杂项财产；⑥ 我国台湾地区把国有财产分为公用财产与非公用财产两类，其中公用财产包括公务用财产、公共用财产和事业用财产。⑦ 即使一些转型国家如蒙古、爱沙尼亚等国也回归到传统的大陆法系公私产划分的做法。比如蒙古将国有财产分为公用国家财产与国家

---

① 张树义：《行政法与行政诉讼法学》，高等教育出版社 2002 年版，第 52 页。
② 参见《西班牙民法典》第 338—340 条规定。
③ 参见［英］法哈特·J. 泽德《阿拉伯国家财产法》，郭锋、陈丽洁、汤树梅译，中国人民大学法律系 1986 年内刊，第 14 页。
④ 参见高富平《拉美所有权制度的形成与演变——大陆法系所有权变迁之透视》，中国政法大学图书馆 1998 年博士论文。
⑤ 参见日本《国有财产法》（2002 年修订）。
⑥ 参见韩国《国有财产法》（2001 年修订）。
⑦ 参见我国《台湾国有财产法》（2002 年修订）。

私有财产；① 爱沙尼亚规定了全民物、公共物和私有物。② 等等。由此可见，国家公私产的划分已经成为一种国际惯例。

国有财产的国家公私产或类似划分的意义在于区别法律规制，以确保国家公产与国家私产不同目标的实现。凡是存在或类似国家公私产划分的国家或地区，均存在国家公私产的区别法律规制。总体而言，国有财产在其民商事流转领域，往往适用私法规范，并通过公共利益作出适当的限制，除此以外的特殊规定则通过行政法或经济法等公法调整。具体而言，国家私产与私有财产一道适用私法规范，诸如《民法典》、《公司法》、《合同法》等。故在许多国家《民法典》中从私法角度对国有财产与私有财产一道作出一般性规定。而国家公产则适用公法规范，主要包括两种立法模式：一是无国有财产基本法，仅是国有财产分类立法模式，比如美国的《联邦土地政策和管理法》、《田纳西流域管理局法》、《铁路客运法》等；德国的《土地法》、《联邦长途公路法》等；新加坡的《金融管理局法》、《电信法》等。二是既有国有财产基本法，又有国有财产分类立法模式，比如法国除了《公法人财产总法典》，还有《国有企业法》等；日本除了《国有财产法》和《国有财产特别措施法》，还有《国营铁路公司法》、《邮政公社法》等；韩国除了《国有财产法》，还有《国有企业管理法》等；我国台湾地区除了《国有财产法》、《国有财产法施行细则》，还有《国营事业管理法》、《土地法》、《矿业法》、《森林法》等。

在英美法系国家，虽然没有大陆法系国家公私产的划分，但也有类似的国有商业性财产与国有非商业性财产的划分及其区别法律规制。③ 其国有财产法律规制的原理及其效果大致相同。比如美国联邦政府投资的商业性企业可以与普通企业一样适用私法性质的《公司法》，但对于联邦政府投资的非商业性企业往往适用公法性质的《联邦公司控制法》，并同时还有相应的公法性质的特殊企业立法，比如《田纳西流域管理局法》等。即便非商业性企业，一旦涉及商业行为，则需由私法规范。④

---

① 参见蒙古《国家和地方财产法》。

② 参见爱沙尼亚《物权法》第9条规定。

③ 转引自张建文《转型时期的国家所有权问题研究——面向公共所有权的思考》，法律出版社2008年版，"摘要"第183页。

④ 在西方国家，对于国有非商业性企业从事商业性行为有着严格规制。即国家公产与私产的行为转换有着严格规制。

4. 国有企业普遍采取专职管理机构及区别法律规制的立法模式

如同整个国有财产一样，受分税制及中央与地方之间的分权影响，国外所指的国有企业一般仅指由中央政府所有的企业，[①] 而地方政府所有的企业一般有类似于地方公营企业、地方企业等称呼，并由中央和地方分别立法规制。

从国有企业管理来看，总体而言主要有四种典型模式：

（1）不设立专职管理部门，由政府设立专门的常设委员会、辅以政府各主管部门管理的模式。典型国家如美国等。比如：美国除了田纳西河流域管理局、阿巴拉契亚区域开发委员会、进出口银行、联邦存款保险公司和宾夕法尼亚道路发展公司等五家国有企业由美国总统直接负责外，其他国有企业由地方政府和有关主管部门以及各种专门的常设委员会管理。这种模式不常见。

（2）采取政府财政、预算或国库部门管理国有财产，行业部门分工负责管理的模式。这种模式做到了国有资本预算与政府财政预算相结合，更加符合财政预算部门或国库部门的职责。以法国、意大利、德国、澳大利亚、新西兰、日本、印度、新加坡、巴西等为代表。这类国家常常在政府财政、预算或国库部门下设专门的国有企业管理机构。比如：法国于2003年在经济财政部下设国家参股局，专门行使国有企业的管理职能；意大利1992年成立了国库部，并与预算部和工业部一起行使国家参与制企业的管理；[②] 日本政府在大藏省（相当于我国的财政部）内设立理财局，负责国有企业管理；澳大利亚在财政部下设财产管理局，负责国有财产管理；印度政府于1965年在财政部下设了印度公营企业局，作为国有企业管理的专门服务机构；[③] 巴西政府于1979年在国家计划预算管理部下设了国有企业控制署，专门负责国有企业的管理等。除此以外，对于国有企业，按照不同的国有企业形态，政府相关主管部门还要实施对口管理。我国台湾地区也属于此种模式，即在"财政部"内设国有财产管理局。

（3）设立专职管理部门，辅以政府财政部和各主管部门管理的模式。

---

① 有些国家对国有企业有不同称呼，比如美国有联邦公司、加拿大有皇冠公司、新加坡有法定机构等称呼。

② 意大利在1956年设立了国家参与部，1976年又成立了国会两院常务委员会，1992年撤销了国家参与部，成立了国库部。

③ 印度公营企业局不行使企业性国有财产的出资人职能。

典型国家如俄罗斯、韩国、中国等。这种模式的特点在于：主要由专职管理部门履行企业性国有财产的出资人职能，除此以外，政府财政部和各主管部门根据职能分工对国有企业也行使相应的管理职能。比如：俄罗斯早在沙皇俄国时期就有专门的国有财产大臣，苏联解体后，则通过联邦财产关系部等专门负责国有企业的管理；韩国于 1998 年废止了政府综合部门和各主管部门对国有企业的直接管理权，成立了国有企业管理委员会，由其专门管理国有企业等。除此以外，在非洲诸如埃及的公共投资办公室、加纳的国家企业委员会等。我国也是采取这种模式，即主要由国资委统一履行企业性国有财产的出资人职能。

（4）在相关政府部门下设国有企业管理机构，辅以政府财政部和各主管部门管理的模式。典型国家如瑞典、奥地利等。这种模式的特点在于：主要由相关政府部门下设机构履行企业性国有财产的出资人职能，除此以外，政府财政部和各主管部门根据职能分工对国有企业也行使相应的管理职能。比如：英国工业部于 1981 年组建了英国技术集团，负责国有企业控股及其关联企业的出资人管理；瑞典政府工业部于 1998 年下设国有企业局，行使企业性国有财产的出资人职能；奥地利政府通过经济计划部际委员会和国家参与部再下设奥地利工业控股股份公司，代表国家负责国有企业管理等。

由此可见，关于国有企业管理并没有统一的标准和模式。总体而言，设立国有企业管理的专职机构，尤其在财政预算部门下设国有企业管理的专职机构相对比较普遍。

国外尤其西方国家对于不同类型的国有企业普遍加以区别法律规制。对于国家公产性质的国有企业，一般为独资的国有企业，其成立和解散要受特别法或公法规定支配；对于国家私产性质的国有企业，多为公私混营企业，其成立和解散则受公司法支配，而与私人公司无异。但是，两类企业在外部关系上都要适用于私法规则的支配。① 很显然，对于国有企业也是采取类似国家公私产的分类立法。

对于国家公产性质的国有企业主要有两种立法模式：一是颁布统一适用的《国有企业法》，如美国的《联邦公司控制法》、法国的《国有企业

---

① 参见 ［美］沃尔根·弗里德曼《混合经济中的公私企业》，哥伦比亚大学出版社 1974 年英文版，第 10 页。转引自王利明《国家所有权研究》，中国人民大学出版社 1991 年版，第 60 页等。

法》、韩国的《国有企业管理法》、澳大利亚的《联邦公营企业法》、我国台湾地区的《国营事业管理法》等；再辅以单行的特殊企业立法，比如美国的田纳西流域管理局（TVA）有专门的《田纳西流域管理局法》、阿巴拉契亚区域开发委员会有专门的"阿巴拉契亚开发法案"、全国铁路客运公司有专门的《铁路客运法》等。二是没有统一适用的《国有企业法》，对这类国有企业普遍以特殊企业形态加以立法，采取"一特一法"或"一类一法"的立法模式。比如日本根据《国营铁路公司法》设立国营铁路公司、根据《邮政公社法》设立邮政公社、根据《电源开发促进法》设立电源开发股份有限公司等。新加坡议会为每个法定机构专门立法，比如《公用事业法》、《能源管理局法》、《陆路交通管理局法》、《交通与资讯科技局法》、《全国环境理事会法》等。除此以外，像加拿大、奥地利、意大利、巴西等均如此。

我国早在清朝末年就对官办或官商合办企业采取了类似于"一特一法"或"一类一法"的立法模式，如《轮船招商局章程》、《开平矿务招商章程》、《黑龙江矿务招商章程》、《上海机器织布局招商章程》等。在民国时期，对交通及许多国有企业立法也采取类似于"一特一法"或"一类一法"的立法模式。比如1928年的《中国银行条例》和《交通银行条例》、1930年的《船舶法》、1932年的《铁路法》、1935年的《中央银行法》、1936年的《邮政法》等。

5. 普遍加强行政财产尤其不动产的监管及其立法

在国外尤其西方国家，由于国有企业比重很低，虽然管理模式较多，但管理体制相对比较简单，甚至有些国家都不设立专职管理机构。比如美国、新加坡等。故对国有企业往往采取特殊立法模式加以规制，而行政财产尤其不动产则相对而言成为国有财产管理及其立法的重点。

总体而言，行政财产从过去的分散管理向相对集中管理以及"统分结合"的模式转变，实行决策机构与执行机构分离的原则。财政部或国库部门一般为国有财产管理的政府综合部门，处于管理的中心地位，各主管部门一般负责各自国有财产的归口管理。① 同时，行政财产的政策目标、产

---

① 作为世界上最发达的国家美国却例外，美国于1949年成立联邦事务服务总局，专门履行联邦政府财产的综合管理职能。除此以外，像法国还设立国家跨部委不动产政策委员会作为政府房地产的统一决策机构；巴西联邦政府财产由计划预算管理部负责，下设联邦财产秘书处负责具体管理等。

权界定标准等宏观事项则由隶属于财政部的统一的宏观协调部门负责，而对于行政财产的具体工作如政策的执行、财产的日常维护等则由各使用单位和执行机构各自负责。比如：英国、德国、日本、韩国等。美国、法国、巴西等国的综合管理部门虽然不是财政部，但管理模式大致相同。

我国早在中共革命根据地时期，就有国有财产管理局等类似的专设国有财产管理机构。我国台湾地区在国有财产管理体制方面也借鉴了西方国家的"相对集中管理"与"统分结合"的管理经验，即在台湾地区"中央政府"的"财政部"下设"国有财产局"，作为国有财产的综合管理机构，履行国有财产的出资人职能。同时辅以"中央政府"各主管部门分类管理。至于省及以下地方财产，由各级地方政府采取类似于"中央政府"的做法。

以美国为例。1949 年设立联邦事务服务总局，以取代原来的联邦工程局、公共建筑管理局、财政部下属的联邦供应局和合同争议解决办公室四个部门，代表联邦政府集中履行管理联邦政府财产的职能。联邦事务服务总局直接受总统领导，但必须接受国会的监督。美国联邦政府财产管理的总体原则是"集中管理、分散使用"。即指由联邦事务服务总局作为决策机构，集中履行管理联邦政府财产的职能。同时，将行政财产分为动产（主要是公务车）和不动产（主要是办公用房地产），政府各使用单位和部门作为执行机构，实行分类使用和管理。

与美国的联邦事务服务总局相类似的是，英国通过隶属于财政部的政府商务办公室、法国通过国家跨部委不动产政策委员会协同财政部、德国通过联邦政府财政部 6 司、日本通过大藏省（即财政部）下设的理财局、韩国通过财政经济部、巴西通过计划预算管理下设的联邦财产秘书处等作为决策机构，统一履行行政财产的集中管理职能。

国外尤其西方国家对行政财产也实行有区别的法律规制。行政财产一般为国家公产，适用公法规范。制定国有财产基本法的国家一般通过基本法规范行政财产，比如法国的《国有财产法典》（后来被《公法人财产总法典》所取代）、日本、韩国的《国有财产法》等。没有制定国有财产基本法的国家则通过专门单行立法或其他相关立法规范行政财产，比如美国的《联邦政府财产与行政服务法》、《联邦财产管理法》、英国的《政府财务管理法》、德国的《财政管理法》等。但行政财产对外关系中也有可能涉及私产行为，比如行政财产的取得以及行政私产的使用与处分等，对此仍应与私有财产一道适用私法规范。比如美国的《合同纠纷法案》、《合同竞争法案》、《服务合同法案》、英国的《租赁法》、法国的《合同法》等。我国台湾地区则与日本、韩国等国立法大致相似。

6. 国有财产及其立法随着市场机制的变动而变动

国外尤其西方国家在市场机制遭受严重破坏的时期，无论是市场内在因素导致的经济危机，还是外力因素如战争等，则是国家干预经济程度较高的时期，也就是国有企业及其国有财产比重相对较高的时期。比如美国在 1929 年至 1933 年的经济大危机时期，先后建立了一批国有企业，其中最著名的就是田纳西流域管理局。同样，美国在 2008 年以来的金融危机期间，也加大了对私有企业的接管或入股等。许多国家多是如此。又比如在二战期间，美国将铁路、邮电和船运等行业置于国家垄断经营，先后建立了 2600 多家大型国有企业。德国、日本等国也是如此。为此，也颁布了大量临时性或紧急性法律，以应对经济危机或战争等对市场机制的破坏。有学者称之为应对危机性经济法和战时经济法。① 比如美国 20 世纪 30 年代颁布的《全国产业复兴法》、《紧急银行法》等，2009 年颁布的《复兴与再投资法》等；德国 1919 年颁布的《关于社会化的法律》和《煤炭经济法》等；日本在一战期间及其后经济危机期间颁布了《军需工业总动员法》、《钢铁事业法》、《造船事业法》等，在二战期间颁布了《国家总动员法》等。

我国民国时期如同世界各国一样，基于战争和经济危机等特定情形，颁布了若干法律法规，成立了一些国有企业，以服务于特殊时期的经济需要。比如北洋政府时期颁布的《矿业条例》、《电信条例》、《中国铁路总公司条例》、《民业铁路法》等。南京国民政府时期为了应付战争和经济危机等需要，颁布的应急性法律法规暨国有企业就更多。比如《中国银行条例》、《交通银行条例》、《中华民国训政时期约法》、《非常时期农矿工商管理条例》、《国家总动员法》、《国家总动员实施纲要》以及《经济紧急措施方案》等。

一旦战争或经济危机结束以后，市场机制逐渐恢复常态时，各国就纷纷减少对经济的干预，把自由市场经济作为发展目标，纷纷从国有领域退出。比如美国就把战时建立的国有企业以及相应的法律法规、政策、措施

---

① 参见史际春、邓峰《经济法总论》，法律出版社 1998 年版，第 76 页。

等多数清理完毕。

三　中国国有财产法现状的反思

通过古今中外国有财产法历史与现状的梳理，分析国有财产法历史留给我们的经验与启示，由此进一步反思我国国有财产法的现状。通过比较，笔者以为，我国国有财产法主要存在如下缺陷与不足：

（一）中国国有财产法体制层面的缺陷

1. 国有财产的市场转型尚未完成

虽然我国经历了 30 多年的改革开放，但由于体制因素，依然存在着不合理的国有财产结构。一方面，相比较私有财产而言，国有财产比重依然过高，不能满足市场经济及其政府职能转型的需要。以企业性国有财产为例。虽然 1979 年到 2009 年，国有经济比重由 90% 以上降低到 1/3 左右，但仍达到 1/3，远远高于国际水平。截至 2008 年年底，在 A 股 1500 多家上市公司中，含有国有股份的上市公司就有 1100 多家。2009 年公布的中国 2008 年 500 强企业中，国有及国有控股企业共有 331 家，占全部企业总数的 66%。[①] 无论中央国有企业还是地方国有企业都尚未完成市场转型。从中央国有企业来看，截至 2010 年 6 月，尚有 91 家国有独资企业，20 家国有独资公司；中央企业及其子企业中，公司制企业占全部登记企业的 69.43%，其中，中央企业中公司制企业只有 32 家，仅占 25.06%。[②] 从地方国有企业来看，以上海为例，截至 2007 年底，涉及 79 个行业，其中 11% 的资产分布在餐饮、纺织、服装、鞋帽、塑料制品等 59 个一般竞争性行业，有的企业集团经营业务涉及 20—30 个行业。[③] 此外，根据统计数据显示，中国民企 500 强的盈利能力虽大幅提高，但与央企仍无法同日而语，民企 500 强 2009 年的净利总和还不及中国移动和中国石油两家央企。[④] 与此形成鲜明对比的是，美国政府财产大约占全社会

---

① 参见曲伟《60 年发展：中国创造震惊世界的奇迹》，载《光明日报》2009 年 10 月 30 日版。

② 参见《并购重组新政渐近，央企整合"三管齐下"》，载 http：//www. kiiik. com/info/1419469. html，2011 - 1 - 28 访问。

③ 季晓南：《正确分析和认识当前"国进民退"的讨论》，载 http：//www. sasac. gov. cn/n1180/n6881559/n6987010/7234618. html，2011 - 1 - 30 访问。

④ http：//news. sohu. com/20100830/n274563138. shtml，2011 - 1 - 8 访问。

财产的 5%，国有经济占国民经济比重不超过 5%—10%，其中工业不到 1%。①

另一方面，国有财产的分布结构也不尽合理。从经营性国有财产与非经营性国有财产分类来看，主要表现在如下几个方面：（1）经营性国有财产相比较非经营性国有财产比重过大。截至 2002 年底，我国大陆国有财产总量共计 118299. 2 亿元。其中，经营性财产 76937. 8 亿元，约占 65%，非经营性财产 41361. 4 亿元，约占 35%。这说明国有财产进入竞争性领域过多，甚至在没有正当理由的情况下存在于商贸、餐饮、建筑、制造加工等一般竞争性领域。（2）在经营性国有财产中，国有财产主要集中在国有独资企业（公司），净资产比重约占 85.2%。这说明国有企业股权多元化程度不够，国企公司化改制远未完成。（3）在行政事业性国有财产中，事业单位和社会团体相比较行政单位所占比重过高，约占 73.9%。② 而有些事业单位和社会团体恰是企业化和市场化改革的内容。这说明事业单位和社会团体改革力度不够。虽然上述数据取自 2002 年前后，但截至目前，这种分布结构并未发生较大改变。而且，虽然经历了 30 多年的改革开放，但国有财产的上述分布结构多年来一直大致如此。

由此可见，我国国有财产市场转型尚未彻底完成，无论国有企业、行政事业单位还是其他单位尚未彻底完成市场化转型。从国有企业来看，政府与市场的边界尚未明晰，一方面，政府尚未完全退出那些应当退出的竞争性领域，依然存在不必要的国有垄断暨与民争利的现象；另一方面，国有企业在市场转型过程中却又忽视了应当由政府承担的公共产品，比如地铁、公交等。从行政事业单位来看，行政事业单位财产尤其事业单位、社会团体的财产比重相对较高，许多应当改制为企业化甚至私有化运作的单位财产尚未完全转型，不仅容易导致政府、事业单位与市场的职能错位和越位，造成政府、事业单位应有职能的缺失；而且也容易造成"官商勾结"的官僚经济，滋生"小金库"及其腐败现象，而致存量资产过多、低效和浪费。总之，国有财产的市场转型关系到政府职能转型以及市场经济体制的建立健全，直接影响到国有财产法治化成效。

2. 国有财产的中央与地方关系尚未彻底理顺

目前，我国国有财产的中央与地方关系采取"国家统一所有、分级管

① 李松森：《中央与地方国有资产产权关系研究》，人民出版社 2006 年版，第 185 页。
② 参见李松森编著《国有资产管理》，经济科学出版社 2003 年版，第 9 页。

理"的原则，实际上是在原有"统一所有"的基础上，适当借鉴国外经验的一种变通。无论单一制国家还是联邦制国家，无论我国民国时期还是目前的台湾地区，在中央与地方政府财产关系方面普遍采取"分别所有"的原则。很显然，我国这一做法并不符合国际惯例。当然，符合国际惯例的并非一定适合国情的。但从中国而言，中国的国情却恰恰需要"分别所有"。抽象意义上的"国家统一所有"最终还是要落实到具体的政府身上。在国家治理及民主法治化水平较低的情况下，作为"代理人"角色的"政府"实际上常以"主人"角色出现。享有事实"主人权利"的"政府"一旦面临责任常以"代理人"角色相互推卸，导致"政府"利用其模糊身份游刃于权益与责任之间，权益与责任不规范，随意性较大，权责不一致。这是其一。其二，尽管我国各级政府对国有财产进行分级管理，包括国资委与地方国资部门对国有企业的分级管理，但在财产所有权归属于抽象意义上的"国家"及由国务院代表行使的情况下，一方面导致中央集权，忽视了中央与地方国有财产的职能分工，既影响地方的积极性，又增加国有财产使用的委托代理暨监管成本；另一方面导致中央与地方职责权限不清，容易造成各级政府等利益主体在"国家"或"全民"的名义下相互逐利或推卸责任。其最终结果不利于国有财产的充分利用，容易造成国有财产流失。其三，中央与地方国有财产分布结构不尽合理。截至 2002 年底，中央占用国有财产为 56594.2 亿元，约占 47.8%，地方占用国有财产为 61705 亿元，约占 52.2%。[①] 在国有财产国家统一所有的前提下，这种分布结构降低了国有财产使用效率，容易增加国有财产流失。

　　之所以如此，问题还在于国家所有权身上。如若国有财产的中央与地方关系尚未彻底理顺，势必影响到中央与地方的分权关系及其地方自治权。在此背景下，国有财产立法权主要集中在中央，并由此规制全国性国有财产，而难以顾及地方的差异性如此之大，足见国有财产法的效率如何。

　　3. 国有财产的公权力制度安排不足

　　国有财产的社会公益性以及国家所有权的公权力属性决定了国有财产治理关键来自于公权力的制度安排，即健全的市场经济体制、良好的国家治理及民主法治化水平。以国有企业为例，国有企业治理不是如同一般人

[①] http://www.china.com.cn/chinese/kuaixun/340891.htm, 2011-1-8 访问。

所理解的公司型治理模式，而是行政型治理模式。这就决定了国企治理关键在于外部治理，而非内部治理。国企内部治理在借鉴普通公司治理方面仅具有相对意义。①

　　然而，我国国有财产的公权力制度安排恰恰存在诸多不足，既缺乏成熟的市场环境，也缺乏良好的国家治理及法治化水平。市场环境与公权力制度安排是一个相辅相成的互动关系。国有财产的市场转型以及中央与地方关系不到位又进一步加剧了市场环境的不成熟，进而又影响到公权力制度安排。从长远来看，国有财产比重与公权力制度安排是一种正向关系。但在现有的社会生产力发展水平来看，某种意义上说，国有财产比重与公权力制度安排存在一定程度的逆向关系。虽说经济是基础，但改革开放30多年来市场经济发展到今天，公权力制度安排成了问题的关键，进而又反过来影响到国有财产的市场转型以及中央与地方关系的理顺。

　　具体而言，一方面，我国1982年颁布的《宪法》虽历经1988年、1993年、1999年、2004年等四次宪法修正案，肯定了多种所有制并存以及私有经济与国有经济的平等地位，进一步把国有企业推向市场，以与私有企业平等竞争。对此，理应值得肯定。但是，《宪法》依然过分拔高公有制的主体地位，从宪政的高度把国有财产与私有财产置于不公平地位，此乃是我国公私财产法制缺陷的根源所在。另一方面，无论立法层面还是实施层面，我国均缺乏有效的权力制约机制，人大的"议会"监督功能并没有充分体现，司法独立性有待于强化。像国外普遍存在的议会对国有财产的监督如国有资本预算审批、国有企业设立、解散和终止、国有财产特定问题的调查等在我国都明显不足，进而影响到诸如新闻舆论、公民个人、社会中介机构等社会力量对国有财产的监督成效。这不仅成了国有财产深化改革的体制障碍，而且势必助长国家"经济人"利益的膨胀，增加国有财产的公权力负面影响，比如国有财产的"内部化"、"部门化"、"少数利益集团化"甚至缺乏纳税人参与的"私人化"等，导致国有财产流失。

　　（二）中国国有财产法立法层面的缺陷

　　我国长期以来一直采取国有财产分类立法的模式。即国有企业有《全民所有制工业企业法》、《公司法》等调整；行政事业性单位早先制定了

<hr>

① 参见李昌庚《转型视角下的中国国有企业治理法律研究》，载《法学杂志》2010年第12期，第48—49页。

《行政事业单位国有资产管理办法》等部门规章，后又专门制定了《行政单位国有资产管理暂行办法》和《事业单位国有资产管理暂行办法》等；资源性国有财产有《水法》、《矿产资源法》、《森林法》、《土地管理法》等单行法律法规调整。自从1993年全国人大财经委开始主持起草《国有资产法》以来，我国就一直存在"大小国资法"争议，历经15年坎坷，最终以2008年颁布的《企业国有资产法》而告暂时结束争议，从而依然保持国有财产分类立法的模式。就此而言，存在诸多不足：

1. 缺乏国有财产的国家公私产或类似划分及其区别法律规制

从我国大陆来看，虽然国有财产有行政事业性财产、企业性财产和资源性财产等划分及其区别立法规制，但缺乏准确定义及其相互界限的划分，进而缺乏明确的国家公私产或类似划分。前已述及，尽管深圳地方国资立法中首次出现了类似于国家公产分类的立法。但深圳特区的立法尝试并未在全国得以推广。虽然在国家立法及司法实践中也存在类似于国家公私产的实践操作，比如1988年《最高人民法院关于贯彻执行民法通则若干问题的意见》第170条规定：未授权给公民、法人经营、管理的国家财产受到侵害的，不受诉讼时效期间的限制；我国《担保法》第37条规定，学校、幼儿园、医院等以公益为目的的事业单位、社会团体的教育设施、医疗卫生设施和其他社会公益设施不得抵押等。但我国并未系统地从立法层面展开国家公私产划分及其区别法律规制。

由于缺乏国家公私产或类似划分及其区别法律规制，导致政府职能错位和越位。一方面，造成行政企事业单位之间"政企不分"、"政事不分"、"事企不分"等，从而给国有财产管理体制设计造成难点与盲点。另一方面，导致国有财产在市场化与非市场化之间存在界限模糊，看似强调抽象意义上的国有财产与私有财产平等保护，但其结果往往事与愿违：一方面，导致不该市场化的国有财产却市场化，发生与民争利和公共产品短缺等现象。比如公路、公厕、公园、博物馆和殡葬服务等公共设施收费过度化；有些特殊国有企业却强调市场化而与民争利；国有土地使用权不加区分地一概市场化成为房价过高的重要因素之一等。另一方面，导致该市场化的国有财产却未市场化，发生行政垄断特权和与民争利等现象，进而挤压私有财产的发展空间。比如市场竞争领域的普通国有企业却赋予公法特权，导致行政垄断与人为地市场竞争不公平，扭曲竞争机制等。

由于缺乏国家公私产或类似划分及其区别法律规制，导致私法领域的相关立法涉及财产暨国有财产的规定也存在诸多漏洞。财产是民法非常重要的内容。作为私法的民法涉及国有财产，也是针对国家私产，理应对公私财产一体化保护，适用同等规则。我国 1986 年颁布的《民法通则》虽然一定程度地承认了私有财产的空间，确立了法人资格，并把国营企业暨国有财产主体推向了民事主体角色，也把国有财产推向了民事法律关系客体角色，但该法存在滞后，并未从私法角度完全实现国有财产与私有财产的一体化保护，并未完全按照国家公私产或类似划分加以区别法律规制。同样，我国 2008 年颁布的《物权法》也犯了同样的错误。这种立法模式看似规定国有财产与私有财产的平等保护，实质仍是强调国有财产的保护，往往最终既不能有效地保护国有财产，也容易挤压私有财产发展的空间。

2. 从国有企业立法来看，一方面，我国现有国有企业较多，资产总值比重相对很高，国有资产流失也非常严重，看似需要一部《企业国有资产法》。但问题是，它已经超出法律边界，问题的背后乃是国家所有权，这不是一部法律所能解决的。因此，降低国有企业比重才是解决问题的关键。而一旦降低了国有企业比重，对于特殊企业依据特别法设立与运营，对于竞争性领域国有或国有参股企业依据《公司法》等设立与运营，则《企业国有资产法》也就无存在必要，而此时却考虑是否在整个国有财产层面制定一部总的《国有财产法》问题。由此也决定了《企业国有资产法》如同台湾地区的《国营事业管理法》一样具有过渡性而面临失效的结局。而且，《企业国有资产法》自身也存在诸多不足：一是作为出资人机构的国资委设置本身随着国有财产改革深化值得商榷；二是出资人机构在某些方面出现了出资人职能与社会公共管理职能混淆的现象；三是对国家出资企业的资产处置、经营等未按照国家公私产或类似划分加以区别法律规制等。另一方面，《全民所有制工业企业法》等是计划经济的产物，已无法适应市场经济条件下的国有独资企业，而我国又缺乏如同美国、日本等国的若干特殊企业立法规制，导致国有独资企业适法的真空。而《公司法》虽然适用国有独资公司、国有控股公司和国有参股公司，但却未对国有企业的国家公私产或类似划分的区别法律规制，而一概适用私法领域的《公司法》等，其结果既不利于国有企业的目标实现，也不利于私有企业的目标实现。当前国企垄断利润未能足够地与民分享就是典型例证。

3. 从行政事业性国有财产立法来看，由于长期以来国有企业比重一直非常高，也是国有财产流失"重灾区"，故国有财产立法一直是以国有企业立法为重心，而行政事业性国有财产立法一直成为薄弱环节。目前来看，行政事业性国有财产立法早先有《行政事业单位国有资产管理办法》等部门规章，后又专门制定了《行政单位国有资产管理暂行办法》和《事业单位国有资产管理暂行办法》等。姑且不论我国缺乏国有财产的公权力制度安排，即使现有的行政事业性国有财产立法也存在诸多不足。一是现有立法层次太低，仅是部门规章而已。虽然这不是问题关键，但在缺乏公权力制度安排以及国有财产基本法的情况下，这种立法层次恰恰反映了行政事业性国有财产管理及其立法的薄弱。二是现有立法无法解决国有财产的中央与地方关系以及国有财产的市场转型等问题，也未能足够关注本应是行政事业性国有财产立法重点的管理体制问题。在此情况下，无论是现有立法还是立法官员及学者提出要求制定《行政事业性国有资产法》的呼声，也如同《企业国有资产法》一样是治标不治本的做法。三是现有立法缺乏国家公私产或类似划分的区别法律规制。一度流行的"非经营性财产转为经营性财产"的改革在缺乏国家公私产或类似划分的情形下，即便有《事业单位非经营性资产转经营性资产管理实施办法》等，也必然存在失范与无序问题，既容易扭曲行政事业单位的公益目标，也容易造成"官商勾结"的官僚经济问题，滋生"小金库"，导致国有财产流失。

4. 从资源性国有财产立法来看，由于自然资源属于国家所有和集体所有，而且主要是国有，从而决定了资源性国有财产立法无所谓社会公共管理职能与出资人职能分离的问题。因而，现有的《水法》、《矿产资源法》、《森林法》、《草原法》、《土地管理法》等兼有社会公共管理职能与国有财产出资人职能等多重立法功能。但随着国有财产改革深化，尤其资源性财产市场化的趋势暨私有化的可能性，现有的资源性国有财产立法难以适应社会公共管理职能与出资人职能分离的原则，既缺乏与《物权法》等民商法的衔接与配合，也缺乏与国有企业法、行政事业单位立法等法律法规及其规章的衔接与配合。这是其一。其二，同一种资源由于经营与否而存在不同部门管理的利益冲突，如国资委、财政部或其他部门；不同资源之间也存在部门分割管理。由此造成资源性国有财产产权主体模糊、产权虚化等问题。其三，尽管资源性国有财产近年来尝试林权、采矿权、探矿权、土地使用权流转等改革，但依然受高度集中的计划经济体制影响以及国家所有权、集体所有权的限制，导致相关立法滞后性，存在市场化程度低、无偿使用、过度开发、资源利用率低、国有财产流失严重等问题。

比如《矿产资源法》关于探矿权、采矿权流转的限制与《物权法》等民商法的衔接与配合问题等。其四，在缺乏国有财产国家公私产划分的情形下，上述资源性立法在资源的市场化与非市场化方面存在真空，导致资源的公益目标与私益目标的错位，不仅影响到可持续发展，也是影响目前房价居高不下、资源浪费等的原因之一。

5. 从国有财产改革立法来看，虽然我国曾经颁布了《全民所有制工业企业经营机制转换条例》、《企业国有产权转让管理暂行办法》、《事业单位非经营性资产转经营性资产管理实施办法》和《关于国家事业行政单位在创收活动中加强国有资产管理工作的暂行规定》等，但上述规定由于历史局限性不仅存在内容不全面、保守、滞后、非系统性等问题，而且效力层次太低，未经全体人民的代议机构"人大"的审批，合宪性备受质疑。与此形成鲜明对比的是，无论国企私有化还是国企设立，国外普遍采取议会立法先行并且对此专门立法的做法，无论法国、日本、美国等西方国家还是原苏联东欧国家以及我国的台湾地区等均是如此。我国上述规定与此不可同类而比，存在本质区别。由此可见，虽然我国改革开放经历了30多年，但一直缺乏一部类似于国外及我国台湾地区普遍存在的国有财产私有化的改革法案，从而使改革缺乏广泛的公众参与及透明度，容易造成"内部人操作"，国有财产流失加重，导致其面临着合法性和正当性危机，使本应必然的改革成为某些"保守者"阻碍改革的借口。

6. 从国有财产救济程序来看，我国一直缺乏国有财产的公益诉讼制度。国有财产的公益性决定了公益诉讼制度非常重要，也是发挥社会力量监督的重要途径。而国有财产的公权力属性又决定了社会监督的重要性。然而，我国现有的国有财产立法却缺乏公益诉讼制度的规定，相关诉讼法也缺乏相应规定，相应的司法体制也未及跟上国际通用的公益诉讼制度。

综上，虽看似国有财产法内容庞杂，过分宏大，但不难发现，在我国现有环境下，寻求任何国有财产分类立法中单行法律法规的突破均是"异想天开"的事情，至多是治标不治本的做法。《企业国有资产法》、《境外国有资产管理暂行办法》等皆是例证。国有财产的市场转型、国有财产的中央与地方关系以及国有财产的公权力属性的宪政环境等均是国有财产立法的瓶颈所在，理应通过宏观层面系统思考并提出国有财产立法的整体思路及良策，然后再具体研究及制定国有财产的单行法律法规。此乃是国有财产立法的出路所在！也正是本书选题的理由所在。

第五章　国有财产法的体制瓶颈研究

在当前中国，国有财产的市场转型、国有财产的中央与地方关系以及国有财产的公权力制度安排等关系到国有财产法治化的体制瓶颈问题尚未彻底解决。故国有财产法的体制瓶颈研究成了国有财产法治化的前提和基础，也是我国国有财产法治化的必备内容。鉴于公权力制度安排，已经超出本书研究宗旨，故不予阐述。本书主要从技术层面论述国有财产法的体制瓶颈问题。

第一节　国有财产市场转型的法治考量

国有财产市场转型有其特定的话语环境，即从计划经济向市场经济转型过程中，或从政府干预经济过多到减少政府干预经济的市场经济社会中，均存在国有财产市场转型的情形。无论原苏联东欧、中国等国家，还是西方国家或其他国家，均存有先例，尤以 20 世纪 80 年代以来的国企私有化浪潮为甚。时至今日，即便原苏联东欧一些国家国有财产市场转型仍在继续，比如俄罗斯、吉尔吉斯斯坦等国仍在大规模地推行私有化进程。

中国是一个从高度集权的计划经济向社会主义市场经济转型的社会，故国有财产市场转型面临着更为复杂和艰巨的任务。虽然私有化是国有财产市场转型的重要内容，但国有财产市场转型并非简单地理解为私有化，而是以市场机制为目标，寻求国有财产在市场经济社会的合理定位，实现放松管制和"瘦身国家"。[①] 具体来说，首先，政府要从市场经济中退出

---

① 所谓"瘦身国家"，是指努力降低国家在经济中的份额。参见 ［德］乌茨·施利斯基《经济公法》，喻文光译，法律出版社 2006 年版，第 131 页。

不该进入的领域，即私有化或产权多元化。① 其次，政府要担负起弥补市场失灵的重任，为社会提供公共产品，或一定时期的产业扶持政策目标等。再次，对于留存的国有财产按照能否营利及市场交易为标准进行国家公私产区别法律适用，实现国有财产的不同目标及其定位。最后，对于留存的国有财产加以有效法律规制，实现从"王室财产"之嫌疑到"公共财产"之转型。在具体实施中，则包括国企私有化、某些领域国企的设立、国企改制、非经营性财产的市场化运营（即"非转经"）等。其中，非经营性财产的市场化运营是指行政事业单位按照适应市场经济需要的"小政府、大社会"的要求，部分行政事业单位财产剥离进而私有化、部分行政事业单位企业化、部分行政单位事业化等。

我国国有财产市场转型尚未完成，其已经成为国有财产法治化的当务之急。问题是，国有财产市场转型在中国语境下会存在哪些问题？如何吸取原苏联东欧等国家市场转型以及西方国家国企私有化的经验与教训？国有财产市场转型的路径何在？等等。上述则是国有财产市场转型的关键，也是国有财产法治化的考量因素，对我国国有企业暨国有财产改革具有重要的实践价值！

一　国有财产市场转型的问题透视

国有财产市场转型存在问题在所难免，不仅要分析已经存在的问题，更要通过前车之鉴透视潜在的和或然的问题，以起预防并尽可能降低国有财产市场转型的成本与代价的作用。我国国有财产市场转型如同其他改革一样采取了"渐进式"改革模式。这种改革模式既有其好的一面，即能降低眼前改革成本，有助于实现社会平稳过渡；也有不好的一面，即容易使问题被掩盖或迁就而致积重难返，最终会延缓我国的现代化进程，实质会加大改革成本。而这某种意义上说是国有财产市场转型问题背后的最大问题。

把脉改革开放30多年来国有财产市场转型的历史、现状和未来走向，结合原苏联东欧国家以及西方国家等其他国家国有财产市场转型的经验与

① 在我国，由于意识形态等因素作祟，无论官方还是民间一直忌讳"私有化"概念，常以"民营化"相称，并加以无谓的论证，从而造成类似于"民营化"的诸多自找麻烦、自我困扰的所谓"中国特色"的概念。

教训，笔者将国有财产市场转型中已经存在的和将来继续或可能存在的问题归纳如下：

1. 国有财产市场转型的合法性质疑

长期以来，由于公权力制度安排的不足、国有财产市场转型的渐进式改革模式以及类似于"王室私产"之特权等因素，无论官方还是民间包括改革的设计者均忽视了改革的合法性问题，甚至就没有"合法性"意识。直至国有财产从"王室私产"之嫌疑向公共财产的转型，合法性问题便进入社会公众的视野。作为由纳税人积累的国有财产理应受到纳税人的监督。由此观之我国已经或正在经历的改革历程，发现我国国有财产市场转型无论在国企私有化、国企设立、国企改制、行政事业单位改制等方面均缺乏合法性基础。

一方面，我国国有财产市场转型缺乏由人大审批通过的权威性、系统性法律法规。如前所述，我国一直缺乏一部类似于国外及我国台湾地区普遍存在的国有财产市场转型改革法案，从而使改革缺乏民意立法支持基础。另一方面，我国国有财产市场转型缺乏纳税人等社会公众的参与。姑且不论前已述及的人大审批立法的缺失，即使人大的诸如特定问题的调查等监督权也大打折扣。比如人大对"中航油"事件的沉默就是典型例证。[①] 同时，在国有财产市场转型改革中，无论社会公众还是改制单位内部职工等常被排斥在改制过程之外，这势必加剧信息不对称，进而助长了"内部人操作"。正如有学者认为，由于我国不承认全社会参与的私有化的合宪性，为了实现企业的市场化改制，就只能更多的借助内部私有化。[②] 这种缺乏宪政基础的"内部私有化"很容易造成改革成果分配不公，导致"官商勾结"的权贵资本主义，转嫁改革成本于包括内部职工在内的纳税人身上，导致国有财产的流失和国企员工的利益受损，从而加剧了贫富差距和社会矛盾，并因此影响到国有财产市场转型面临着合法性和正当性危机，使本应必然的改革成为某些"保守者"阻碍改革的借口，其结果反而危及到国有财产市场转型改革本身。

---

① "中航油"事件是指中国航油集团公司的海外控股子公司中国航油（新加坡）股份有限公司自2003年开始做油品套期保值业务，后擅自扩大业务范围，造成总计约5.54亿美元的损失，造成国有财产巨大流失。

② 张力：《国家所有权的异化及其矫正——所有权平等保护的前提性思考》，载《河北法学》2010年第1期，第91页。

2. 国有财产市场转型的主管机构缺失

综观国外，一般都有国有财产市场转型的主管机构，无论原苏联东欧国家还是西方国家等，比如法国的私有化委员会、德国的"托管局"、新加坡的政府企业私有化委员会、俄罗斯的国家财产管理委员会以及地区委员会、联邦财产关系部等，由这种机构统一负责有关私有化的立法起草、解释、执行、协调、批准、登记等工作。① 这种机构不同于国际上普遍设立的国有企业专职管理机构，后者主要履行企业性国有财产出资人职能。比如法国的国家参股局、英国的技术集团、意大利的国库部、巴西的国有企业控制署等。虽然，这两种职能机构在有些国家可能合二为一，即由国有企业专职管理机构代行国企私有化职能，但这些国家均对此予以立法规定，有着明确的私有化计划及其目标。

从我国来看，虽然原国家经贸委下设企业改革司负责国企改革，以及后来国务院设立国有资产管理局及其后的国有资产监督管理委员会等，但这些机构主要履行企业性国有财产的出资人职能。虽然这些机构也赋予国企改革的职能，但作为出资人职能机构履行国企改革职能与国家系统性地国企改革暨国有财产市场转型改革要求无法相比。而且，这些机构还不涉及行政事业单位等国有财产市场转型。财政部门对行政事业单位等国有财产又未有系统性的国有财产市场转型改革计划及其目标。故我国无论财政部门还是国资部门均无法与国外国有财产市场转型的主管机构相比。

3. 国有财产市场化的边界不清

由于我国一直缺乏国有财产市场转型的主管机构及其相关立法，导致国有财产在市场化与非市场化之间存在界限模糊。哪些国有财产可以私有化，哪些国有财产不可以私有化；哪些国有财产只能作为国家公产，哪些国有财产可以作为可交易的国家私产等，仅仅停留于学界争论，而缺乏立法规定、国有财产市场转型的改革计划以及国家公私产区别法律适用。其结果必然是：一方面，不该市场化的国有财产却市场化，许多公共设施被出售或转为国家私产，发生与民争利和公共产品短缺等现象。比如公路、公厕、公园、博物馆和殡葬服务等公共设施收费过度化；② 有些提供社会

① 参见林跃勒《俄罗斯私有化及其对中国产权改革的借鉴》，载 http://www.chinaacc.com/new/287/296/2008/7/hu04652141416178002348 - 0. htm, 2011 - 1 - 3 访问。

② 令人可喜的是，这几年来，公厕、公园、博物馆等有些公共设施在某些地区已经回归国家公产面貌。但尚未全面化，也未形成制度化，距离国家公产目标甚远。

公共产品的特殊国有企业却强调市场化而与民争利；国有土地使用权不加区分地一概市场化成为房价过高的重要因素之一等。另一方面，该市场化的国有财产却未市场化，发生行政垄断和与民争利等现象，进而挤压私有财产的发展空间。比如国有企业应当退出市场竞争领域而未退出，相反却赋予公法特权，人为地造成市场竞争不公平，扭曲竞争机制等。

4. "官商勾结"的权贵资本主义倾向

反思原苏联东欧国家私有化教训，其中一大教训就是：2/3 的国有私有化企业存在原体制精英"内部人"控制 2/3 股份的现象。其结果是：一方面，导致原国有企业经理阶层与相关政府官员对企业的控制，形成了"官商勾结"的权贵资本主义。这种私有化很大程度上是给既有经理阶层与相关政府官员变成企业的部分拥有人提供了一个机会，并使其在新制度下以新的形式延续其对经济的影响力。就此而言，国有企业的既有经理阶层与相关政府官员是原苏联东欧国家产权改革的最大受益者。[①] 另一方面，导致企业缺乏足够的融资渠道，企业生产效率下降甚至面临停产，而致私有化证券变得一文不值。因此，这种私有化在一定时期一定程度上加剧了社会阶层分化，激化了社会矛盾。与此相比，西方国家私有化情形要好许多，这固然与其国有财产比重很低有关，也与西方国家民主法治化程度较高有关。

原苏联东欧国家在有国有财产市场转型主管机构及其相关立法的基础上尚且如此，对于中国而言，在缺乏相应主管机构及其相关立法而致合法性备受质疑的情况下，在缺乏纳税人等社会公众参与的情况下，国有财产"内部私有化"而致"官商勾结"的权贵资本主义倾向就显得更为突出，而事实正在发生！从而加剧了改革分配不公，激化了社会矛盾，引发了本应正当合理的私有化政策的正当性遭受质疑。人们不反感市场公平竞争下的"资本"，但却普遍对缺乏公平竞争的"官商勾结"的权贵资本主义抱有深深的厌恶。其实，我国早在清末和民国时期就有过"官商勾结"的权贵资本主义传统。以史为鉴，应当引起决策者高度重视。

5. 外来资本的垄断倾向

反思原苏联东欧国家私有化教训，其中还有一大教训就是：有些国家

① 国资委直属机关团委：《市场经济条件下国有企业功能与中央企业发展战略研究》，载 http：//www. sasac. gov. cn/n1180/n1271/n4213364/n4213643/4317084. html，2011 - 1 - 23 访问。

大量的国有财产被外国人买走。截至 2003 年，波兰、匈牙利等国家的工业部门、银行等金融部门资产的 70%—80% 都被外国人买走。又如阿根廷在私有化过程中，全国 100 家较大企业中，绝大多数已经被外国资本所合资控制，在给阿根廷经济发展带来有利一面的同时，也带来了严重的弊端等。而在德国、法国、美国等主要西方国家中，外国资本所占的比重不超过 25%。即使在新自由主义最受青睐的英国，也从没有将任何关键性的国有财产出售给外国人。[①] 固然，原苏联东欧国家与西方国家不能简单相比，毕竟经济发展有着阶段性和差异性。但至少说，在国有财产私有化中要警惕此种不良倾向。

对于中国而言，虽未大规模发生原苏联东欧国家此种不良倾向，但在实践中已经发生。根据国务院研究发展中心 2006 年发表的一份研究报告来看，我国有些产业已经被外资拥有多数资产控制权。当然，也要实事求是地看到，这些产业基本上是一般竞争性产业，尚不构成产业威胁，利大于弊。但在全球经济一体化和世界贸易全球化的背景下，由于我国缺乏国有财产市场转型的主管机构及其相应的立法，在国有财产市场转型中要警惕可能出现的外来资本对我国某些关键领域控制的不良倾向。

6. 国有财产面临着多次市场转型问题，加剧了改革成本

由于我国实行的是一种渐进式改革模式，导致许多国有财产市场转型不彻底。任何次优改革或折中改革方案都有可能导致双重损失。虽然这种渐进式改革模式可以减轻改革承受力，有助于一定时期内的社会稳定，但也容易使问题积重难返，面临着再次改革的问题，从而无形中加剧了改革成本。

（1）从国有企业改制来看，只有 30% 左右的国有企业一步到位改制为私有企业或国有参股企业，大约 70% 的国有企业改制为国有控股企业，其中在已改制的中央企业中，国有控股企业占 90% 左右。2009 年公布的中国 2008 年 500 强企业中，国有及国有控股企业共有 331 家，占全部企业总数的 66%。[②] 截至 2008 年年底，在 A 股 1500 多家上市公司中，含有国有股份的上市公司就有 1100 多家。如果以市场经济为标准，上述许多

[①] 国资委直属机关团委：《市场经济条件下国有企业功能与中央企业发展战略研究》，载 http://www.sasac.gov.cn/n1180/n1271/n4213364/n4213643/4317084.html，2011 - 1 - 23 访问。

[②] 参见曲伟《60 年发展：中国创造震惊世界的奇迹》，载《光明日报》2009 年 10 月 30 日版。

国有、国有控股甚至国有参股情形属于不必要，面临着再次改革的问题。比如我国国有股长期以来的非流通问题而导致的"政策市"、A 股、B 股的股市分割问题等，进而引发股权分置改革等若干尚未完成的后续改革。除此以外，国有企业尚未完成自身所办的集体经济组织改制，因其产权模糊及"小金库"等阴影，不仅影响到国企改革本身，而且还为国资流失留下了缺口。

（2）从行政事业单位来看，有些行政单位应当改制为企业的，却改制为事业单位。有些行政单位应当改制为事业单位的，却仍保留半官方色彩的事业单位。比如许多行业主管部门改制为行业协会皆如此。有些行政事业单位应当改制为私有企业或私法人性质的法人团体，却改制为国有企业或公法人性质的法人团体。比如有些商标代理机构、税务代理机构等从工商、税务等部门脱离后仍保留国有性质。这种改革容易导致"政企不分"、"事企不分"、"政事不分"，助长"官商勾结"的官僚经济，并容易滋生腐败温床的"小金库"，也将面临着再次改革的问题。以高校后勤为例。许多高校后勤改制为实业化的后勤公司后，到底国有还是私有性质当时并未界定清楚，必然需要再次改革。同样，高校的公有民办二级学院也是如此。甚至就连纯民办学校也面临着产权再次改革的问题。

7. 国有财产流失加剧

反思原苏联东欧国家私有化教训，这些国家在经济转型阶段普遍出现了经济衰退，国有财产流失加剧。以俄罗斯为例。从 1992 年到 1999 年国家从近 13 万家国有企业私有化仅获得总收入 92.5 亿美元，而且，实际进入预算账户的仅 76.28 亿美元（82.5%），平均每家只合 6.95 万美元。俄人均私有化收入约 63 美元，竟然只及同期波兰的 1/4（220 美元）和匈牙利的 1/20（1300 美元）。[①] 同样，东欧其他国家也普遍如此，只是程度差异而已。虽然不能把国有财产流失都归因于私有化本身，因为这种僵化的体制本身就是导致国有财产流失的重要因素，但是在私有化过程中容易加剧国有财产流失则是不争事实，理应引以为鉴。

中国也不例外。20 世纪 90 年代的有关数据显示，国有财产流失每年至少达到 500 多亿元，平均每天流失 1 亿多元，到 20 世纪 90 年代末至少

---

① 林跃勒：《俄罗斯私有化及其对中国产权改革的借鉴》，载 http：//www.chinaacc.com/new/287/296/2008/7/hu04652141416178002348 - 0.htm，2011 - 1 - 3 访问。

流失 6000 亿元。① 另据国资委统计，2004 年通过对中央企业清产核资，就查出各类资产损失 3521.2 亿元，与当年中央企业利润 4784.6 亿元相比，可谓损失巨大。由此可见一斑。无论国企改制还是"非转经"等均存在国有财产流失问题，"官商勾结"的权贵资本主义就是国资流失的典型例证。国资流失到底多少，谁也无法也不敢好好计算一下。虽然国资流失是国有财产暨国有财产市场转型应有的成本与代价，但是不合理的国有财产存在以及不科学的国有财产市场转型则让纳税人付出了不应有的国资流失。比如立法缺失、主管机构缺失、低价评估、"官商勾结"的"内部私有化"、多次反复改革等。

综上所述，究其原因，从表面来看，固然与法治环境的缺失、渐进式改革模式的局限等因素有关。但仔细深究，发现不是用单纯的渐进式改革模式等所能解释，问题的症结在于体制性障碍！就国有财产市场转型而言，通俗地说，这与我国"可以去做，但不可以说"的体制性障碍有关。无论前已述及的忌讳"私有化"说法、相关立法的缺失，还是国有财产市场转型的主管机构缺失等，均源于此。一旦"私有化"成了意识形态的忌讳，相关的立法及其机构设置必然成为禁区。进而导致渐进式改革模式本身也备受质疑，以所谓的渐进式改革拖延立法本身就面临着合法性问题。在这种语境下，即使"做"也成了"犹抱琵琶半遮面"，要么"偷偷摸摸"，要么"散兵散打"，还常背上"瓜分国有财产"的骂名，其实践效果大打折扣。放任国有财产私有化的事实，而缺失相应立法及其主管机构的计划性安排，这本身就是政府职能的缺位，进而加剧国有财产流失。无论是国有财产市场转型改革还是其他领域改革，这种"可以去做，但不可以说"的体制性障碍已经到了非改不可的地步，否则贻害无穷。

二　国有财产市场转型的路径拷辨

面对国有财产市场转型中的问题，我们既要正视问题背后的体制性障碍，寻求体制性障碍的突破；也要理性看待问题，有些问题是国有财产暨国有财产市场转型所应付出的成本与代价。比如原苏联东欧国家一定时期内的企业效益滑坡、贫富差距加剧、国有财产流失等。许多国家在有些领

---

① 参见唐鸣、陈荣卓《行政事业单位国有资产流失：路径考察与制度防范——一种法律视角下的分析与建议》，载《经济法学、劳动法学》2007 年第 4 期，第 82 页。

域也存在多次反复改革，比如俄罗斯、委内瑞拉、玻利维亚、厄瓜多尔等国先对能源领域私有化，后又对其国有化；阿根廷对邮政业务经历了私有化和国有化的多次反复改革等。这在中国也不例外。正如萨缪尔森所言，"没有哪个经济转轨是不痛苦的"。因此，不能因噎废食，唯有抱着非理想化的态度审视问题并寻求国有财产市场转型尽可能低的成本与代价的对策方是上策。

关于国有财产市场转型的路径选择，或许有学者认为，诸如原苏联东欧以及中国等转型国家缺乏西方国家所具有的"完善的立法体系、高效的司法机制、有效的社会保障机制、社会的民主化程度、高素质的人才队伍"等民营化的配套条件，如果采取激进式改革模式，有可能孕育和激发巨大的社会问题，甚至引发社会动荡。[1] 此话固然不假，原苏联东欧国家即是例证，这也是有些人认为中国采取渐进式改革模式的重要理由。但问题是，诸如原苏联东欧以及中国等转型国家之所以缺乏上述配套条件，其中一个非常重要的经济根源就是这些国家存在庞大的非市场型的国有财产。而且，即便西方国家的私有化浪潮也是在国有企业暨国有财产比重远远低于本国私有财产及上述转型国家国有财产基础上的。故国有财产市场转型本应无所谓激进式或渐进式改革模式，我国国有财产市场转型的路径选择就不能简单地否定或肯定原苏联东欧国家的激进式改革模式以及西方国家的私有化改革模式。

我国之所以采取渐进式改革模式，根源在于体制性障碍。虽然这种"可以去做，但不可以说"的体制相比较以前的"既不可以做，也不可以说"的体制要进步许多，反映了改革决策者考虑到各种利益集团的博弈及其改革承受力之下的"良苦用心"，理应值得肯定。但随着改革开放进入"深水区"，面对渐进式改革模式逐渐暴露出来的弊端，以及相关条件渐趋成熟，我国已经到了突破"可以去做，但不可以说"的体制性障碍的时候，应当摆脱"激进式改革"和"渐进式改革"的误区或迷惑。就国有财产市场转型改革而言，在同步推进社会保障制度改革的前提下，凡是不应当私有化的国有财产应当由政府毫不犹豫地担当起为纳税人服务的重任；凡是应当私有化的国有财产应当毫不犹豫地采取私有化路径选择，而

---

① 参见张建文《转型时期的国家所有权问题研究——面向公共所有权的思考》，法律出版社 2008 年版，第 414 页。

非继续采取"犹抱琵琶半遮面"的模糊态度和延误后人的拖延战术。至于如何私有化，则应当立足中国国情，寻求尽可能低的成本与代价。因此，国情不是否定那些应当私有化的理由，而是如何私有化的考量所在。

鉴于此，我国国有财产市场转型的改革路径主要包括如下几个层次：

1. 设立国有财产市场转型的主管机构

我国改革开放虽然经历了30多年，但依然存在着世界上最庞大的国有财产，国有财产市场转型任重道远。我国国有财产市场转型具有如下特点：（1）改革面大，涉及国有企业改革、行政事业单位改革以及土地、森林、矿藏等若干资源性财产改革；（2）国有财产改革涉及利益格局的重大调整，还涉及体制问题，面临阻力巨大；（3）国有财产改革是一个系统性工程，涉及政府若干职能部门，其中任何一个部门都难以单独解决这项改革难题等。由此决定了我国需要一个专门主管国有财产改革的机构，才能有计划、有步骤地推动国有财产改革进程。

从我国目前国有财产管理机构来看，无论国资委、财政部还是其他政府部门都难以胜任主管国有财产改革的重任。具体分析如下：

（1）从国有企业来看，国资委不宜担当国企改革重任。理由如下：①国资委主要履行企业性国有财产出资人职能，虽然国资委也负责国企改革，但其只能从出资人职能角度考虑国企改革，难以系统地考虑国企改革，否则便是职能错位，又回到原来的出资人职能与社会公共管理职能错位的状况。②前已述及，国资委的设立、职能定位与其现实运行一直存在争议。国资委已经出现了出资人职能与社会公共管理职能错位的现象。③国资委与国有企业存在利害关系，作为社会公共管理职能的国企改革与作为出资人职能的国企改革存在利益冲突。从目前国资委存在过分强调国企作用的倾向来看，由此可见一斑。

（2）从行政事业单位来看，财政部不宜担当行政事业单位国有财产改革重任。理由如下：①虽然行政事业单位国有财产管理主要由财政部负责，但财政部职能远不限于此，难以胜任行政事业单位国有财产改革任务。②财政部与行政事业单位存在利害关系，由财政部负责行政事业单位国有财产改革存在利益目标冲突问题。③行政事业单位国有财产改革还涉及行政事业单位的"非转经"，即企业化问题，而这又非财政部职能所及。

（3）从资源性国有财产和一些特殊行业的国有企业来看，如土地、森林、草原、矿产、河流以及金融、保险、铁路、邮政、烟草等，仍由相关主管部门（如国土资源部等）或专业投资机构（如中央汇金投资有限责任公司等）履行其出资人职能。如若让它们负责这些领域的国有财产改革将面临着与国资委、财政部同样的职能错位和利益冲突等问题。

因此，我国有必要借鉴国外经验，设立国有财产改革主管机构，专门负责国有财产改革事宜。如前所述，在西方国家，即使国有企业私有化也常设立专门的主管机构，比如法国的私有化委员会、新加坡的政府企业私有化委员会等。许多原苏联东欧国家在经济转型中也纷纷设立专门的主管机构，比如德国为处理前东德国有财产而设立的"托管局"、俄罗斯的国家财产管理委员会以及地区委员会、联邦财产关系部等。我国也有学者提出在全国人大序列中设立国家财产统一管理委员会。① 囿于历史局限，该学者当时并未直接明确国有财产改革问题，而侧重国有财产的统一管理，但其内容中也涉及国有财产改革问题。笔者认为，机构名称不是大问题，只要专司国有财产改革即可，但不赞同在全国人大序列设立该机构，理由在于：人大专司立法权和监督权等，宜由政府负责国有财产管理暨改革具体事务，既符合国家机关职能分工需要，也符合决策、执行与监督等机构分离的法治原则。不能因为国有财产的"全民"性质，就理所当然地认为由人大负责。国有财产的"全民利益"关键在于权力的有效制约，以体现公平分享国有财产成果，而不在于由谁负责。因此，笔者建议，我国应当设立临时性综合改革协调机构，如2014年新近设立的"全面深化改革领导小组"，可以考虑在其下再设类似国有财产改革的职能部门；② 或在国务院下设一个临时性特设直属机构，如"国有财产改革委员会"，作为国有财产改革主管机构。

至于各级地方政府是否如同国资委一样也设立相应的国有财产改革机构呢？笔者认为，国有财产改革主管机构对全国国有财产改革进行宏观指导，并具体负责国家级的国有财产（即中央政府所有的国有财产）改革。如果由国有财产改革主管机构统一负责全国国有财产改革的具体运作，势必影响地方自主权，降低改革成效，加大改革成本。但各级地方政府是否

---

① 参见马铁《王钰建议成立国有财产管理委员会》，载《经济改革与发展》1994年第2期，第74页。

② 如果设立这类机构，应当妥善处理和协调好这类机构与国家发改委等政府部门的关系。

设立相应的改革机构关键取决于本书其后将论及的中央与地方的"分别所有"关系能否解决好，只有实现了"分别所有"原则，各级地方政府才会真正享有地方国有财产自主权。根据"分别所有"原则，由相应的地方政府根据本级政府所有的国有财产状况及其他因素决定如何设立国有财产改革机构，以充分调动地方积极性，降低国有财产市场转型的成本与代价。但是，在国家"统一所有"的情况下，即使各级地方政府设立相应的改革机构，也如同国资委一样，成效不大。

一旦设立国有财产改革主管机构，则国资委也将面临着改革。从国有资产管理局到国资委的设立过程来看，当初考虑到国有企业改革需要由专门机构负责，后又面临着出资人职能与社会公共管理职能分离的改革趋势，而致国资委定位为单纯的出资人角色。即便如此，国资委依然面临着出资人职能与社会公共管理职能的错位，也面临着国企改革的利益冲突。而且，从国外来看，许多国家企业性国有财产出资人职能常由财政预算部门履行，使国有资本预算与财政预算相结合。因此，一旦设立国有财产改革主管机构，尤其国有企业改革完成后，作为出资人职能的国资委应当并入财政部，并在财政部下设国有财产管理局。同时，有些特殊行业国有企业主管部门的出资人职能根据需要可以考虑并入财政部下设的国有财产管理局。这种做法其实早在解放前"中央苏区"、20世纪90年代以及我国台湾地区就有先例。这既符合财政部的职能要求，以顺应"出资人职能与预算职能相结合"的国际惯例，也避免了目前国资委与财政部在国有资本预算方面的冲突。当然，国有财产改革主管机构也具有临时性特点，一旦国有财产市场转型完成，该机构即不复存在，相关职能理应并入笔者建议的财政部下设国有财产管理局。①

国有财产改革主管机构的主要职能应当包括如下几点：（1）统一负责有关国有财产改革的立法起草、解释、实施等工作；（2）统一负责国有财产市场化边界的界定；（3）统一负责编制国有财产改革计划、目标、任务和实施步骤；（4）统一负责国有财产改革方案的制定、审批、执行、协调等工作，包括但不限于国有企业改革、行政事业单位改革、资源性财产改革等；（5）统一负责国有财产改革收益尤其国有财产私有化收益的分享方案的制定和执行；（6）对国有财产改革方案的具体实施进行监督

---

① 限于本书宗旨，对此不再详叙，留待本书的后续研究。

等。本书其后述及的国有财产的中央与地方关系也是国有财产改革的重要内容，也是国有财产改革主管机构的重要职责。国有财产改革主管机构对国务院负责，所有重大改革方案报送全国人大审批并接受人大监督。各级地方政府的国有财产改革机构在参照中央国有财产改革主管机构职能的基础上，具体负责本级政府所有的国有财产改革，并接受本级人大的审批和监督。当然，国有财产改革主管机构在涉及相关领域国有财产改革时，还需要相关领域的主管部门协同配合改革，比如土地领域改革需要国土资源部的配合、教育领域改革需要教育部的配合等。

2. 国有财产市场化边界的界定

所谓国有财产市场化边界是指，哪些国有财产只能作为国家公产，哪些国有财产可以作为可交易的国家私产；哪些国有财产可以事业化或企业化，哪些国有财产不可以事业化或企业化；哪些国有财产可以私有化，哪些国有财产不可以私有化等。国有财产市场化边界的界定是国有财产市场转型改革的前提和基础。原苏联东欧国家在国有财产私有化过程中，普遍通过立法规定私有化清单，包括哪些可以私有化、哪些禁止或限制私有化、哪些立即私有化、哪些暂缓私有化等。比如俄罗斯、保加利亚、匈牙利等。然而，我国学界对此虽有争论，但一直缺乏国家立法规定及其改革计划。

在社会生产力发展、国家治理及民主法治化水平的现实环境下，关于国有财产市场化边界的界定，总的原则是：发挥市场机制的基础性作用，国有财产主要存在于市场机制无法或难以解决的领域，以弥补市场失灵。国有财产市场化边界的界定关键在于国有企业，只有国有企业在市场经济中实现了合理定位，也就基本实现了"小政府、大社会"的政府职能的市场转型，则行政事业单位的国有财产自然趋于合理化。

从我国来看，具体包括如下几个方面：

（1）从国有企业市场化边界来看

依市场经济的要求，国有企业主要满足于国家及地区经济战略、国家安全和解决周期性经济危机的需要。因此，国有企业主要存在于市场失灵领域，即非市场竞争性领域且关系到国计民生和国家经济命脉的基础产业和公用事业等。何谓非市场竞争性领域且关系到国计民生和国家经济命脉的基础产业和公用事业等？不是由某个政府、某个利益集团或少数人决定，而是通过拟将制定的《国有财产改革法》等加以立法规定并由全民代议机构"人大"审批决定。具体而言，国有企业主要存在于：一是为社会提供公共产品的领域，比如邮政、公共交通基础设施等。这类领域主要由政府主导，但也允许私人资本进入，比如供水、供电、供气、电信等。二是关系到国家主权和经济安全的领域，比如国防军工、航空航天、核能等。这类领域基本上由政府主导，不对私人资本开放。三是通过国家产业政策扶持能够加快推进工业化建设、经济结构转型和产业升级的领域，比如科技研发、新兴产业、关键技术等。这类领域主要由私人主导，但政府也可以适当进入。对于后发型国家的中国尤其如此，为了赶超经济发达国家，单纯依赖市场机制不够，还需要借鉴日本、韩国等国经验，运用政府的产业政策有意识地扶持或淘汰某些产业，从中可能在市场竞争领域还需要一些国有企业。一旦这类国有企业完成历史使命后，一般均还权于民，国家逐步退出该领域。

依据上述标准，根据本书其后论及的"分别所有"原则，国有财产改革主管机构对各自所属的国有企业进行逐一审定，哪些国有企业必须保留国有化，哪些国有企业必须私有化，哪些国有企业可以适当保留国有化也可以适当私有化，哪些是国有独资企业、国有控股企业或国有参股企业，以及国有企业改革先后安排等，并报请人大审批决定。依国有财产性质暨法治化要求，今后所有国有企业私有化等国企改制以及国有企业的设立、改组、解散清算等均需报请本级人大审批决定。

一旦界定清楚了国有企业市场化边界，也就明确了哪些国有企业属于国家公产性质，比如邮政、国防军工、航空航天等；哪些国有企业属于国家私产性质，比如进入竞争领域或允许私人资本进入领域的国有企业等。原则上，国家公产性质的国有企业采取国有独资或国有控股形式，宜实行"一特一法"或"一类一法"的立法模式；国家私产性质的企业要么是国有控股企业要么是国有参股企业，与普通企业一道适用《公司法》等私法规范。当然，国有企业的国家公私产划分随着市场经济的发展而变化，具有相对性。

（2）从行政事业单位市场化边界来看

一旦国有企业实现了市场经济的合理定位，行政事业单位也就基本实现了"小政府、大社会"的职能转型，其国有财产自然趋于合理化。由此可见，行政事业单位市场化边界关键取决于国有企业改革。国有企业改革是我国国有财产改革的优先选项。

行政事业单位根据市场经济要求的职能需要进行机构设置，凡是市场经济不需要的职能及其机构设置均要撤销、改制或企业化运作。具体而言，包括两个方面：一是行政事业单位的"非转经"，即有些行政事业单位及其非经营财产改制为经营性财产，实现企业化经营。比如行政事业单位的后勤实体企业化、有些政府职能部门改制为企业等。二是行政单位改制为事业单位，比如有些政府职能部门改制为行业协会等。

或许有人认为我国已经完成了行政事业单位改制。其实不然。以行政事业单位"非转经"为例。许多"非转经"成为行政事业单位的附属物，即使所谓的"脱钩"也是形式化。因此，行政事业单位市场化边界还需做好如下工作：一是对"非转经"要深化产权改革，避免再次出现二次改革问题，凡是能够私有化的，要一步到位转为私有企业，以免成为行政事业单位的"小金库"。二是有些事业单位应当改制为私法人性质团体，比如学术团体、有些行业协会、有些基金会等。三是凡是私人资本能够进入的事业领域，这类事业单位均可以产权多元化。以学校为例。政府要确保九年制义务教育，保证一部分公办学校。除此以外，允许私人资本进入学校，无论幼儿园、小学、中学还是大学等，以弥补政府投资之不足。但从我国目前来看，由于历史原因导致先天的竞争不公平，导致私立学校在"夹缝中"生存。因此，除了从政策上进一步倾斜和扶持这些私立学校外，有些公办学校包括大学要主动引入私人资本，实现全部或部分私有化，以尽可能快地提高教育资源的合理化、市场化，创造公平竞争的环境。同样，对于医院也是如此。政府要确保公民的医疗保障，保证一部分公办医院及社区医院。除此以外，在允许私人资本进入医院的同时，要加快对部分公办医院全部或部分私有化，以弥补政府投资之不足等。此外，我国从政府脱钩的许多出版社、新闻媒体如报社、广播电台、电视台等均面临着亟需市场转型的改革。

一旦完成了行政事业单位市场化边界的界定，则行政事业单位国有财产管理体制及其相关立法也就明朗了，行政事业单位领域内的国家公私产也就相对明确了，以便于区别法律规制。比如学校、医院、行业协会等就不能都简单地理解为国家公产，私立学校、医院、行业协会等属于私有财产，当然适用私法规范。对于国有或公私混有的行政事业单位，凡是在不可交易领域，属于国家公产性质，适用公法规范；凡是在可交易领域，属于国家私产性质，适用私法规范。

（3）从资源性国有财产市场化边界来看

国家资源一般都有相应的使用单位，要么国有企业，要么行政事业单位。但对于我国而言，在资源国家统一所有的情况下，任何国有企业或行政事业单位的改革都难以触及资源性财产的改革。因此，凡是行政企事业单位改革无法触及的资源性财产均要纳入资源性财产改革视野。① 笔者认为，资源性财产改革总体倾向是，反思国家所有权和集体所有权，改变绝对公有制主导的观念，在确保国家战略需要和国计民生的资源领域保留国家所有外，凡是竞争性领域可以适当市场化（包括私有化），提高资源性财产的市场化程度，加快资源的资产化及其市场配置。比如土地领域的改革，要借鉴古今中外土地私有化的国际惯例，包括俄罗斯等东欧国家土地私有化经验以及美国印第安人保留地的做法，在土地国家所有足以保证国家安全和主权的基础上，应当考虑土地在市场竞争领域适当市场化（包括私有化），允许土地流转与交易。除此以外，可以考虑对一些少数民族在特定地域实行少数民族保留地。同样，对于土地的地下、地上的附属物如森林、矿藏、河流等领域的改革也是如此。

一旦完成了资源性国有财产市场化边界的界定，则资源性国有财产管理体制及其相关立法也就迎刃而解，资源性国有财产的国家公私产也就相对明确了，以便于区别法律规制。对于私有化的资源性财产，当然适用私法规范。对于进入市场交易领域的资源性国有财产，如竞争性领域的国有控股或国有参股企业中国家所有的土地、森林、矿藏、水源等，则属于国家私产，主要适用相应的私法规范。对于不可交易领域的资源性国有财产，如公园、广场、公厕、非竞争性领域的国有企业所有的土地等资源，属于国家公产，主要适用公法规范。有关资源性国有财产立法如《土地法》、《森林法》、《草原法》、《水法》、《矿产资源法》等的立法目标及其立法思路也就比较清晰了。

如何具体实施国有财产市场化？笔者以为，这要与本书其后论述的国有财产的中央与地方关系同步考量，即首先由国有财产改革主管机构确定哪些国有财产由中央所有，哪些国有财产下放给地方所有；然后由国有财产改革主管机构确定国有财产市场化的总体原则、方针，再由中央和地方国有财产改革机构分别负责各自所属的国有财产市场化工作。

---

① 本书其后涉及资源性国有财产改革均作此解释。

3. 建立国有财产改革收益的分享机制

国有财产改革尤其私有化的收益去向如何、如何分配？直接关系到国有财产改革的正当性与合法性问题，关系到国有财产流失，关系到被改革单位职工的切身利益，进而影响到社会稳定。

笔者认为，建立我国国有财产改革收益的分享机制可以考虑从如下几个方面构建：

（1）保障国有财产改革收益分配的"全民参与"及其合法性。首先，任何行政企事业单位的国有财产改革及其收益分配方案均须通过单位工会和职代会等征求职工意见，进行广泛讨论，力争取得职工共识。如若在遭到职工多数反对的情况下，首先，检讨改革方案的合理性；其次，如若在改革方案合理的情况下，依然遭受多数职工反对，则采取由相应的人大审批决定以取得改革的合法性，同时对被改革单位的职工就业、养老保险等社会保障问题作出相应的应急保障方案。其次，任何国有财产改革及其收益分配方案在达到规定标准时均需报请人大审批决定，以保障纳税人参与的合法性。

（2）规范国有财产改革收益的流向及其分配种类。具体包括如下几种：①将一部分私有化收益以现金、股票、基金的方式分给公民。这在俄罗斯、捷克等东欧国家出现过。这种方式的优点就在于透明与相对公平，能够使老百姓切身感受到国有财产改革的收益分配。相比较而言，我国改革开放30多年来，国有财产私有化的收益到底流向哪里？如何分配？一直缺乏监控而备受质疑。有些人从中牟取暴利而导致非公平竞争下的贫富差距。老百姓也难以从国有财产私有化中感受利益分配。但是，这种分配方式也有缺点，比如现金分配不利于可持续发展；股票、基金分配在俄罗斯等国由于企业效益普遍下滑甚至破产而使股票、基金大幅度贬值，后又回流到少数人（主要是原体制精英）手中等。对于我国来说，国有财产私有化收益根据不同单位的国有财产私有化情形，可以适当考虑通过现金、股票、基金等方式分配改革收益。对于国家级或地方级国有财产改革收益，在考虑被私有化单位职工贡献大小收益分配的基础上，由全体公民或地方所属公民分享。同时，吸取和借鉴原苏联东欧国家经验和教训，引导被私有化企业融资以及公司治理完善，以确保企业可持续发展，并辅以职工就业培训等社会保障制度。②将一部分私有化收益用于被私有化单位职工安置。③将一部分私有化收益转入社会保障基金，用于公民的养老、医疗、失业、工伤和生育保险等。④将一部分私有化收益用于特定弱势群体的社会福利事业，如敬老院、儿童福利院、社会救助站等。⑤将一部分私有化收益用于社会公共产品的提供，如公园、广场、图书馆、博物馆等。⑥将一部分私有化收益用于历史欠账和自然条件欠账的"老、少、边、穷"地区。⑦将一些特定国有财产私有化收益用于特定用途。比如：部分土地私有化收益用于建设社会保障房，调剂商品房供求，既回报于民，也抑制房价；用于农村水利等基础设施建设，便于解决"三农"问题，缩小城乡差别。又如：部分公立医院私有化收益用于公共医疗卫生服务和医疗保障；包括高校在内的部分学校私有化收益用于保障九年制义务教育的资源优化与均衡配置，并优先向农村及"老、少、边、穷"地区的教育倾斜等。①

总之，国有财产改革收益分配以公民公平分享为原则，不得替代其他财政收入用途，不得用于其他财政支出。当然，这要取决于公共财政机制的实现，而这又涉及深层次的公权力制度安排。

4. 我国国有财产市场转型改革还需注意的几个问题：

（1）对国有股份特殊规定的问题。许多国家对国有股份出售进行了某些限制。首先是对特殊行业中的国有股权出售限制。比如意大利规定垄断性行业和社会公益行业如能源、国防、电讯等行业的国有股权出售须经国家批准，而且私人持股有数量限制等。其次是限制大公司过多购买国有股份，以尽可能实现股权多元化。比如英国在国企私有化中就作出类似规定。② 而且，许多国家对国有股份创立了"黄金股制度"，③ 以保障国家对某些国有企业在一定时期内的控制权。比如英国、法国、俄罗斯等。上述特殊规定是在这些国家国有企业市场化比较彻底的情况下进行的，以体现社会公共利益。但是在国有企业市场化程度不彻底的情况下，作出上述规定反而成为弊端。对此，笔者以为，"黄金股制度"应是我国国企改革值得借鉴的一种方式，但我国在借鉴国外经验时需要考虑国情理性判断，相关立法也需要作出明确规定。

---

① 限于本书宗旨，在此不再详叙，留待本书后续研究。
② 参见漆多俊主编《经济法学》，高等教育出版社2003年版，第319页。
③ 所谓"黄金股制度"，是指国有企业股权多元化改制后，即使国家不再控股甚至不再持有股份时，依照法律规定，国家在一定期限内，基于国家利益和公共利益需要，国家对改制后的企业仍保留一定的控制力。

（2）外来资本进入的问题。俄罗斯在私有化初期，主要是内部私有化，一方面导致外来资本无法进入，企业融资困难，还影响企业治理；另一方面容易导致"官商勾结"的权贵资本主义倾向，使普通职工的股份变得不值钱，而又回流到少数人手中。波兰在此有相对成功的经验，比如被私有化企业的职工可以优惠价格购买不超过20%的股份，外国投资者购买被私有化企业的股份不能超过10%，如果外国投资者大量购买股份需要经过审批。我国既要借鉴俄罗斯限制外来资本垄断的经验，也要吸取其过分限制外来资本而致"内部私有化"不良倾向的教训。同时，还要借鉴波兰等国经验。因此，我国一方面要鼓励引进外来资本参与国有财产市场化过程，另一方面对涉及国计民生以及国家竞争力的核心战略产业等，要保留国家或内资控股，防止外来资本垄断。

（3）警惕国有财产市场化改革的回潮。国有财产改革不仅在国有财产市场转型过程中可能面临阻力，而且在国有财产市场转型后也有可能面临回潮倾向，而致面临再次改革问题。在实践中，不乏存在国家机构也利用私有化后的自由空间从事新的经济活动，从而进一步强化了国家在市场中的地位。[①] 比如德国电信市场改革即是如此。同样，像俄罗斯以及拉美一些国家国企私有化回潮固然与其产业特点有关，但也与国家不应有的干预惯性有关。国外尤其西方国家尚且如此，对于中国的国有财产改革尤其要警惕此种倾向。

当然，以上改革路径及改革中的注意事项，除了公权力制度安排外，还需要借鉴国际惯例，对国有财产市场转型改革进行相应立法规范，确保改革的法治化、制度化，实现改革的正当性与合法性。[②] 此乃是我国国有财产市场转型改革急需解决的问题。

第二节　国有财产的中央与地方关系法治考量

本书第一章讨论了国家所有权的中央与地方关系的重构，由此也奠定了国有财产的中央与地方关系的法理基础。如何理解国家所有权以及对国家所有权如何重构将直接关系到国有财产的中央与地方关系。

---

① ［德］乌茨·施利斯基：《经济公法》，喻文光译，法律出版社2006年版，第131页。
② 本书第六章将进一步论证国有财产改革立法问题。

如前所述，国外无论单一制国家还是联邦制国家普遍将国家所有权解构为政府所有权，实行一级政府一级所有权，并认为只有中央政府有权代表国家，故将中央政府所有的财产称为国有财产，地方政府所有的财产类似于地方财产等称呼。① 国有财产（联邦政府财产）和地方财产（州、市镇政府财产等）都是公共财产的范畴。比如美国、德国、法国、意大利、西班牙、日本、澳大利亚、墨西哥、巴西、蒙古、越南等。故在这类国家就无所谓国有财产的中央与地方关系说法，所谓国有财产的中央与地方关系实际上就是指国有财产（联邦政府财产）与地方财产（州、市镇政府财产等）的关系。

在我国，无论从国有财产国家"统一所有"的现状来看，还是从本书所给国有财产下的定义来看，就存在国有财产的中央与地方关系说法。长期以来，我国一直实行国有财产的国家"统一所有"原则，即无论中央还是地方国有财产的所有权均属于国家，由国务院代表国家统一行使所有权。但这一原则随着改革开放的深入，逐渐备受质疑，由此借鉴国外经验引发了"统一所有"和"分别所有"（或"分级所有"）的争论。在我国国有财产的中央和地方关系方面，"统一所有"和"分别所有"说法符合逻辑结构。但在分析国外许多国家国有财产时，用"分别所有"说法用词不严谨。因为在国有财产仅指中央政府所有的财产时，就无所谓国有财产的"分别所有"问题。实际上是国内学者以国内标准对国外做法的一种杜撰。

当然，这并非问题关键，仅是形式用语严谨问题。国有财产的中央与地方关系与国外国有财产（联邦政府财产）与地方财产（州、市镇政府财产等）的关系，其命题的实质一样。

一　国有财产"分别所有"的确立

关于国有财产的中央与地方关系，我国长期以来实行的"统一所有、统一管理"的中央集权体制，即中央和地方的国有财产全部由国务院代表国家行使所有权。历史已经证明，这种体制导致国有财产的管理权高度集中于中央，地方缺乏自主权，管理成本加剧，管理低效，国有财产流失严

---

① 有些国家没有"国有财产"和"地方财产"说法，而是联邦政府财产和州政府财产等说法，其实质一样。比如美国、德国等。

重。这种体制适应了计划经济的要求，但与市场经济要求相差甚远。

随着改革开放的深入，"统一所有、统一管理"愈来愈难以适应市场经济发展的要求，如本书第一章所言，很多学者提出了"分别所有"或"分级所有"的观点，即国有财产由中央和地方分别行使所有权。这已经成为法学界和经济学界等学界共识。然而，时至今日，我国官方及其立法并没有采纳学界关于"分别所有"的共识。但或许也认识到了"统一所有"的弊端，因而，相关立法对此也有所回应，即在原来"国家统一所有、统一管理"的基础上，采用了"国家统一所有、分级管理"进而到"国家统一所有、分别代表"的原则。比如最新颁布的《企业国有资产法》第4条明确规定：国务院和地方人民政府依照法律、行政法规的规定，分别代表国家对国家出资企业履行出资人职责，享有出资人权益。当然，我国立法仅是对企业性国有财产作出了"分级管理"或"分别代表"的适当回应，尚未涉及全部国有财产。尽管这相对于"统一管理"有所进步，但关于国有财产依然没有确定中央与地方的所有权边界，因而常在"国家"名义下中央与地方的随意性越权或怠权，要么争相逐利，要么互相推诿责任，依然存在委托代理成本高、管理低效和国有财产流失等严重问题。

之所以我国立法界尚未采纳"分别所有"的共识以及国际惯例，根源还在于宪政环境，因为国有财产的中央与地方关系问题涉及中央与地方分权问题，而其背后则是传统意识形态及其体制性障碍。姑且不论原苏联东欧国家纷纷采用"分别所有"原则，即使像蒙古、越南这类经济总量和国土面积如此小的国家也采纳"分别所有"原则处理中央与地方政府所有的财产关系，理应值得我国反思。

笔者主张国有财产的中央与地方关系应当采用"分别所有"的原则。"分别所有"意味着中央与地方之间财权独立，彼此都是完全平等的市场交易主体，不存在随意占用或调用的可能性。如果确实需要，中央与地方政府之间也要依法通过买卖、租赁等有偿方式取得。即使基于国家利益或社会公共利益的需要而采取行政划拨等方式，也需由宪法等法律法规对国家利益或社会公益加以严格界定，并依法实施。

虽然"分别所有"原则不能彻底解决国家所有权暨国有财产的固有弊端，但在国有财产的语境下，相比较"统一所有"而言，则是相对合理的。理由如下：（1）有利于尽可能明晰中央和地方的国有财产产权，做到权责明确，避免在"国家"名义下中央与地方的随意性越权或怠权，进而尽可能避免争相逐利和互相推诿责任的现象。（2）有助于解决委托代理链过长及其信息不对称的问题，降低代理成本及其管理成本，尽可能减少国有财产流失。（3）有利于与"一级政府、一级财政"以及分税制的财税体制相适应，也有利于推动财权与事权相适应。虽然分税制目前存在"中央富、地方穷"的负面影响，虽然财权与事权目前存在不合理问题，有待于进一步改革，但"分别所有"有助于推动分税制的完善，也有助于中央与地方之间财权与事权的合理划分。（4）有利于中央与地方的合理分权，形成权利义务对等、责权利相统一的中央与地方关系，充分调动地方的积极性。（5）有利于国家所有权暨国有财产内部的相对市场化。在"统一所有"的体制下，国企暨国有财产缺乏独立的市场主体，"普遍的老板不到位，行政权以种种合法、不法的方式任意侵入、扰乱财产权关系"，难以适应社会主义市场经济产权主体明晰的市场交易要求。①虽说解决问题的根本在于引入私人资本，但在国有财产语境下，中央与地方对各自投资的国有财产享有所有权，则是相对合理的选择，从而形成相对平等的市场交易主体，以适应社会主义市场经济的要求。（6）更能适应中国这种人口众多、地大物博、地区发展不均衡以及国企暨国有财产比重较高的国情。（7）有助于与国际惯例接轨。无论联邦制国家还是单一制国家，无论西方国家还是原苏联东欧等其他国家，中央和地方各级政府分别对其投资的财产享有所有权，分权已经成为发展趋势。等等。

应当说，目前学界对国有财产的"分别所有"原则并无多少异议，但是学界对国有财产的所有权主体却存有争议，主要有"全民说"、"国家说"、"国家与地方说"和"政府说"等，甚至很多学者在讨论"分别所有"时却忽视或模糊了所有权主体问题。笔者同意政府"分别所有"的原则，即将国家所有权解构为政府所有权，由中央政府和各级地方政府对各自所属的国有财产分别享有所有权。理由就在于，如前所述，无论"全民说"、"国家说"还是"国家和地方说"都克服不了产权主体抽象的缺陷，存在委托代理及其信息不对称问题，"政府"作为"代理人"角色常常在"主人"角色和"代理人"角色之间偷换概念，游刃于权益与责任之间，争相逐利或推卸责任，最终不仅导致产权虚设，而且还造成代理

---

① 史际春等著：《企业国有资产法理解与适用》，中国法制出版社 2009 年版，第 23 页。

成本高、管理低效、国有财产流失等。

同时，笔者并没有采用"中央政府所有的财产为国有财产，地方政府所有的财产为地方财产"这一国际惯例，而是将中央政府所有的财产和地方政府所有的财产统称为国有财产。之所以如此，主要考虑到它们都是公共财产性质，适用法律并无差异，同时也考虑到历史传统和国情因素。有学者进一步认为，地方政权也是国家政权，而非一般社会组织，故地方所有的财产从性质上看仍属于国有财产。[①]

当然，也有学者强调国有财产的"分别所有"时，主张国家仍然对包括地方国有的全部国有财产享有终极所有权。[②] 笔者不赞同此观点。笔者认为，这种主张将导致中央与地方分权不彻底，容易给中央蚕食或挤压地方利益留下缺口，削弱地方自治权。正因为这种"终极所有权"的主张，有学者在主张"分别所有"的同时，也强调了国有股权转让规则和收入使用办法、资本预算格式和程序的制定权等由中央负责。[③] 这不仅自相矛盾，有违所有权的一般法理，而且给中央削弱地方自治权留下了缺口。

但笔者主张"分别所有"的同时，同意国家利益保留原则，就如同国家基于国家利益和社会公共利益对私有财产限制一样，中央政府基于国家利益和社会公共利益，在合法、合理补偿的前提下，可以对地方国有财产加以适当限制，包括中央政府对地方国有财产的征用等。当然，这一切均是建立在以宪法为基础的法律规范范畴内。

二　国有财产"分别所有"的层级界定

从国外来看，中央政府与地方政府所有的财产关系或国有财产与地方财产的关系从层级来看，主要包括如下几种情形：一是二级所有的，比如：越南实行国家和省分别所有财产等。二是三级所有的，比如：美国分为联邦、州和市镇所有财产；德国分为联邦、州、县区或镇所有财产；法国分为国家、省和市镇所有财产；意大利分为国有、省有和市有财产；西班牙分为国家、省和村镇所有财产；日本分为国家、都道府县、市町村三

---

① 参见史际春等著《企业国有资产法理解与适用》，中国法制出版社 2009 年版，第 22 页。

② 史忠良、史言信：《正确处理中央与地方间国有资产产权关系》，载《管理世界》2007 年第 8 期，第 156 页。

③ 参见李松森《中央与地方国有资产产权关系研究》，人民出版社 2006 年版，第 202 页。

级所有财产；澳大利亚分为联邦、州和地方政府三级所有财产；墨西哥分为国家、州和自治市三级所有财产；巴西分为联邦、州和市三级所有财产等。三是五级所有的，比如：蒙古实行国家、省、首都、苏木和杜勒格斯五级所有财产等。俄罗斯比较特殊。从中央与地方政府财产关系来看，分为三级所有，即俄罗斯联邦、俄罗斯联邦各主体以及自治地方所有财产。但俄罗斯国有财产不限于俄罗斯联邦，还包括俄罗斯联邦各主体。因此，从俄罗斯国有财产与地方财产关系来看，实行二级所有原则；从国有财产层级来看，也是实行二级所有原则，即俄罗斯联邦和俄罗斯联邦各主体两个层级。总体而言，国际上普遍以"三级所有"原则处理中央与地方政府财产关系。

从我国来看，学界关于国有财产"分别所有"的层级有不同观点。有的学者认为，建立一级政府，一级所有权的国有资产所有权管理体制。① 依据我国五级政权的现状，由此可以推论，国有财产实行五级所有。但也有学者面对现实采取了折中、妥协的观点，强调"一级政府、一级产权主体、一级所有权"主要针对竞争性领域的国有企业，即其实行国有财产的五级所有，但对资源性国有财产等仍采取中央政府统一拥有所有权，地方政府拥有占有使用权的产权管理体制。② 也有学者借鉴了俄罗斯的经验，认为国有财产实行二级所有原则，即由国家和省级地方分别行使国家所有权，但随着社会经济发展，不排除市县和乡镇所有的可能性。③ 也就是说，国有财产包括国家和省级地方所有的财产，而市县和乡镇所有的财产即为地方财产。等等。

从我国实践来看，我国民国时期和现在的台湾地区也普遍采取国际惯例，即在中央和地方之间实行"分别所有"原则，并将中央政府所有的财产称为国有财产。比如1930年制定的《土地法》第4条规定：本法所称公有土地，为国有土地、省有土地、市县有土地、乡镇有之土地。本条

---

① 沈志渔、罗仲伟等：《21世纪初国有企业发展和改革》，经济管理出版社2005年版，第95页。

② 参见李松森《中央与地方国有资产产权关系研究》，人民出版社2006年版，第194—196页。

③ 张建文：《社会转型时期国有财产领域中央与地方关系之重构——以国家所有权主体的论证为中心》，载《郑州大学学报》（哲学社会科学版）2007年第6期，第47页。

中的国有土地，即区别于地方政府的中央政府土地。① 1947 年颁布的《中华民国宪法》也规定实行省、县两级自治。即使现在的我国台湾地区也是一直实行"国家"、省、直辖市、县（市）和乡（镇）分别所有。由此可以推论，民国时期中央与地方政府所有的财产关系从层级上看有四级所有、三级所有等；我国台湾地区则采取四级所有。

从理论上说，依据"一级政府、一级所有权"的标准，我国推行国有财产的"分别所有"原则应当是五级所有，即中央、省（自治区、直辖市）、地级市、县（县级市）和乡（镇）。但从行政层级来看，五级财政及其政权存在弊端，比如"金字塔形"的中央集权体制而削弱地方自治权、信息不对称和委托代理链过长而加大代理成本等。对此，已经引起社会各界关注，取消"市管县"的呼声愈来愈高。从实践层面来看，我国已经开始行政层级体制改革试点。笔者认为，我国应该缩小省区、增加省级行政区划；取消地级市和县级市行政层级，市与县属于同一行政层级，② 县市合并，强县扩权；取消乡的设置，撤乡并镇；然后在此基础上取消"市管县"，实行"省管县"的扁平化管理模式。当然，取消"市管县"、实行"省管县"也不能一刀切，也要因地制宜，根据不同的市、县和不同产业发展区别对待。③ 总体改革目标应当是，我国行政区划层级目前以四级为宜，即中央、省（自治区、直辖市）、县（市）、镇等四级财政及其相应政权机构。但从长远发展来看，随着城市化进程加快和市民社会的成熟，不排除中央、省（自治区、直辖市）、县（市）三级行政区划的可能。由此也不难看出，国有财产的分别所有改革还取决于我国行政区划改革。

以我国行政区划改革目标为标准，按照"一级政府、一级财政、一级所有权"的说法，似乎我国国有财产实行四级所有。但笔者认为，在国有财产的中央与地方关系方面，我国应当实行三级所有，即中央、省（自治区、直辖市）、县（市）。其理由如下：一是考虑到现有的乡镇国有财产比重很少；二是按照国有财产的市场定位，随着国有财产的市场转型，乡

① 孙宪忠：《论物权法》，法律出版社 2001 年版，第 490 页。
② 这里的"市"包括拟应取消行政层级的省会城市、地级市、县级市等。市与县行政层级相同，并不代表它们行政级别相同，各个市、县的行政级别大小完全取决于它们的大小以及在国家中的重要性等因素。这涉及另外一个话题，在此不作讨论。
③ 参见沈荣华编著《中国地方政府学》，社会科学文献出版社 2006 年版，第 208—209 页。

镇国有财产未来发展趋势将更少；三是从乡镇性质及其国有财产有效管理的角度来看，乡镇既缺乏足够的管理能力和经验，也增加不必要的管理成本，还无形中加大国有财产监管成本等。故乡镇国有财产宜由县（市）级政府为其所有权归属更佳。

三　国有财产"分别所有"的财产划分

根据国有财产三级所有的改革原则，我国国有财产由国务院、省级政府和县（市）级政府分别行使所有权。但是，国有财产在国务院、省级政府和县（市）级政府之间如何划分则是问题的关键，也直接关系到中央与地方的分权问题。从理论上说，按照谁投资、谁所有原则确定中央与地方国有财产产权归属，即中央财政投资的国有财产属于中央政府所有；地方财政投资的国有财产属于地方政府所有。这也是中央与地方国有财产划分的第一步。但问题远非如此简单。由于我国中央与地方之间财权与事权长期以来存在不清楚、不合理等问题，以及国有财产市场转型尚未彻底，而致国有财产分布在中央与地方以及地方之间存在先天不足。如若以现有的投资归属确定国有产权，不仅不利于中央与地方合理分权，也有失公平与均衡发展。因此，在以现有财政投资归属确定国有产权的基础上，还要按照中央与地方之间财权与事权相适应原则在中央与地方以及地方之间进行国有财产的再次划分。这才是问题的关键！

从我国目前来看，中央与地方之间的财权和事权存在不合理问题。以2010年财政部公布的前11个月各级政府支出统计数据来看，一方面，中央财政收入4万亿元，支出却只有1.4万亿元，结余高达2.6万亿元。另一方面，地方政府财政收入只有3.7万亿元左右，但支出却高达5.7万亿元，缺口高达2万亿元。由此可见，中央财政收入占到全国财政总收入的52.4%，但中央财政支出却只占到全国财政总支出的20%左右。地方政府的缺口主要通过中央政府的财政转移支付填补。当然，这不是个案。这是我国近10年来财政收支常态。之所以如此，源于分税制改革。分税制改革使中央和地方的税收收入分成比例达到六比四，然而支出改革并没有同步进行，中央和地方的支出比例仍为三比七。① 这种不合理的财权与事

---

① 参见邓瑾《政府花钱得有新办法》，http：//www.infzm.com/content/54284，2011－1－28访问。

权关系一方面导致中央与地方缺乏合理的分权，削弱地方的自治权，并因此导致地方依赖财政转移支付的同时，严重依赖土地财政，这也是导致房价居高不下的重要因素之一。另一方面导致中央与地方国有财产分布结构不尽合理。截至 2002 年底，中央占用国有财产为 56594.2 亿元，约占 47.8%，地方占用国有财产为 61705 亿元，约占 52.2%。① 在国有财产国家统一所有的情况下，这种分布结构降低了国有财产使用效率，容易增加国有财产流失。

　　因此，解决国有财产在中央和地方政府之间的划分问题，关键要解决好中央和地方之间财权与事权相适应问题。依笔者之见，首先，根据市场经济的要求，在中央和地方之间合理划分事权，事权划分的关键在于经济管理权，哪些属于中央政府的事情，哪些属于地方政府的事情，哪些属于中央与地方共同协调处理的事情，对此要由人大通过立法尤其宪政立法加以总体规定，并需要全民公决。然后，再根据中央与地方合理的事权划分，确定相应的财权划分。至于中央担心财权事权的统一是否可能影响到中央权威和地方分离倾向，笔者以为，固然财权是影响中央权威的一个因素，但关键不在于此，而在于中央与地方合理分权的良性宪政关系。在缺乏良性宪政关系的情况下，中央集权恰是造成社会不稳定的根源。

　　依据中央和地方合理的财权与事权划分，确定国有财产在中央与地方之间的划分。根据党的十六届三中全会的精神，关系国家经济命脉和国家安全的大型国有企业、基础设施和重要自然资源等，由中央政府代表国家履行出资人职责，其他国有财产由地方政府代表国家履行出资人职责。虽然，当时并未涉及"分别所有"原则，但这种"分级代表"所确立的中央与地方国有财产划分的原则值得肯定，也是"分别所有"的原则。总的原则是，中央政府负责国家安全、宏观经济调控以及协调地方经济等全国性事务，主要提供全国性公共产品，比如国防、军工、能源、全国性基础设施等；地方政府负责完成国家宏观经济调控任务、协调本地区经济发展等地方性事务，主要提供地方性公共产品，比如城市和农村的基础设施、教育、医疗卫生等。具体而言，包括如下几个方面：

　　1. 从国有企业来看

　　如何划分中央国有企业和地方国有企业？以现有国企管辖来划分只是

---

① http://www.china.com.cn/chinese/kuaixun/340891.htm, 2011-1-8 访问。

第一步，即将国资委、中央政府其他部门管辖的国有企业归属中央所有，地方国资机构管辖的国有企业归属地方。

但从国企在中央和地方之间的目前分布现状来看，不尽合理，也与中央和地方各级政府的财权、事权不相一致。主要表现如下：

（1）从中央管辖的国有企业数量来看，由国务院国资委代表国家履行出资人职责的国有企业从 2003 年的 196 家减少到 2009 年年底的 128 家，直至目前为止的 122 家。[①] 如果以目前国资委与各级地方国资机构所属国有企业确定产权的话，若与其他国家相比，似乎我国中央政府所属国有企业数量并不多。比如像国土面积如此小而市场经济如此发达的日本国家所属的公营企业（即国有企业）也有 106 家等。但是，我国中央国有企业除了国资委所属国有企业外，还有诸如交通、铁路、教育、文化、科技、农业等其他部门所属国有企业以及中央金融企业、中国邮政集团公司、中国烟草总公司等。这是其一。其二，我国国资委所属的国有企业基本上都是由若干家国有企业通过行政合并重组的集团公司，旗下往往有若干家国有企业。以中国石油化工集团公司为例，它是由中原油田、胜利油田、上海石化、扬子石化、茂名石化、镇海炼化等若干家国有企业行政合并组建的，而非市场竞争的组合。因此，我国中央国有企业实际企业数量及其比重很大。

（2）从中央管辖的国有企业分布领域来看，虽然中央企业多集中在国防军工、能源、石油石化和通信等关系到国家安全和国民经济命脉的行业和领域，但是中央企业分布领域仍然偏宽，结构不尽合理。据中央企业产权登记显示，截至 2008 年年底，在全部 98 个国民经济行业中，一级企业在其中 41 个行业有分布，二级企业在其中 81 个行业有分布，三级、四级以下企业分别在 87 个和 85 个行业中有分布。[②] 由此造成，一方面，许多中央企业及其子企业仍过多存在于竞争性领域，并不属于关系国家安全和国民经济命脉的重要行业和关键领域，比如房地产业等。因此，中央企业仍面临着前已述及的国企私有化等市场转型问题。另一方面，中央与地方关于国有企业的产权归属关系尚未理顺，中央国有企业与地方国有企业

---

① 截止于本书完稿日期 2011 年 3 月的数据为准。

② 季晓南：《正确分析和认识当前"国进民退"的讨论》，载 http：//www.sasac.gov.cn/n1180/n6881559/n6987010/7234618.html，2011 - 1 - 30 访问。

存在经营错位现象。

因此，在对国资委、中央其他部门和地方国资机构所属国有企业产权归属界定的基础上，还需要通过行政划拨或市场交易等方式在中央和地方之间进一步理顺国有企业产权关系。一般而言，凡是全国性基础设施产业、能源、国防军工、大型基础原材料产业以及高科技产业等关系到国家安全和国家经济命脉的行业和领域应属于中央国有企业，除此以外的市政、公益事业等领域如城市和农村的供水、供气、交通等基础设施、教育、体育以及像出版社、新闻传媒等文化产业应属于地方国有企业。某种意义上说，国有企业是中央与地方之间国有财产划分的关键环节，直接关系到中央与地方政权机关的职能定位及其市场转型，进而影响到行政事业单位的国有财产在中央与地方之间的划分。

2. 从行政事业单位来看

总体而言，相比较国有企业，行政事业单位的国有财产在中央与地方之间进行划分相对比较简单。原则上遵循"一级政府、一级财政、一级所有权"。凡是目前财政部所登记的国有财产均属于中央国有财产，凡是地方财政部门登记的国有财产均属于地方国有财产。比如像国务院机关事务管理局管理的国有财产如中央国家机关所使用的房地产、公务用车等，都属于中央国有财产。又比如教育部或其他部委所属高校属于中央国有财产，省属高校属于省级国有财产，市属高校属于市级国有财产等。

但是，随着行政区划及其行政事业单位的改革，行政事业单位的国有财产在中央与地方之间会有所变化。毋庸置疑，前已述及的行政区划改革必然关系到国有财产在中央与地方之间尤其地方之间的划分问题。同样，前已述及的行政事业单位市场转型改革也将关系到国有财产在中央与地方的划分问题。在行政事业单位"非改经"过程中，如果行政事业单位改制为私有企业，则无须讨论；但如果改制为国有企业，到底属于中央所有还是地方所有？不能简单地按照原有行政事业单位层级来划分产权，而应遵循前已述及的国有企业划分的原则和思路进行处理。比如国家有关部门的出版社、报社等改制为国有企业后，笔者以为，不宜由中央所有，而应按照属地原则交由地方所有。如果行政单位改制为国有事业单位，比如有些行业协会、基金会等，也不能简单地按照原有行政单位层级来划分产权，而应根据事业单位职能需要决定属于中央所有还是地方所有。对于事业单位改革而言，除了前已述及的私有化和国有企业化外，还涉及事业单位本身到底属于中央所有还是地方所有问题。以高校为例。除了保留少数高校由中央所有外，其余均应由地方所有。像职业技术教育、中小学、幼儿园教育、医疗卫生、体育、文化事业等基本上由地方所有。

3. 从资源性财产来看

从资源性财产目前现状来看，除了农村土地、少数山林等少数资源属于所谓的集体所有外，大多数资源如土地、森林、草原、矿藏、河流等都属于国家所有。对此，我国《宪法》以及资源性法律法规等均作了相应规定。前已述及，我国需要对国家所有权和集体所有权进行反思和重构，除了关系到国家战略需要和国计民生的资源领域保留国家所有外，凡是竞争性领域可以适当私有化，提高资源性财产的市场化程度。像我国《宪法》、《物权法》等相关法律法规中规定属于集体所有的资源都是可以私有化的。因此，解决资源性国有财产的中央与地方关系，首先需要解决好资源性国有财产的市场转型问题。以土地为例。美国私人所有的土地占51%，印第安人保留地占2%，联邦及州政府所有的土地占47%。其中，美国公有土地也涉及联邦政府所有的土地和州政府所有的土地。我国早在民国时期，就有土地的中央与地方关系划分。比如1930年制定的《土地法》第4条规定：本法所称公有土地，为国有土地、省有土地、市县有土地、乡镇有之土地。对于我国目前而言，除了土地亟需市场化外，对于国有土地还面临着中央与地方的划分问题。同样，对于土地的地下、地上的附属物如森林、矿藏、河流等领域的改革也是如此。

如何划分国有资源的中央与地方关系？笔者以为，总体原则是，凡是关系到国家安全、国民经济命脉并能产生全国性影响的资源由中央政府所有，其余的主要对地方产生影响的资源属于地方政府所有。比如：像长江、黄河、珠江等跨省区并对全国影响巨大的河流属于中央所有，其余河流属于地方所有；像领海海洋属于中央所有，但领水根据属地原则由地方所有；像大兴安岭等跨省区的高山、森林属于中央所有，其余属于地方所有；像重要的矿藏资源如黄金、稀土金属、石油等属于中央所有，其余属于地方所有等。对于同一种资源如煤炭、石油、草原等，既有属于中央所有的，也有属于地方所有的，这需要在中央和地方之间进行合理的划分。

在资源性国有财产的中央和地方划分的基础上，关于国有资源尤其跨区域的中央所有的国有资源的利用和保护，可以适当借鉴美国等国做法，通过专门的特殊企业立法，打破行政区划限制，设立综合性特殊企业来管理、利用和保护跨区域资源，以解决地区、部门利益冲突以及扭曲资源利用规律的行政管理模式缺陷。比如设立长江流域管理局、黄河流域管理局、淮河流域管理局等。又如大兴安岭地区，目前黑龙江、内蒙古等地各自管理相应的林区资源。为此，可以考虑设立跨省区的统一的大兴安岭管理局等。①

　　上述关于中央与地方国有财产划分的原则和思路同样也适用于省级地方与县（市）地方国有财产的划分。

　　此外，中央与地方以及地方之间的国有财产划分也要充分考虑到历史及自然条件等因素造成的国有财产地区分布不尽合理的现状。我国地方国有财产主要集中在东部沿海12省区，约占六成多，而广大中西部地区只占四成左右。其中，地方经营性国有财产也主要集中在东部沿海12省区，其比例也大致占六成多。如果以现有的国有财产管理权属来界定中央与地方以及各地方之间的国有财产产权，很显然容易造成地区之间财富不平衡和不公平问题，并影响到社会稳定。因此，国有财产的中央与地方之间划分要适当考虑到地区之间的平衡问题，确保相对公平。解决这一问题，对策或许很多，但最主要的对策考虑如下：一是东部沿海地区通过行政划拨适当返还部分国有财产给中西部地区；二是东部沿海地区通过经济补偿、经济支持等方式弥补中西部地区；三是我国在实行国有财产"分别所有"及其财产划分时，中央政府综合各种因素，给中西部地区适当的财政转移支付，以达到国有财产"分别所有"改革的相对公平。以上对策根据各地区实际情况加以区别使用。

　　当然，国有财产的中央与地方划分非常复杂，也非常重大，理应通过相应立法加以规定，并由国有财产改革主管机构进行具体实施和细化。②依笔者之见，在由国有财产改革主管机构确定国有财产层级的基础上，一方面，按照先易后难的原则，对国有企业、行政事业单位、资源性国有财产等进行逐项推进改革，并视各领域内国有财产改革难易程度有步骤地推进。比如国有企业从非重点国企向重点国企逐步推进中央与地方分别所有等。另一方面，先从中央和地方之间开始改革，再到地方之间的改革。其中，地方之间的改革由地方国有财产改革机构负责，充分发挥地方因地制

---

① 限于本书宗旨，在此不再详叙。

② 本书第六章将进一步论证国有财产改革立法问题。

宜的自治权。与此同时，同步推进国有财产市场转型改革以及其他配套改革如社会保障制度改革等。以上思路，其目的在于尽可能降低国有财产在中央和地方之间划分中可能出现的资产流失问题。

或许有人提出，国有财产的中央与地方关系改革、国有财产市场转型改革等到底孰先孰后？是否关系到国有财产改革的成本与代价？笔者以为，倘若在改革开放初期，是有轻重缓急之分，当以国有财产市场转型改革优先。但时至今日，上述改革彼此之间已呈胶着状态，互相制约彼此改革进程。因此，上述改革的同步协调推进方是良策。话虽说如此，但实践操作并非易然。很多改革之事在今天看似不可想象，但一旦突破某一障碍，其实很多看似不可想象的问题便迎刃而解。因此，我们需要"壮士断腕"之心之改革勇气，方能推动中国现代化进程！

第六章　国有财产法的体系构建

国有财产的市场转型、国有财产的中央与地方关系以及国有财产的公权力制度安排等是国有财产法治化的关键环节，国有财产立法仅具有相对意义。只有实现了国有财产的市场转型、理顺了国有财产的中央与地方关系，形成了比较成熟的市场环境和良性的公权力制度安排，国有财产法才能充分发挥其成效。这是把握国有财产立法体系的重要前提和基础。

第一节　国有财产立法原则

一　国有财产立法原则的观点综述

构建适应市场经济要求的国有财产法体系，首先需要明确国有财产立法的基本原则，从而从总体上把握国有财产立法的方向和目标，以尽可能确保国有财产立法的科学性与实用性。但关于国有财产立法的基本原则，学界论述并不多，就如同整个国有财产法不成熟一样。在国资立法起草过程中，学界对此有所论述。

有学者认为，国有资产立法原则包括国有财产神圣不可侵犯原则、国家财产所有权和企业经营权适当分离原则、兼顾国家、集体和个人三者利益原则、遵循市场规律原则等四项原则。[①]

也有学者认为，国有财产立法必须遵循如下三项原则：一是按照所有权和经营权分离原则，明确划分国有财产所有者和经营者的权限；二是在实行所有权和经营权分离的同时，明确国有财产经营者在国有财产经营管理上的责任；三是从我国实际情况出发，有针对性地解决目前国有财产管

---

① 刘隆享：《经济法概论》（第六版），北京大学出版社2005年版，第490—491页。

理方面急需解决的问题和矛盾。①

也有学者认为，国有资产立法原则主要包括保证国有资产在国民经济中占主导地位的原则、实行政府社会经济管理职能与国有资产所有者职能分开的原则、实行国家统一所有、政府分级管理、企业自主经营的原则、实行税利分流、分管、分用的原则、明确国有资产经营主体、确保资本合理流动的原则、谁投资、谁拥有产权的原则、管资产和管人事相统一原则、国有资产经营效益优先的奖励原则。②

也有学者认为，国有资产立法原则主要包括国家行政权与国有资产所有权分开原则、国有资产所有权与法人财产权分离的原则、根据产权形式和责任形式来建立企业的原则、国有资产保值增值原则、权利和义务相一致原则、坚持中介机构服务和监督的原则。③

也有学者认为，国有资产法的基本原则包括国有资产神圣不可侵犯的原则、公共管理者职能与国有资产所有者职能相对分开的原则、国家所有权与企业经营权适当分离的原则、经济效益与社会效益兼顾的原则、国家统一所有与分级分类管理结合的原则。④

也有学者认为，国有资产法的基本原则包括国家统一所有、政府分级行使和监管原则、国家的社会经济管理职能与国有资产所有者职能分开原则、国有资产所有者的管理职能与营运职能分开原则、效益优先、保值增值原则、国有资产取得法定原则。⑤ 后来，该学者还从制定《国有财产法》的角度阐述了国有财产立法的基本原则，主要包括贯彻国有财产分类规范的思想、按照国际化趋势确立国有财产取得制度、遵循经营性国有财产法律规范的自身科学性、规定国家一体所有、中央与地方分级代表的基本制度、具有可操作性和可诉性。⑥ 等等。

应当承认上述学者关于国有财产法研究的开拓性贡献，笔者的见解也

---

① 孙树明：《国有财产立法问题》，载《中国经贸导刊》1988 年第 21 期，第 22—23 页。

② 刘仪舜：《关于国有资产管理体制改革的基本思路及立法的若干重大原则问题》，载《国有资产法》起草工作组编：《国有资产立法研究》，经济科学出版社 1995 年版，第 82—97 页。

③ 穆镇汉：《关于〈国有资产法〉立法的几点思考》，载《国有资产法》起草工作组编：《国有资产立法研究》，经济科学出版社 1995 年版，第 253 页。

④ 王全兴：《经济法基础理论专题研究》，中国检察出版社 2002 年版，第 669—674 页。

⑤ 屈茂辉：《中国国有资产法研究》，人民法院出版社 2002 年版，第 21—26 页。

⑥ 屈茂辉：《制定中国国有财产法的基本思路》，载《湖南社会科学》2004 年第 1 期，第 74 页。

得益于学界前辈的观点。相比较计划经济体制而言，学界对国有财产尤其对国有企业的认识已经有了很大进步，开始从市场经济的视角考虑国有财产法基本原则。但由于历史局限，关于国有财产法的研究依然受到计划经济体制的影响较大，对公有制、国家所有权、国有财产、法人财产权、中央与地方关系甚至对不同部门法功能的解读还存在局限性，因而在分析国有财产法基本原则方面也存在诸多不足。主要表现如下：

（1）国有财产的理解主要局限于"资产"角度，多使用"国有资产"说法。因而，关于国有财产的解读常常有意无意地陷入"企业国有资产"范畴，故国有财产立法原则的表述常针对"国有企业暨企业性国有资产"，有违国有财产立法的整体把握。比如所有权与经营权适当分离原则、明确经营者责任原则、确立企业自主经营权原则、国有资产所有权与法人财产权分离的原则、国有资产所有者的管理职能与营运职能分开原则等。

（2）即使针对企业国有资产的立法原则，也难以适应市场经济的要求。由于历史局限，当时的国企改革更多地围绕所有权与经营权分离，尚未根本触及产权问题，往往是治标不治本的做法。其实，国企改革的关键不在于"政资分离"、"政企分开"，而在于国企市场转型的产权改革，实现国企的市场定位。对于市场经济社会确需保留下来的国有企业，就要发挥其"政资不分"、"政企不分"的行政型治理的功能，这是国家所有权性质所决定。

（3）普遍强调国有财产神圣不可侵犯原则或强调国有财产的主导地位，有违市场经济社会公私财产平等保护的法则。由于制度设计的理念差异，看似突出保护国有财产，实质损耗国有财产并极大浪费社会财富。由于国有财产的市场定位不清，导致国有财产无法或难以适应市场经济的要求，低效使用、资产流失以及挤压私人财产空间等成为普遍现象，不仅直接有损国有财产权益，而且从间接上影响社会财富同比例投入的利益回报而影响财政收入，最终影响国有财产权益。市场经济社会应当遵循公私财产同等保护原则，至于国有财产基于社会公益需要而存在的特殊保护规则，其目的不是让国有财产优越于私有财产，而是基于国家所有权性质更好地利用国有财产，以体现其全民利益，进而充分保障私有财产的发展空间。

（4）强调国有财产的保值增值原则，却忽视了不同类型国有财产以及私有财产的市场定位及其功能价值。保值增值及其经济效益的追求理应是私有财产的主角，国有财产主要担当社会公共利益目标之实现任务，即便国家私产在追求营利性时，也不忘社会公益目标，此乃是与私有财产之本质区别。① 而且，国家私产的营利性及其保值增值目标也不是国有财产立法关注的内容，而是私法规范对所有纳入私法视野中的财产一视同仁的市场暨法治要求。如果国有财产立法不加区别地要求国有财产与私有财产一样保值增值，追求经济效益，甚至强调经济效益优先，其结果不仅是国家利用公权力与民争利，助长行政垄断，挤压私人财产空间，而且还导致国有财产应有的社会功能难以充分发挥，公共产品缺失，降低社会公众福利。在缺乏良性宪政环境下，将"政府永远是一个管理不得力的股东"发挥得淋漓尽致，而致国有财产在市场化中低效使用、资产流失，甚至沦为个人或某些利益集团之私产。因此，与其强调国有财产的保值增值，不如实现国有财产的市场转型，合理定位国有财产和私有财产，此乃是治道之根本！

（5）强调国有财产的国家统一所有原则，过分强调了中央集权，忽视了地方分权，既不利于理顺中央与地方关系，也增加了委托代理成本，已经无法适应市场经济的要求。前已述及，中央与地方的分别所有原则已经成为国际惯例，也成为国内学界共识。

以上缺陷不再一一列举分析，但现有国有财产立法原则的缺陷足以间接地反映了我国国有财产立法现状。

二　国有财产立法原则的确立

如何确立国有财产立法原则？笔者以为，首先需要明确如下几个前提：

一是要准确理解和把握国有财产的如下几个方面：（1）国有财产的范围不局限于"资产"，不仅涉及经营性财产，还涉及非经营性财产；不仅包括国有企业，还包括行政事业单位；不仅涉及资源性财产，还涉及非资源性财产等。（2）国有财产的主体不是抽象的"人民"或"国家"，而是相对具体的各级政府，实行中央与地方的分别所有原则。（3）国家所

---

① 虽然私有财产的最终归宿也要求社会公益性，但具有间接性。而国有财产，无论国家公产还是国家私产，均以社会公益为其直接目标。

有权的性质决定了国有财产具有公权力属性，因而公权力的一切消极因素均有可能在国有财产身上发生。凡是制约公权力的制度安排均有可能用于国有财产。（4）在市场经济社会，国有财产主要定位于弥补市场失灵，为社会提供公共产品，体现社会公共利益目标，进而实现从"王室私产"向公共财产的转型。

二是要准确理解和把握国有财产法的如下几个方面：（1）所谓的国有财产法是从狭义理解，而非广义理解，不包括宪法、民商法等部门法中涉及国有财产的规定。（2）无论是否制定专门的国有财产基本法《国有财产法》，国有财产法不仅包括基本法，还包括国有企业立法、行政事业单位立法以及资源性立法等单行法律法规。故国有财产立法原则针对全部国有财产，具有普适性意义，而不特指国有企业、行政事业单位以及资源性财产等，其另有相应具体的立法原则。（3）国有财产立法主要是公法规范，以弥补私法规范之不足。

在此基础上，笔者以为，我国国有财产立法的基本原则应当包括如下几个方面：

（一）中央与地方分别立法原则

遵循所有权的一般法理，国有财产实行"分别所有"原则是中央与地方之间较为彻底的分权方式之一，也意味着中央和地方对各自国有财产分别加以立法规制。这在联邦制国家不成问题。但在单一制国家则存有异议，也正是有些人反对我国国有财产"分别所有"或主张有保留的"分别所有"的理由。然而，即使是单一制国家，分权以及中央与地方财产分别立法已经成为发展趋势。比如像法国以前也是高度中央集权的国家，自20世纪80年代，也推行了中央与地方的分权改革，下放权力。为此，法国专门颁布了《关于市镇、省和大区权利和自由法》和《市镇、省、大区和国家权限划分法》等。当然，单一制国家的中央与地方的分别立法规制有别于联邦制国家，关键在于立法权来源的差异。联邦制国家突出地方自治权，中央与地方立法权之间不存在所谓的谁授予谁的问题，均是基于中央与地方在立国时进行权益博弈的结果，并通过宪法的事先规定予以各自权力法定，凡是宪法未授予中央政府或未禁止地方政府的权力，均属于地方权力。比如美国宪法规定，凡宪法所未授予联邦或未禁止各州行使的权力，皆由各州或人民保留。但在单一制国家，突出中央权力，包括地方立法权在内的地方自治权主要来自于中央授权，分权程度如何取决于中央对地方的授权程度如何。依法治之一般要求，即使中央授权也需要宪法等法律法规加以规范，即所谓的授权法定。比如法国、日本等。除此以外，无论联邦制还是单一制国家的具体做法还取决于各国国情差异。

从国外实践来看，无论联邦制国家还是单一制国家，无论西方国家还是原苏联东欧或其他国家，往往将中央政府所有的企业及财产称为国有企业暨国有财产，其余的则为地方公营企业暨地方公共财产，并加以分别立法规制，以最大限度地有效管理和监督公共财产。比如美国联邦政府和地方政府均有国有财产立法权，并有相应的立法权限划分。凡是联邦政府所有的企业及财产由联邦立法，州政府所有的企业及财产由州立法，市镇政府所有的企业及财产由市镇立法。如美国 1945 年颁布的《联邦公司控制法》只适用于联邦政府所有的公司，但不适用于州和市镇政府所有的公司，后者由地方自行立法。其他联邦制国家大致如此。比如德国联邦政府的公共财产立法有《联邦长途公路法》、《联邦水路法》、《航空法》等，而各州有相应的地方公共财产立法如《汉堡州道路法》、《柏林州水法》等。对于单一制国家也是如此。比如日本国家所属的公营企业一般均有自己的专门立法，往往采取"一特一法"或"一类一法"的模式，如《日本国营铁路公司法》等。除此以外，还有国有财产的基本法《国有财产法》。对于地方政府所属的地方公营企业有相应的《地方公营企业法》，除此以外，还适用于地方自治法、地方财政法、地方公务员法等。像韩国等国也是如此。即使原苏联东欧国家也是如此。比如俄罗斯国有财产由俄罗斯联邦及联邦主体立法，自治地方所有财产则由地方立法等。

从我国来看，民国时期以及现在的台湾地区就有"分别所有"及其分别立法的实践经验。但在大陆地区，由于长期以来的中央集权的计划经济体制，立法权一直高度集中在中央，即使所谓的授权地方立法，也多是对中央立法的补充和细化等。在国有财产所有权"铁板一块"的情况下，国有财产立法也是如此。无论国有企业立法如《企业国有资产法》、《全民所有制工业企业法》、《公司法》、《企业国有资产监督管理暂行条例》等，还是行政事业单位和资源性财产立法如《行政单位国有资产管理暂行办法》、《事业单位国有资产管理暂行办法》、《水法》、《矿产资源法》、《森林法》、《土地管理法》等，均是由中央立法，并统一施行于全国。即使地方性法规、规章，也是对中央立法的补充和细化。这样做的初衷似乎是保证中央权威和政令畅通，但事实往往是事与愿违。由于立法未充分考虑到地区的差异性，影响地方积极性，结果导致"上有政策、下有对策"，不仅有损中央权威和法律权威，而且还影响到国有财产立法成效以及国有财产治理效果。

很显然，这种立法体制已经难以适应社会主义市场经济体制的需要，尤其是国有财产"分别所有"的改革需要。这种立法体制也难以适应目前国有财产"国家统一所有、分级管理（或分别代表）"的情形，而致"分级管理"效果大打折扣。一旦国有财产实行"分别所有"原则，中央与地方的分别立法势必提上议事日程，否则将影响到"分别所有"本身。

如何实现国有财产的分别立法？这不单纯是法律问题，还面临着宪政问题。从我国目前来看，固然需要借鉴诸如美国等联邦制国家的立法经验，但更要充分考虑到单一制国家的国情，像法国、日本等单一制国家的立法经验更值得我国借鉴。因此，我国目前的改革趋势是，地方立法权仍以中央授权立法为其立法权来源，分权程度取决于中央授权程度。当然，我们也要看到法国、日本等国国情不同于中国，为了更好地解决台湾问题、民族问题等，不排除将来国家结构形式适当变化的可能性，因而在包括国有财产在内的立法方面不排除将来适当借鉴联邦制国家及我国特别行政区立法经验的可能性。这样做至少考虑到我国改革的承受能力及其改革的缓冲期。

鉴于此，从目前来看，我国国有财产的中央与地方分别立法主要从如下几个方面考虑：

1. 根据三级所有的改革目标，由中央、省级、县（市）级分别对各自所有的国有企业、行政事业单位及其他国有财产进行立法。比如中央国有企业由中央立法，对有些中央国有企业可以采取"一特一法"或"一类一法"的立法模式；地方国有企业由地方根据本地情况参照中央立法精神自行立法等。当然，这要涉及立法权限的改革。从我国目前来看，只有中央、省级、省会城市、经济特区、国务院批准的较大市有相应的立法权。国有财产的三级所有的改革目标非一日之功夫，需伴随着我国行政区划体制改革。三级所有意味着行政区划改革完成后的县和市均享有相应的立法权。

2. 无论中央国有财产还是地方国有财产，需要通过《立法法》等相关宪法性法律法规明确规定哪些事项需要由中央立法，即中央在国有财产立法方面的保留权，这也是前已述及的国有财产方面的国家利益保留原则的一种体现。依笔者之见，凡是涉及国有财产改革的总体方针政策、国有财产的市场定位及其分布领域、涉及境外资本的国有财产处置以及境外国有财产管理等事项由中央立法保留。地方可以对当地国有财产的上述事项作出规定，但不得与中央立法相抵触。

（二）社会公共管理职能与出资人职能相对分离原则

所谓社会公共管理职能与出资人职能相对分离原则，是指国有财产的社会公共管理职能与出资人职能分别由政府的不同机构行使，其目的是保障政府的社会公共管理职能在不同所有权面前做到客观、中立和同等对待，切实做到公私财产一体化保护机制。之所以"相对分离"，是指行使社会公共管理职能的机构与出资人机构都是政府，只是由政府内部的不同机构行使而已。如同本书第一章所述，尽管有人提出由人大行使国有财产的出资人职能，但笔者不予赞同，从国家机关职能分工来看，只有政府行使国有财产出资人职能更为适合。国有财产的"全民利益"关键不在于由谁行使出资人职能，而在于公权力的制约，以体现国有财产财富分享的透明度，做到广泛性和公正性。因此，这种"分离"只能在政府内部运作，使国有财产的出资人职能从政府的社会公共管理职能行使机构中分离出来。

这种原则的提出最早源于国企改革以及私有企业和外资企业等的出现，国资委的设立就是为了解决政府的社会公共管理职能与出资人职能分离的问题，以避免出资人机构既充当"运动员角色"，又充当"裁判员角色"，以确保市场规则的制定者和执行者在公私企业面前同等对待。其实，这种职能分离不仅表现在国有企业，在行政事业单位和资源性国有财产方面尤其其中的国家私产方面依然有同样的需求，只不过国有企业更显示其急迫性。但随着改革进入"深水区"，事业单位和资源性国有财产的市场化及其私有化，行政事业单位和资源性国有财产等的职能分离改革也显示出急迫性。比如随着公立医院的改革以及私立医院的出现，有关主管部门职能不分的弊端已经暴露。为此，成都市医改已经迈出了职能分离的第一步。2009 年，成都市卫生局将其公立医院管理职能分离出来，另外设立成都市医院管理局，与成都市国资委合署办公，"一套班子，两块牌子"，由其行使公立医院的出资人职能。而成都市卫生局则面向所有公私医院单纯行使社会公共管理职能。同样，学校等事业单位以及资源性国有财产也不例外。

从履行出资人职能的机构来看，以成都市医改为例，笔者认为，成都市医改做法目前来看是合理的，即成立成都市医院管理局并与国资委合署办公，但从长远来看，随着国有财产市场转型的到位，国有财产出资人机构理应纳入财政部门下设的国有财产管理局。国有财产管理局再根据不同行业、产业等内设若干职能机构。当然，对此有待于进一步商榷。限于本书宗旨，在此不再论证，留待本书的后续研究。

应当说，从"政企分开"到"政资分离"的改革是一大进步。但如果国有财产市场转型尚未彻底完成，国有财产的市场定位不合理，则国家所有权的固有弊端就不能得到合理的限制，所谓的公私财产同等保护就成为"痴人说梦"。相应的，社会公共管理职能与出资人职能分离也变得毫无意义。因此，职能分离的关键在于实现国有财产的市场转型，只有在此基础上理解"政资分离"才具有意义。所谓的社会公共管理职能与出资人职能分离仅具有相对意义。

（三）分类立法原则

所谓分类立法原则，是指根据国有财产的不同种类进行分别立法。根据不同的标准，国有财产有不同的分类。但从法律意义来看，主要有两种：一是前已述及的国家公私产划分或类似划分及其区别法律规制。这也是有些学者所认为的分类立法规范。[①] 但国家公私产划分及其法律适用的差异性是在统一的国有财产基本法或单行法律法规中进行一般性规定，至于国家私产的具体私权行为由私法规范，而不是国有财产立法考虑的范畴。二是根据国有财产经营与否等因素来划分并进行分类立法，将国有财产立法分为国有企业立法、行政事业单位立法和资源性财产立法。这也是我国国有财产立法模式的现状。如同本书第四章所言，这种分类立法模式在具体立法方面存在诸多缺陷与不足，难以适应市场经济的要求。

国有财产立法如何体现分类立法原则？依笔者之见，在实现国有财产市场转型的基础上，首先，在国有财产基本法中对国家公私产划分及其法律适用的差异性进行一般性规定。其次，对国有企业、行政事业单位和资源性国有财产等进行分别立法。再次，对国有企业、行政事业单位和资源性国有财产等内部再进行分类立法。具体包括如下：（1）从国有企业立

---

① 参见高富平《建议国有资产分类规范的法律体系》，载《华东政法学院学报》2000 年第5 期，第 31—36 页。

法来看，一是按照竞争性领域与否或是否商业性领域国有企业进行分类立法规制，国有企业立法主要着眼于非竞争性或非商业性领域的国企，而竞争性或商业性领域国企则主要适用《公司法》等私法规范。这与国家公私产划分及其法律适用的差异性殊途同归。二是对于非竞争性或非商业性领域国企也进行分类立法，建议采取像日本、美国等国普遍使用的"一特一法"或"一类一法"的立法模式。即一个特殊企业、一个立法；或一类特殊企业、一类立法。（2）从行政事业单位来看，一是对行政单位和事业单位进行分类立法。二是事业单位内部按照医院、学校、公共文化设施等再进行分类立法。（3）从资源性国有财产来看，按照不同资源如土地、森林、草原、河流、矿产等进行分类立法。

（四）国家公私产或类似划分区别法律适用原则

国外普遍实行国有财产的国家公私产或类似划分的区别法律适用。即便我国台湾地区也是如此。即国有财产在其民商事流转领域，主要适用私法规范，并通过社会公共利益作出适当限制，除此以外的特殊规定则通过行政法或经济法等公法调整。具体而言，凡是可交易或可以自主处分的国有财产（即国家私产）可以与私有财产一道纳入民商法及其物权法等私法规范中，如《民法典》、《物权法》、《公司法》、《合同法》等。而不可交易或不可自主处分的国有财产（即国家公产）则适用公法规范。正如孟德斯鸠所言："以民法为根据的事情就不应当用政治法加以规定，应依政治法的准则处断的事项就不应依民法的准则处断"。① 这样做的意义在于，能够充分考虑到不同类型的国有财产或国有财产在不同领域的市场定位、价值目标及其法律适用的差异，以确保国家公私产不同目标的实现。如果不加区分地要求国有财产适用同样的法律，其结果既不利于国有财产的社会公益目标实现，也容易与民争利，挤压私人财产空间，最终有损公私财产的平等保护原则。比如让竞争领域的国有或国有参股企业一概适用公法规范，无疑赋予其行政特权，助长行政垄断，损害市场竞争机制及其私有企业利益，有违市场公平竞争；让公共基础设施如道路、公园、桥梁等一概适用私法规范，无疑是与民争利，导致社会公共产品短缺等现象。

因此，借鉴国际惯例，我国国有财产立法也应考量国家公私产或类似

---

① ［法］孟德斯鸠：《论法的精神》（下册），张雁深译，商务印书馆1963年版，第189—191页。

划分的区别法律适用问题。唯此，国有财产法才具有科学性和实用性，才能更好地实现不同类型国有财产的不同价值目标。

当然，国家公私产或类似划分的区别法律适用以及国家私产主要适用私法规范，并非意味着国有财产立法仅针对国家公产，而是针对全部国有财产，但对其要有准确的理解。国家公产无论是财产本身还是其所表现出的行为均受国有财产法等公法规范。对于国家私产而言，财产本身受国有财产法等公法规范，只有其涉及的私权行为才由相应的私法规范，国有财产法不再作出具体规定。因此，无论国家公私产区别法律适用，还是涉及国有财产管理及其监督等事宜，均应由国有财产立法加以一般性规定。这是国有财产立法必须要回答的问题，否则又谈何国家公私产区别法律适用呢？

此外，国家公私产或类似划分是相对的，因而其区别法律适用也非一成不变的。这种相对性在于：

1. 国家公私产内部也存在不尽一致及其法律适用的差异性。一方面，国家公产并非一概排斥私法规范。比如一个国家的"国有土地财产"是否可以让与的问题，应该由政治法而不应该由民法决定。① 但国有土地所有权或使用权在交易过程中则适用民法等私法规范。又比如日本将国有土地视为行政财产，但也采取例外措施，即在不妨碍土地的用途、目的的条件下，可以在有些情况下适用私法，如因由地方公共团体等经营铁路（特别是地铁）、上下水管道等而为有关土地设定地上权等。② 另一方面，国家私产并非一概排斥公法规范。比如国有参股企业适用私法规范，但政府对国有股权的管理则适用公法规范等。

2. 不同国家或同一个国家的不同历史时期关于国家公私产划分都是有差异的。比如有的国家将政府用的房屋视为国家公产，有的国家将之视为国家私产等。

3. 国家公私产划分也是变动的。国家公私产可能会相互转化，以及国有财产与私有财产相互转化等。世界各国及我国台湾地区普遍对此有立法严格规范。比如我国台湾地区《国有财产法》第 34 条规定，"财政部

---

① ［法］孟德斯鸠：《论法的精神》（下册），张雁深译，商务印书馆 1963 年版，第191 页。
② ［日］大塚芳司：《日本国有财产之法律、制度与现状》，黄仲阳编译，经济科学出版社1991 年版，第 20 页。

基于国家政策需要，得征商主管机关同意，报经行政院核准，将公用财产变更为非公用财产。"① 同样，我国台湾地区也有私有化法律如《公营事业移转民营条例》及其实施细则等。总之，这种相对性决定了国有财产立法在不排斥国家私产适用私法规范的同时，必须一并考量国家公私产，这也是国有财产立法的重点和难点所在。

（五）权力制衡原则

国家所有权的公权力性质决定了公权力的一切负面效果均有可能发生在国有财产身上。这也是国有财产与私有财产法律适用差异性的最主要原因。凡是公权力的制度安排均有可能适用于国有财产。故国有财产治理不能简单地遵循私有财产的意思自治原则，而应适用以权力制衡原则为核心的公权力的制度安排。因此，权力制衡原则就势必成为国有财产立法的基本原则。也只有通过权力制衡机制，才能使国有财产摆脱"王室私产"之阴影，回归公共财产属性。

从国有财产立法的权力制衡原则来看，主要体现在两个方面：一是国有财产治理关键来自权力制衡的公权力制度安排，即健全的市场经济体制和良好的国家治理及民主法治化水平。国有财产立法仅具有相对意义。二是国有财产立法本身要尽可能体现权力制衡原则，构建公法状态下的良法。

然而，从我国目前来看，由于国有财产市场转型尚未到位以及其他因素，我国既缺乏权力制衡的公权力制度安排，也缺乏权力制衡的国有财产立法本身。如同本书第四章所言，无论是从宪法、民法等私法规范还是具体的国有财产立法等都不尽如人意。

至于市场环境和公权力制度安排，已经超出本书研究范围。但从国有财产立法来看，如何贯彻权力制衡原则？笔者以为，应当从以下几个方面考虑：（1）国家私产在适用私法规范时，要从立法上防止国家私产滥用国家公权力，以尽可能确保国有财产与私有财产同等对待。（2）国有财产立法始终贯彻公众参与的精神，强化人大、司法机关和社会公众的监督功能。比如国家公私产的转化、国有财产与私有财产的转化、国有资本预算、国有企业设立等重大国有财产事项均需要通过立法并报请人大审批并接受监督等。（3）国有财产立法要体现国有财产的社会公共管理职能与

---

① 我国台湾地区《国有财产法》（2002 年修订版）第 34 条等规定。

出资人职能相对分离的原则，以及国有财产的管理职能与监督职能分离的原则。（4）在国有财产管理立法中，借鉴国外尤其西方国家如美国、英国、日本等国经验，在"统分结合"的模式下，体现决策机构与执行机构相对分离的原则。（5）鉴于国有财产的社会公益性目标，国有财产立法要体现并构建相应的公益诉讼制度。

（六）社会公益原则

国有财产是由全体纳税人形成的，理应为全体纳税人服务，体现全民利益。这是国有财产的本质。即便国家私产追求营利性，也要承担社会公益性负担。正如有学者提出，建立面向公共利益与国家义务的国家公产所有权制度和公私兼顾的国家私产所有权制度，不仅强化持续经营性国家私产的公共性负担，也要确保待私有化经营性国家私产的公共性负担。① 因此，实现社会公共利益目标就成为国有财产的必然选择。但国家所有权的公权力性质决定了国有财产又很容易背负公权力的负面影响及其"王室私产"之阴影，背离社会公益目标，导致"全民利益"虚空，沦落为个人或某利益集团之私产。因此，能够体现国有财产财富公平分享的社会公益原则及其权力制衡的公法规范就成为国有财产立法的价值取向。

国有财产立法如何贯彻社会公益原则？主要包括如下几个方面：（1）国有财产的合理市场定位。基于国家所有权的公权力性质，国有财产不是愈多就愈能体现全民利益，不合理存在的国有财产只会浪费纳税人钱财及其社会资源，并挤压私有财产发展空间，最终损害社会公益目标之实现。因此，在市场经济社会，只有实现了国有财产合理的市场定位，即定位于弥补市场失灵，克服私有财产之不足，以与私有财产互补，才能充分发挥国有财产与私有财产的双重效益，最大限度地实现社会公益目标。（2）贯彻前已述及的权力制衡原则，将有关公权力的制度安排体现在国有财产立法中，使国有财产的公权力负面影响降低到最低限度，实现国有财产从"王室私产"到公共财产的转变，方能体现国有财产的社会公益目标。（3）要确保国家公产之制度设计以社会公益目标为唯一追求。其中，有些国家公产在条件具备的情况下实现无偿、平等、公平、普惠地面向所有社会公众开放使用，比如公厕、公园、广场、博物馆、图书馆、美

---

① 张力：《论国家所有权理论与实践的当代出路——基于公产与私产的区分》，载《浙江社会科学》2009 年第 12 期，第 31—33 页。

术馆、历史遗迹等。目前我国已经在逐步推进此项工作，比如我国开始将公立图书馆、美术馆、博物馆等免费开放；有些地方公厕、公园免费开放等，此乃是社会之进步。但尚需通过立法予以制度化、常态化、法治化。（4）要从立法上确保国家私产在追求营利性同时实现社会公益目标，并确保国家私产之营利性成果能够面向社会公众公平分享。（5）要从立法上确保国有财产市场转型改革成果包括私有化收益能够面向社会公众公平分享，建立国有财富公平分享机制。（6）国有财产立法要体现公益诉讼制度，遏制侵害国有财产的行为，尽可能减少国有财产流失。（7）国有财产立法的社会公益原则是以保障私有财产为前提，不得以国有财产之名，滥用社会公益目标，而损害私有财产，否则就违背了国有财产的社会公益目标本身。社会公益原则是对国有财产的一种限制，而非优先或凌驾于私有财产。正如庞德所言，公共利益并不比保护私人权利更重要。①

第二节　相关部门法中的国有财产立法完善

从我国目前来看，除了专门的国有财产立法以外，宪法、民商法等部门法中也涉及国有财产的规定。其中，宪法、民商法关于国有财产的规定对国有财产立法影响巨大，如何规定直接关系到国有财产立法的科学性和合理性。因此，遵循上述国有财产立法原则，在国有财产具体立法之前，还需解决宪法、民商法有关国有财产的规定问题。虽然宪法、民商法有关国有财产的规定已经超出了本书研究范围，也不是国有财产立法考虑的问题，但该问题的解决关系到国有财产立法的科学性与合理性，是妥善处理国有财产法与宪法、民商法等部门法关系的前提和基础，也是国有财产法渊源拷辨的重要保障。

一　宪法中的国有财产立法完善

从资本主义国家宪法来看，并非如同社会主义国家宪法一样确立相应的经济制度，一般也没有"公有制"、"私有制"或"国有财产"、"私有财产"的专门规定，但基于以私有制为基础的市场经济制度，资本主义国

---

① ［美］罗斯科·庞德：《普通法的精神》，唐前宏、廖湘文、高雪原译，夏登峻校，法律出版社 2001 年版，第 35 页。

家宪法普遍强调"私有财产神圣不可侵犯原则",其目的是推崇所谓的"人民主权、天赋人权、三权分立、法律面前人人平等"等价值理念。即使有关国有财产的直接或间接规定,也是以限制国有财产而保障私有财产为宗旨。这与1688年英国"光荣革命"所确立并得以在资本主义社会一以贯之的"限制王权、保障民权"这一原则一脉相承。比如根据美国宪法第5条修正案的规定,"未经正当法律程序,任何人不得被剥夺自由、生命或财产;没有合理之补偿,私有财产不得充作公用"。① 在洛克眼中,财产权是宪政的基石,未经表决征税违反了财产权的基本法则。② 此外,资本主义国家宪法也普遍确立了中央与地方分权原则,即便单一制国家也多是如此,比如法国宪法确立了地方单位的自治原则,甚至在20世纪80年代为此专门立法如《关于市镇、省和大区权利和自由法》和《市镇、省、大区和国家权限划分法》等。因而,对于政府所有的财产,资本主义国家普遍确立了中央和地方分别所有的原则,并一般将中央政府所有的财产称为国有财产,其余的类似于地方财产等称呼,两者统称为公共财产。

从社会主义国家宪法来看,由于长期以来奉行公有制为基础的计划经济体制及其意识形态影响,宪法中一般均有专门的经济制度规定,普遍确立了生产资料的社会主义公有制。比如1924年的《苏联宪法》、1936年的《苏联宪法》、1977年的《苏联宪法》等均确立了国家所有制和集体农庄合作所有制。其他东欧国家、朝鲜、蒙古、越南、古巴等国也是如此。到了20世纪80年代以后,随着改革进程的推进,出现了多种所有制形式,但仍以公有制为主导,因而在宪法中也有所反映。比如越南《宪法》第15条规定:"国家在社会主义的方向可进行多样化、多种形式的生产经营。所有制形式可分为全民所有制、集体所有制、私人所有制,其中,全民所有制和集体所有制是基础。"

随着原苏联东欧等社会主义国家的剧变,这些国家普遍确立了以私有制为基础的市场经济社会,并通过宪法予以确认。但这些国家并没有完全采纳西方国家的立宪惯例,而是采取了折中做法,具有社会转型特征。即在宪法中规定了私有财产、国有财产等经济制度,并将私有财产置于国有财产之前,强调对私有财产的保护,同时还采用了资本主义国家的分别所

① 参见《美利坚合众国宪法》(通称美国联邦宪法)第5条修正案。
② 邓建鹏:《财产权利的贫困——中国传统民事法研究》,法律出版社2006年版,第28页。

有原则。比如1993年通过的《俄罗斯联邦宪法》第8条明确规定："在俄罗斯联邦，私有财产、国有财产、地方所有财产和其他所有制形式同等地得到承认和保护。"该宪法第9条进一步规定："土地和其他自然资源可以属于私有财产、国有财产、地方所有财产和其他所有制的形式。"该宪法第35条还专门规定："私有财产权受法律保护。每个人都有权拥有为其所有的财产，有权单独地或与他人共同占有、使用和处置其财产。任何人均不得被剥夺其财产，除非根据法院决定。为了国家需要强行没收财产只能在预先作出等价补偿的情况下进行。"

从我国来看，民国时期及台湾地区宪法与资本主义国家宪法大致相似，但在大陆地区，则与传统社会主义国家宪法发展的历史轨迹大致相同，经历了早期的国有化政策的规定，到全面的公有制基础，再到以公有制基础的多种所有制并存。虽然1954年的《宪法》明确规定了国家所有制、合作社所有制、个体劳动者所有制和资本家所有制等各种生产资料所有制同时并存；依法保护农民的土地所有权；为了社会公共利益，可以对城乡土地和其他生产资料实行国有化，并给予一定补偿等。但在其后的实践中，却背离了宪法精神，走向了全面的公有制，而使1954年的《宪法》徒具形式。1975年、1978年的《宪法》更是从宪政高度确立了绝对公有制的经济制度。随着改革开放以来，1982年的《宪法》及其四次宪法修正案逐步确立了以公有制为基础的多种所有制形式并存。

鉴于此，我国国有财产立法需要从宪法上寻求立法瓶颈突破。这并非源于西方国家的立宪惯例和原苏联东欧等社会转型国家的宪法变迁，而是源于市场经济道路的选择、国有财产的市场定位及其宪法的精髓。在市场经济社会，宪法的精髓在于公权力限制的制度安排，以保障私有财产在内的人权。国有财产恰是公权力限制的制度安排的必备内容，以保障私有财产的发展空间。至于国有财产保护，并非宪法宗旨，而是通过专门的国有财产立法加以特殊规定。因此，我国宪法关于国有财产的规定需要作出相应修改。但考虑到历史传统、改革的承受力以及改革的缓冲期等因素，我国目前不宜完全照搬西方国家的立宪惯例，可以适当借鉴俄罗斯等社会转型国家的一些立宪经验。有关国有财产的宪法修改主要包括如下几个方面：（1）根据前文所述，对国家所有权及其国有财产重新解构；不再规定集体经济组织及其集体财产。（2）不再按照国有、集体和私有财产进行分类规范，确立公私财产一体化平等保护原则。至于国有财产的具体保护，涉及国家公产，由国有财产法等公法规范；涉及国家私产，由民商法等私法规范。至于私有财产的具体保护，由民商法等私法规范。从而体现所有财产同等对待的宪法精神。（3）不再按照国有、集体、私有或外资经济组织进行分类规范，确立公私经济组织平等的市场经济地位。至于上述经济组织的具体规定，由各自经济组织相应立法规定。（4）鉴于国有财产的公权力性质，确立私有财产神圣不可侵犯原则，明确规定：非经法定程序，不得剥夺任何人的私有财产；未经合理之补偿，不得强制征用任何人的私有财产。同时，合理规定所有权社会化内容。（5）关于中央与地方关系的规定要适应国有财产的中央与地方分别所有及其分别立法原则等。凡是我国宪法与上述修改意向有冲突的内容，均应纳入修宪范围。

二　民商法中的国有财产立法完善

从资本主义国家来看，民商法有关财产的规定一直是以私有财产为核心。即使国家私产适用民商法等私法规范，也与私有财产一道，而无特别规定。如有特殊规定，则另有经济法或行政法等公法规范，而不是民商法的任务。因此，资本主义国家的民商法普遍继承了宪法精神，确立了私有财产神圣不可侵犯原则，普遍没有所谓的"公有制"、"国有财产"等规定。有关所有权的规定，一般也是指私人所有权，而无国家所有权或集体所有权说法，后者不是私法而是公法考虑的问题。所有权客体往往是以动产和不动产等加以分类规范。比如《法国民法典》、《德国民法典》、《日本民法典》、《韩国民法典》等。像诸如英国、美国等英美法系国家的民事立法或商法更是如此。即使民商法中涉及国有财产规定，也是从"物"或"财产"的分类等方面作出一般性规定，而无涉及国有财产的具体规定。比如《意大利民法典》、《西班牙民法典》、埃及的《国家民法典》、《智利民法典》、《墨西哥联邦地区民法典》等。而且，也是以限制公权力、保障私有财产为目的。比如《法国民法典》规定，国家征收私人财产只能根据公益的理由，并以给予所有人以公正和事先的补偿为条件。

从社会主义国家来看，由于本源意义上的民商法是私法规范，主要调整私人的人身、财产关系。因此，民商法等私法规范在社会主义计划经济时期并无存在的市场。但苏联及其俄罗斯等加盟共和国却简单地把在商品经济条件下的民法概念运用到计划经济体制，由此也发生了民法的异化。故苏俄民法典及其他社会主义国家的民法典或民事立法无一例外地以公有制为主导，强调国有财产的保护，而抹杀了私有财产的发展空间。比如1922年的《苏俄民法典》规定所有权由国家、合作社和私人三种，规定土地、矿藏、森林、铁路、航空、河流以及大型工业企业等为国家绝对所有，允许一定数量的小型企业归个人所有。1962年实施的《苏联民事立法纲要》及其他各加盟共和国颁布的《民法典》，尤以1964年的《苏俄民法典》为典型，也继承了1922年的《苏俄民法典》的基本原则和精神。1975年的《德意志民主共和国民法典》第18条规定了"社会主义财产"，社会主义财产包括全民财产、社会主义合作社财产和公民社会组织财产。全民财产即是国有财产，合作社财产属于合作社组织，公民社会组织财产属于社会组织。① 《越南民法典》也规定了全民所有、政治组织、政治社会组织所有、集体所有、私人所有等。1990年制定的《朝鲜民法》将所有权分为国家所有权、合作社所有权和个人所有权。尽管20世纪80年代以来，许多社会主义国家开始推进改革，有关财产的民事立法也有所变化，但总体并没有改变社会主义国家民事立法的现状。

从原苏联东欧等社会转型国家来看，普遍确立了以私有制为基础的市场经济社会，这在民商法中得以体现，并逐渐使民商法回归私法本来面貌。如同宪法一样，俄罗斯等国并没有完全采纳西方国家的民事立法惯例，而是采取了折中做法，具有社会转型特征。同时，还受到罗马法国库和地方自治团体等影响。一方面，立足于保护私人权利及其私有财产；另一方面，对国库企业、② 国家所有权甚至国有财产私有化作出了一般性规定，同时又将私人所有权置于国家所有权之前。比如《俄罗斯联邦民法典》在民事主体"法人"中规定了生产合作社、国有和自治地方所有的单一制企业等；在所有权中，保留了所有权主体分类，承认私有、国有、自治地方所有和其他形式的所有，规定了国家所有权、自治地方所有权以及国有财产和自治地方所有财产的私有化等。③

---

① 参见［德］罗伯特·霍恩、海因·科茨、汉斯·G.莱塞《德国民商法导论》，托尼·韦尔英译，楚建译，中国大百科全书出版社1996年版，第191页。

② 在俄罗斯，国有的单一制企业，包括俄罗斯联邦和联邦主体所有的单一制企业，对从国库划拨给它的财产不享有所有权。我们将这种企业称为国库企业。依法人之一般要求，严格而言，国库企业不具有法人资格，但却在《俄罗斯民法典》"法人"中加以规定。在俄罗斯，国库企业不完全等同国有企业，国有企业包括国库企业和国有公司。

③ 参见《俄罗斯联邦民法典》第107—115条、第212—217条规定。

　　从我国来看，1911 年制定的《大清民律草案》以及民国时期和台湾地区的民商法与资本主义国家民商法大致相似。比如我国台湾地区 2002年版的《民法》规定所有权客体也是以动产和不动产加以分类规范。但在大陆地区，则与传统社会主义国家民商法历史轨迹大致相同。虽然我国在 20 世纪 50 年代也曾模仿苏联等国起草民法典，但终因计划经济、政治运动以及缺少法治环境的东方传统等因素，而致民法典起草中途夭折。也难怪我国在计划经济时期就连形式意义上的甚至是异化的统一民事立法都没有。直至 20 世纪 80 年代改革开放以来，我国才有了统一的《民法通则》。该法律在民事主体"法人"中规定了全民所有制企业、集体所有制企业，在民事权利中规定了国有财产和集体财产，强调了国有财产神圣不可侵犯原则等。由此可见，该法律受计划经济影响，存在滞后性，过分强调国有财产的保护，也忽视了国有企业、集体企业等在内的公共财产与私有财产法律适用的差异性。虽然，我国 2005 年修订的《公司法》和 2008年颁布的《物权法》等有了很大进步，但《公司法》中的国有独资公司等规定以及《物权法》中的公有制、国家所有权等规定依然存在缺陷。这种立法模式看似强调国有财产与私有财产的平等保护，实质仍是强调国有财产的保护，但由于忽视了国有财产与私有财产法律适用的差异性，往往最终既不能有效地保护国有财产，也容易挤压私有财产发展的空间。

　　其实，民法学界早就对此存有异议。本书第一章对此做过分析。像江平教授、梁慧星教授等民法学界前辈早就对此提出异议，认为在民法及其物权法中不宜以所有权主体进行分类，而应当借鉴国际惯例采取动产与不动产进行分类规范；国有财产宜由公法规范，而不宜在民商法中特殊规定等。但我国立法界一直未能回应上述异议。这在国外不成问题的问题却成了我国立法的一大问题，此乃是源于所有制障碍而致民商事立法"画蛇添足"带来的无谓争论。由此可见，我国《民法典》迟迟未能出台在当下中国语境下未必是坏事。

　　笔者从国有财产立法的视角来看，也深感需要从民商法上寻求立法瓶颈的突破。这并非源于西方国家的民商事立法惯例和原苏联东欧等社会转型国家的民商事立法变迁，而是源于市场经济道路的选择、国有财产的市场定位及其民商法的精髓。在市场经济社会，民商法的精髓在于平等主体之间的意思自治和契约自由，是以保障私有财产及其私人权利为宗旨。因此，与国有财产有关的民商事立法迄需修改。

　　对此，民法学界已经有人提出诸多建议。比如有学者认为，物权立法中应对国有财产分类作出原则规定，再依据物权法和宪法，制定《国有财产法》。① 也有学者认为，可以借鉴俄罗斯的做法，把能体现私法性质的国家所有权内容都放在物权法中予以规定。对于那些在理论上不属于物权的客体、但属于国有财产如国有股份，可以在规定物权客体时作为例外规定。至于国家所有权的实现方式，一是在物权法中合理设计他物权制度；二是国家所有权实现的具体方式、职责等应当由国有资产法规定，但物权法中至少应当设计出针对相应事项的准用性条款——对此类问题准用有关国有资产管理的法律。② 也有学者认为，国家公产所有权应面临物权法的特殊调整，相对于历史上特殊保护的国家特权，应该强调国家义务的约束性规定。③ 该学者言下之意，除了国家私产受物权法规范外，国家公产还受物权法的特殊调整。等等。

　　如何修改？笔者以为，国有财产的公权力性质决定了其主要适用公法规范，至于国家私产适用民商法等私法规范，并无特殊的公有权，无须特殊规定，而与私有财产同等适用。至于国有财产的公私产划分、哪些国有财产可以作为国家私产，以及国家私产适用私法规范如有特殊规定等，也不是民商法的事情，那是国有财产法等公法解决的问题。至多在物权客体分类中涉及国有财产一般性规定而已，就如同爱沙尼亚《物权法》规定了全民物、公共物和私有物一样。④ 因此，笔者不同意有些学者在《物权法》建议稿中建议规定"公有物和公用物属于国家所有，不得转让，不得作为取得实效的客体。但已不再作为公有物或公用物的除外。公有物，是指为公众服务的目的而由政府机构使用的物。公用物，是指为一般公众使用的物"；⑤ 或建议规定"公用财产包括领海、领空、公共道路、港口、公园以及其他供公众直接使用的财产。公用财产属于国家所有权，不得转

---

　　① 高富平：《建立国有资产分类规范的法律体系》，载《华东政法学院学报》2000 年第 5 期，第 34 页。

　　② 余能斌、程淑娟：《经济转型时期物权立法的一面镜子——以俄罗斯的国家所有权立法为鉴》，载《现代法学》2006 年第 5 期，第 179 页。

　　③ 张力：《论国家所有权理论与实践的当代出路——基于公产与私产的区分》，载《浙江社会科学》2009 年第 12 期，第 31 页。

　　④ 参见爱沙尼亚《物权法》第 9 条规定。

　　⑤ 梁慧星：《中国物权法草案建议稿》，社会科学文献出版社 2000 年版，第 16 页。

让，不得作为取得时效的客体。"① 等等。上述建议规定理应由国有财产法等公法规范。

基于上述思路，最为彻底的修改是，借鉴国际惯例和我国台湾地区经验，在《物权法》以及拟将制定的《民法典》等民商事立法中，不再按照所有权主体分类规范，不再规定国家所有权、集体所有权等，而是按照所有权客体分为动产和不动产所有权并加以分类规范。但考虑到历史传统、改革的承受力以及改革的缓冲期等因素，笔者以为，我国目前不宜完全照搬西方国家的民商事立法惯例，可以适当借鉴俄罗斯等社会转型国家的一些民商事立法经验。因而，退而求次之的与国有财产相关的民商法修改如下：（1）在拟将制定的《民法典》、《物权法》和《公司法》等民商事立法中，不再规定经济制度。（2）在拟将制定的《民法典》、《物权法》等民商事立法中，不再规定"国有财产神圣不可侵犯原则"等类似内容，以体现国有财产与私有财产平等保护原则，国有财产的特殊保护理应由国有财产法等公法规范。（3）在拟将制定的《民法典》"民事主体"之"法人"中，一般性规定企业法人包括国有企业和私有企业等，不再对国有企业等进行专门规定，涉及国家公产的特殊国有企业由国有财产法中的国有企业特殊立法规范，涉及国家私产的普通国有企业由《公司法》等私法规范。（4）在拟将制定的《民法典》、《物权法》等民商事立法中，对本书第一章解构后的国家所有权和私人所有权等仅作一般宣示性规定，仅仅起到告知所有权平等保护，以及所有权除了私人所有权外还有国家所有权等目的；不再按照所有权主体分类规范，不分国家、集体和私人所有权而对所有权作统一性规定，至于国家所有权及其国有财产的分类和范围以及占有、使用、收益和处分等特殊规定理应由国有财产法等公法规范，民商法不再规定；鉴于本书第一章所述，也不再规定集体所有权及其集体财产；按照所有权客体的动产和不动产进行分类规范。（5）在《公司法》中，不再单独规定国有独资公司，国有企业的特殊规定理应由国有财产法中的国有企业特殊立法解决等。

---

① 王利明：《中国物权法草案建议稿及说明》，中国法制出版社 2001 年版，第 27 页。

第三节　国有财产立法体系

　　行文至此，关于国有财产立法的方向和思路已经基本清晰明了。鉴于国家所有权的公权力性质，国有财产法治化关键依赖于公权力的制度安排，国有财产立法仅具有相对意义。这也决定了国有财产立法必须寻求立法条件的成熟性。考虑到我国正处于社会转型时期，我国当务之急是制定一部国有财产改革的法案，实现国有财产的市场转型、合理界定国有财产的中央与地方关系等，借此推动与国有财产有关的宪法和民商法等立法完善，从而扫除国有财产立法的体制性障碍和立法瓶颈。当然，改革需要一个过程。在此过程中，不排除国有企业、行政事业单位以及资源性国有财产等先行修补性立法。待条件成熟时，笔者建议采用"统分结合"的立法模式，即制定一部系统性的国有财产基本法《国有财产法》（理由其后阐述），在此基础上，再具体进行企业性国有财产、行政事业性国有财产和资源性国有财产等分类立法。之所以如此分类立法，考虑到国家出资企业、行政事业单位的组织性质差异，尽管它们内部也存在国家公私产区别法律适用问题，但从总体上它们之间具有类似国家公私产的区别法律适用问题。同时，国有资源无法被国家出资企业、行政事业单位全部涵盖，而且资源本身也具有特殊性，无论是否被行政企事业单位涵盖及其立法规制，也有单独立法的必要性。

　　基于国有财产的中央与地方分别所有及其分别立法原则，本书主要是从中央立法层面考量国有财产法，这也是国有财产立法的关键。至于地方国有财产立法，由地方根据中央国有财产立法并结合本地国有财产实际情况自行决定如何立法。

一　国有财产改革立法

　　无论西方国家、原苏联东欧等社会转型国家还是我国台湾地区，不仅普遍存在私有财产国有化法治路径，同样也普遍存在国有财产私有化的法治路径。前者是为了确立国有财产依法取得制度，以限制国家公权力，进而保护私有财产及其人权。后者是为了确保国有财产私有化改革的公众参与、利益博弈、透明度及其合法性，避免损公肥私和国有财产流失，以保障纳税人的合法权益，最大限度地实现社会公共利益目标。

但在我国大陆地区，一直缺乏一部类似于国外及我国台湾地区普遍存在的国有财产改革法案。这固然与我国缺乏传统法治有关，亦或许源于对"私有化"固有的意识形态偏见，而无视私有化的"正在发生"。固守意识形态偏见，而致私有化立法的缺失，进而导致国有财产流失，实为社会所不容，理应值得立法检讨。

因此，我国当前急需制定一部有关国有财产改革的专门法案，以规范并进一步深化国有财产改革。其目的是让国有财产回归公共财产属性，为国有财产市场转型提供合法性基础。作为纳税人积累的国有财产处置，在国企设立、国企私有化等国企改制、行政事业单位改制等方面，理应得到纳税人参与、同意和监督。而作为全民代议机构的"人大"立法则是必然选择，这是实现国有财产市场转型过程的"全民参与"、信息对称和透明度的根本途径，也是防止国有财产市场化边界不清、"官商勾结"的"内部私有化"、外来资本垄断以及国有财产流失等的有效途径。同时，这也是回应保守者阻碍改革或激进者破坏改革的有力手段。在目前这种"可以去做，但不可以说"的体制下，无论如何改革以及改革是否成功都有可能面临着保守者或激进者的质疑，很显然，这是决策者自找麻烦。而在"多数人决议"的议会立法面前，不管保守者还是激进者持何政治立场，面对民意都无可争辩。故民意立法是保障改革的最佳手段！

当然，我国国有财产改革要比西方国家和我国台湾地区的国有财产改革复杂得多。因为西方国家及我国台湾地区国有财产改革比较单一，主要是国有企业私有化改革，相关立法也主要是国有企业私有化的改革法案。比如日本的《国有铁路改革法》、我国台湾地区的《公营事业移转民营条例》、《公营事业移转民营条例施行细则》等。但在我国，不仅面临着国有企业改革，还面临着行政事业单位和资源性国有财产改革；不仅面临着国有财产私有化改革，还面临着国有财产的中央与地方关系以及国家公私产等改革。我国国有财产改革更类似于原苏联东欧等社会转型国家的国有财产改革。但我国"渐进式"改革模式又不同于原苏联东欧等社会转型国家的"激进式"改革模式，虽能暂时缓解社会矛盾和维护社会稳定，但又容易使某些问题积重难返。故我国国有财产改革到了一定阶段以后又显示出原苏联东欧等社会转型国家尚未遇到又更为复杂化的问题。比如国有财产改革中的体制摩擦、多次反复改革及其成本加剧、大量隐性的"官商勾结"的官僚经济、国有财产的"私人化"及其流失等。虽然国有财产改革立法不能穷尽并解决一切问题，但上述复杂因素乃是我国国有财产改革立法考量所在！

如何立法？有学者提出制定《中华人民共和国国有企业民营化法》。①笔者不予赞同。姑且不论前已述及的"民营化"概念备受争议，即使"国有企业"也不能涵盖国有财产改革的全部内容。我们是否直接采用国际上通用的"私有化法"呢？笔者也不予认可。并非笔者如同许多人一样敏感"私有化"概念，而是"私有化"也不能涵盖国有财产改革的全部内容，尽管私有化是其主要内容。因此，笔者建议制定一部《国有财产改革法》作为国有财产改革的基本法。

拟将制定的《国有财产改革法》主要包括如下内容：（1）国有财产改革的总体思路、目标、计划及时间周期等。（2）国有财产改革的总体原则。（3）国有财产改革的总体方案、手段和方式等。（4）国有财产改革的主管机构。（5）国有财产的中央与地方关系改革。（6）国有财产市场转型改革，明确国有财产市场化边界，包括：哪些可以私有化、哪些不可以私有化；哪些立即私有化、哪些暂缓私有化；哪些行政单位转事业单位，哪些事业单位转企业；哪些只能是国家公产，哪些可以是国家私产等。（7）国有财产改革收益的分享机制。（8）国有财产改革可能面临的难点、障碍及其解决对策和时间表。（9）国有财产改革的应急预案及其保障措施。（10）国有财产改革过程中的法律责任及其责任追究机制。不仅涉及传统的民事责任、行政责任和刑事责任，还涉及宪政责任等。但鉴于国有财产改革的历史特殊性、宪法修改的时间滞后性以及二者之间的互动性等因素，故通过宪法修正案的例外条款来确保国有财产改革既不违宪，又能使改革得以深化。其中，该法案关键要解决如下几个问题：（1）国有财产改革的主管机构；（2）国有财产的中央与地方关系改革；（3）国有财产市场化边界的界定；（4）国有财产改革收益的分享机制等。

当然，对于国有企业改革、行政事业单位改革以及土地、林木、矿藏等资源改革，根据实际情况需要，可以考虑制定实施细则或单行法律法规作为《国有财产改革法》实施的配套法律法规。甚至像国家烟草专卖局、中国电信、中国铁路工程总公司等特大型国有企业改革可以考虑借鉴日本

---

① 张建文：《转型时期的国家所有权问题研究——面向公共所有权的思考》，法律出版社2008年版，第441页。

等国关于特殊国有企业改革的专门立法经验，如日本1987年制定的《日本国有铁道改革法》等，制定单独的特殊国企改革立法，如《中国铁路工程总公司改革法》等。当然，这些改革法案均具有临时性特点，以保障国有财产改革有法可依。

二　国有财产基本法

从国际上来看，制定国有财产基本法的国家或地区并不多见，基本上是大陆法系国家或地区，这与其成文法传统有关系，也与其国有财产比重等因素有关。而且，主要集中在东亚一些国家或地区。主要包括日本、韩国、法国、蒙古以及我国台湾地区等。据史料考证，最早的具有现代意义上的国有财产基本法当属日本明治政府1889年颁布的《官有财产管理规则》。在此基础上，日本于1948年制定了《国有财产法》，后历经多次修改，目前是2002年版的《国有财产法》。同时，日本还有与《国有财产法》相配套的法律法规及其实施细则、行政命令等，如《国有财产法实施令》、《国有财产特别措施法》等。韩国于1950年制定了《国有财产法》，后历经多次修改，目前是2001年版的《国有财产法》，并还颁布了《国有财产法施行规则》等。法国于1956年颁布了《国有财产法典》，后于2006年被《公法人财产总法典》所取代。我国台湾地区于1969年开始实施《国有财产法》，后历经多次修改，目前是2002年版的《国有财产法》，并还颁布了《国有财产法施行细则》等。原苏联东欧等国家社会转型以后，有些国家也颁布了国有财产基本法，比如蒙古的《国家和地方财产法》等。

由此可见，是否有必要制定国有财产基本法不是问题的关键，问题的关键在于是否有良好的公权力制度安排、国有财产的市场定位是否合理、是否有相对合理的国家公私产区别法律适用、是否合理界定中央与地方财产关系、现有的宪法、民商法等是否合理规范国有财产、现有的国有财产单行立法是否足以涵盖并解决国有财产的相关法律问题等。而上述这些"问题的关键所在"恰恰在世界上许多国家或地区尤其西方国家并不成问题，由此也注定了国有财产基本法在这些国家或地区并无多大立法市场。如若因此而制定国有财产基本法，则是形式问题。至于上述国家制定国有财产基本法则与其历史传统等因素有关，比如法国在历史上国有财产比重相对较高，且有法典化的立法传统。又如日本则受1889年颁布的《官有财产管理规则》等立法历史传统影响，同时还受二战以后加强国家干预及其国有财产比重相对提升等因素影响。像韩国、我国台湾地区及蒙古则受日本影响较大。

因此，我国考量有无必要制定国有财产基本法的关键因素并非是国外尤其我国周围的日本、韩国、蒙古及我国台湾地区是否有国有财产基本法，而是上述这些"问题的关键所在"在中国的缺失。或许有人认为，其中的许多"问题的关键所在"超出了国有财产立法范畴，是国有财产改革暨体制性问题，诸如法治环境、中央与地方财产关系、国有财产的市场定位等。笔者不否认上述观点，但同时认为，在国有财产改革暨体制性障碍寻求突破的过程中，如何纠正我国长期以来缺乏国家公私产或类似划分及区别法律适用问题、如何理顺现有国有财产立法与宪法、民商法等的关系、如何明确国有财产立法思路暨纠正现有国有财产立法缺陷等，则非拟将制定的《国有财产改革法》所能解决。虽然，解决国有财产问题关键在于国有财产改革暨体制性障碍突破，但从立法上确需一部国有财产基本法回应上述问题。因此，笔者建议我国应当制定一部国有财产基本法，即《国有财产法》，以此回应我国计划经济暨转型时期遗留下来的国有财产立法中的诸多重大问题，明确国有财产的中央与地方关系、国家公私产划分及其区别法律适用，纠正国人中长期以来国有财产立法的陈旧思维，同时也适应我国人口众多、地域庞大、国有财产比重相对较高的国情等。某种意义而言，我国比法国、日本、韩国、蒙古及我国台湾地区等更需要一部国有财产基本法，只是国有财产改革条件成熟与否而已。既然如此，国有财产基本法就不是我国《企业国有资产法》所能代替，当初"大小国资立法"之争，最终以《企业国有资产法》告终，实际上反映了制定国有财产基本法的条件尚未成熟，同时也反映了部分人的陈旧立法思维。

关于国有财产基本法的内容，早期主要局限于行政不动产领域。比如日本的《官有财产管理规则》的调整对象仅限于土地及土地附属物等不动产。1948年的《国有财产法》调整对象虽然扩大到动产和无形财产，但仍侧重行政不动产管理。除此以外，还有关于政府物品管理的《物品管理法》、关于政府债权管理的《国债管理法》、关于政府现金管理《会计法》等。后来，《国有财产法》才不断扩大国有财产调整范围，涉及国有财产所有领域。即便如此，从会计角度来看，《国有财产法》仍侧重不动产管理，动产管理则由《物品管理法》调整。其他国家和地区国有财产基本法的历史变迁也是大同小异。此外，国外及我国台湾地区关于中央与地方财产关系普遍实行分别所有及分别立法原则，一般将中央政府所有的财产称为国有财产，故国有财产基本法一般针对中央政府所有的财产。

从国外及我国台湾地区现有的国有财产基本法内容来看，主要包括国有财产的概念、范围、分类、管理机构、管理及其处理、监管及其法律责任等。比如日本的《国有财产法》内容体系主要包括总则（涉及国有财产的概念、范围、分类等）、管理及处理机关、管理及处理（包括通则、行政财产和普通财产）、台账、报告书和计算书以及其他规定和附则。又如韩国的《国有财产法》内容体系主要包括总则（涉及国有财产的概念、范围、分类等）、总括厅、行政财产和保存财产的管理和处理、杂项财产的管理和处理、账簿和报告以及补则、罚则和附则等。再如我国台湾地区的《国有财产法》内容体系主要包括总则（涉及国有财产的概念、范围、分类等）、管理机构、保管、使用、收益、处分、检核和附则等。由此可见，上述国家和地区关于国有财产基本法的内容体系大同小异。

其中，国有财产基本法均对国有财产作了国家公私产或类似划分并加以区别法律规制。除了以上列举的国家和地区外，还包括法国和蒙古等。比如法国的《国有财产法典》以及后来的《公法人财产总法典》均对国家公私产作了明确规定。又如蒙古的《国家与地方财产法》将国有财产分为公用国家财产与国家私有财产等。

我国拟将制定的《国有财产法》应当包括哪些内容呢？有学者认为，我国国有财产法主要包括总则、国有财产取得、国有财产所有权的行使、国家公共财产的管理机关、经营性国有财产的分级代表、国有财产的处分、国库、国有财产的登记备案、对国有财产支配者的法律监督、法律责任、附则等。①

笔者以为，根据国外及我国台湾地区国有财产基本法立法情况，以及我国国有财产改革目标和趋势，拟将制定的《国有财产法》首先需要明确如下两点：（1）既调整国有不动产，也调整国有动产及其他国有财产。当然，从会计角度来看，不排除《国债法》、《彩票法》等与《国有财产法》配套实施。（2）既调整中央所有的国有财产，也调整地方所有的国

---

① 屈茂辉：《制定中国国有财产法的基本思路》，载《湖南社会科学》2004 年第 1 期，第74—75 页。

有财产。虽然，我国国有财产改革目标倾向于分别所有、分别立法原则，但笔者倾向于中央和地方政府所有的财产都称为国有财产，也倾向于国有财产基本法属于中央立法权限。正因为如此，拟将制定的《国有财产法》只能涉及国有财产的共性问题，只能针对国有财产法的基本问题作出原则性规定，具体问题则由国有财产单行分类立法加以解决。

鉴于此，笔者认为，我国拟将制定的《国有财产法》应当包括如下主要内容：（1）总则。包括国有财产的概念、范围、分类、国有财产的市场定位、价值目标、国有财产的中央与地方关系以及国有财产法的基本原则等。其中，对国有财产要进行国家公私产划分，不仅涉及行政事业单位，而且还涉及国家出资企业和国有资源等，并规范国家公私产的相互转化问题。（2）本着对国家所有权的公权力限制，以保障私有财产为目的，根据国有财产依法取得原则，建立国有财产取得制度。（3）根据国有财产的共性，构建国有财产管理机构及管理制度。同时，根据企业性国有财产、行政事业性国有财产和资源性国有财产的差异性，作出相应的特殊规定。（4）按照国家公私产的区别法律规制，建立国有财产的使用、收益和处分制度。（5）基于国家所有权的公权力性质，以公权力监督的制度安排价值理念，构建国有财产的监督制度。（6）建立国有财产法的法律责任及其责任追究机制。不仅包括传统的民事责任、行政责任和刑事责任，尤其还要包括违宪责任。同时，建立相应的公益诉讼制度等。

当然，对于《国有财产法》诸如国有财产的取得、管理、使用、收益、处分、监督等制度的具体内容，限于本书宗旨，在此不再详叙，留待本书的后续研究，以此形成国有财产法的制度篇。

此外，国务院及其各部委以及各级地方政权根据拟将制定的《国有财产法》，结合实际情况，可以考虑制定相应的实施细则、规章制度或配套的法律法规，比如《国有财产法实施细则》、《国有财产评估办法》、《国有财产产权登记办法》、《国有财产统计办法》等。

三　企业性国有财产立法

企业性国有财产立法不等同于国有企业立法。一般而言，国有企业包括国有独资或控股企业，但不含国有参股企业。故国有企业立法无法涵盖国有参股企业的国有股权规范。而企业性国有财产立法不仅包括国有企业立法，还包括政府出资人机构与包括国有参股企业在内的国家出资企业之间的国有股权规范。因此，就企业性国有财产而言，使用企业性国有财产立法比国有企业立法更为科学。

从国外来看，如同整个国有财产一样，受中央与地方财产关系分别所有及分别立法原则影响，国有企业一般仅指中央政府所有的企业，往往对此有多种称呼，如美国的联邦公司、加拿大的皇冠公司、新加坡的法定机构等，而地方政府所有的企业一般有类似于地方公营企业、地方企业等称呼，并由中央和地方分别立法规制。故谈及国外的国有企业立法一般针对中央政府所有的企业。国外对国有企业也是采取类似国家公私产的分类立法。对于具有国家私产性质的国有企业或国有参股企业，则与私有企业一道适用《公司法》等私法规范。对于具有国家公产性质的国有企业主要有两种立法模式：一是颁布统一适用的《国有企业法》，再辅以单行的特殊企业立法，比如美国、法国、韩国、澳大利亚等；二是没有统一适用的《国有企业法》，对这类国有企业普遍以特殊企业形态加以立法，采取"一特一法"或"一类一法"的立法模式。比如日本、加拿大、奥地利、意大利、巴西等。当然，这种《国有企业法》往往并不规范国有企业的具体经营法律关系，而是强调政府对国有股权及其国有财产的管理和监督，类似于我国目前的《企业国有资产法》。比如美国的《联邦公司控制法》、澳大利亚的《联邦公营企业法》等。

我国早在清朝末年和民国时期就对官办或官商合办企业采取了类似于"一特一法"或"一类一法"的立法模式，如《轮船招商局章程》、1928年的《中国银行条例》和《交通银行条例》等。我国台湾地区国有企业立法总体上与国外大致相似，曾经采取统一的《国营事业管理法》（2002年，该法律失效），加以特殊国有企业立法。

从我国企业性国有财产立法现状来看，由于从计划经济向市场经济社会转型时期，国有企业立法既残留着计划经济的阴影，也有市场经济的因素，导致国有企业或国有参股企业缺乏国家公私产的区别法律规制，忽视了不同类型国有企业的价值目标，也致使有些国有企业常出现适法真空。一方面，受计划经济影响深厚的《全民所有制工业企业法》及其实施条例难以适应国有独资企业，而我国又缺乏如同美国、日本等国的若干特殊企业立法规制，导致国有独资企业适法的真空。另一方面，国有独资公司、国有控股公司和国有参股公司不加区分地一律与私有企业一道适用《公司法》，其结果既不利于国有企业的目标实现，也不利于私有企业的目标实现，同时也有违市场的公平竞争。此外，新近制定的《企业国有资产法》也存在诸多不足，比如作为出资人机构的国资委设置、出资人职能与社会公共管理职能混淆的现象以及对国家出资企业的资产处置、经营等未按照国家公私产加以区别法律规制等。

企业性国有财产如何立法？笔者以为，应从两个层次加以立法考量。第一层次是政府的出资人机构与国家出资企业之间的法律关系调整。从目前来看，我国有《企业国有资产法》，但该法涵盖不全，尚未涉及金融性国家出资企业、一些特殊行业国家出资企业如铁路、烟草、邮政等。有学者提出单独制定《国有控股公司法》，以规范国有控股公司的国有资本出资人资格。[①] 笔者以为，在《企业国有资产法》存在的情况下，制定《国有控股公司法》乃是多此一举。如前所述，随着国有财产改革完成，笔者建议制定一部国有财产基本法《国有财产法》，应当在拟将制定的《国有财产法》"管理制度"中对政府的出资人机构与包括国家出资企业在内的具有国有财产性质的单位之间的法律关系加以规范，同时规定相应的国有资本经营预算制度。一旦如此，《企业国有资产法》也随之废除。这也是笔者追求的立法目标。但在《国有财产法》尚未出台之前，尚需进一步完善《企业国有资产法》，比如出资人机构的设置、出资人职能与社会公共管理职能的进一步分离、关于国家出资企业的国家公私产区别法律规制等。

第二层次是国家出资企业自身运营法律关系调整。对此，采取分类立法模式。首先，考虑到金融企业与非金融企业法律适用的差异性，将国家出资企业按照金融性企业与非金融性企业加以区别立法规制。其次，对金融性国家出资企业与非金融性国家出资企业再按照国家公私产性质加以区别立法规制。具体包括如下：

1. 从金融性国家出资企业来看，一方面，借鉴日本将日本银行、日本开发银行和日本进出口银行等作为特殊法人企业的"特别银行"并采取分别立法的经验，[②] 我国应当将中国人民银行、三大政策性银行以及中

---

① 参见田田《国有控股公司的特殊立法问题研究》，载《江淮论坛》2001 年第 6 期，第 20 页。

② 参见［日］金泽良雄《经济法概论》，满达人译，中国法制出版社 2005 年版，第 341—343 页。

央汇金投资有限责任公司等作为具有国家公产性质的特殊企业对待,① 适用有别于普通商事金融企业的公企业法律规范,采取"一特一法"或"一类一法"的立法模式。因此,笔者建议除了《中国人民银行法》外,对于三大政策性银行以及中央汇金投资有限责任公司等也应单独立法或分类立法。另一方面,对于普通商事金融性国家出资企业,主要是股份制商业银行如中国工商银行、交通银行、南京银行等,优先适用《商业银行法》,未予规定的部分适用《公司法》等私法规范。

2. 从非金融性国家出资企业来看,一方面,对于非竞争性或政策性经营领域的国家出资企业,应当作为具有国家公产性质的特殊企业对待,企业形态主要为国有独资企业、国有独资公司或国有控股公司。② 特殊企业一般包括政府及其部门控制的没有独立人格的企业和公法人企业两种。③ 像俄罗斯等国所谓的国库企业、新加坡的法定机构、加拿大的皇冠公司等即属于特殊企业的一种。有学者建议我国借鉴俄罗斯经验建立国库企业法律制度。④ 笔者不予赞同。虽然国家出资企业尤其国有独资或控股企业无法与政府脱离关系,但赋予国家出资企业法人资格并采取法人治理结构有助于在政府与国家出资企业之间构建相对"政企分开"的关系。因此,对于非竞争性或政策性经营领域的国家出资企业,笔者不赞成采取如同俄罗斯等国的那种非法人资格的国家单一制企业(即国库企业),而是建议建立都具有法人资格的国家出资企业,并按照国家公产性质构建有别于普通商事企业的特殊企业法律制度,即采取"一特一法"或"一类一法"的立法模式。因此,像国资委管辖的中央特殊企业都应当逐步进行分别立法规制,比如《中国核工业集团公司法》、《中国葛洲坝集团公司法》等。至于地方特殊企业依此类推由地方单独立法,如《南京地下铁道有限责任公司条例》等。既然如此,特殊企业不再适用《全民所有制

① 中国人民银行到底属于国家机关还是国有企业存有争议,笔者认为中国人民银行理应作为特殊国有企业对待。

② 之所以存在国有独资企业和国有独资公司之分,源于我国国有企业改制程度以及《全民所有制工业企业法》与《公司法》等适法的冲突。此种区分很不科学,容易造成适法真空,也不利于国企法治化,理应通过国企改革改变这种状况。

③ 参见史际春主编《经济法》,中国人民大学出版社2005年版,第152页。

④ 参见张力《论国家所有权理论与实践的当代出路——基于公产与私产的区分》,载《浙江社会科学》2009年第12期,第32页。

工业企业法》及其实施条例以及《公司法》等。待特殊企业立法条件成熟，《全民所有制工业企业法》及其实施条例应当废除；同时修改《公司法》，废除其中的国有独资公司等规定，不再在《公司法》中对国家出资企业单独加以规定。

　　另一方面，对于竞争性或从事营利性活动的国家出资企业，应当作为具有国家私产性质的普通商事企业对待，企业形态主要为国有控股公司和国有参股公司。从市场经济的要求来看，这类企业应当尽可能地减少。对于这类国家出资企业应当按照国家私产性质构建普通商事企业法律制度，与私有企业一道适用《公司法》等私法规范，不再另行立法规定。

四　行政事业性国有财产立法

　　在国外尤其西方国家，由于国有企业比重很低，故对国有企业往往采取特殊企业立法模式加以规制，而行政财产则相对而言成为国有财产管理及其立法的重点。行政财产主要就是不动产，也难怪国外国有财产立法尤其早期主要侧重于不动产方面的管理及其立法。比如日本的《官有财产管理规则》及其后的《国有财产法》等。总体而言，行政财产从过去的分散管理向相对集中管理以及"统分结合"的模式转变，实行决策机构与执行机构分离的原则。行政财产一般为国家公产，适用公法规范。制定国有财产基本法的国家一般通过基本法规范行政财产，比如法国的《国有财产法典》（后来被《公法人财产总法典》所取代）、日本、韩国的《国有财产法》等。没有制定国有财产基本法的国家则通过专门单行立法或其他相关立法规范行政财产，比如美国的《联邦政府财产与行政服务法》、《联邦财产管理法》、英国的《政府财务管理法》、德国的《财政管理法》等。但行政财产对外关系中也有可能涉及私产行为，比如行政财产的取得以及行政私产的使用与处分等，对此仍应与私有财产一道适用私法规范。比如美国的《合同纠纷法案》、《合同竞争法案》、《服务合同法案》、英国的《租赁法》、法国的《合同法》等。

　　我国台湾地区在行政财产管理体制方面也借鉴了西方国家的"相对集中管理"与"统分结合"的管理经验，在立法方面也与日本、韩国等国大致相似。但在我国大陆地区，由于长期以来国有企业比重一直非常高，也是国有财产流失"重灾区"，故国有财产立法一直是以国有企业立法为重心，而行政事业性国有财产立法一直成为薄弱环节。目前来看，行政事业性国有财产立法早先有《行政事业单位国有资产管理办法》等部门规章，后又专门制定了《行政单位国有资产管理暂行办法》和《事业单位国有资产管理暂行办法》等。姑且不论我国缺乏国有财产的公权力制度安排，即使现有的行政事业性国有财产立法也存在诸多不足。一是现有立法层次太低，仅是部门规章而已。虽然这不是问题关键，但在缺乏公权力制度安排以及国有财产基本法的情况下，这种立法层次反映了行政事业性国有财产管理及其立法的薄弱。二是现有立法无法解决国有财产的中央与地方关系以及国有财产的市场转型等问题，也未能足够关注本应是行政事业性国有财产立法重点的管理体制问题。在此情况下，无论是现有立法还是立法官员及学者提出要求制定《行政事业性国有资产法》的呼声，也如同《企业国有资产法》一样是治标不治本的做法。三是现有立法缺乏国家公私产的区别法律规制。一度流行的"非经营性财产转为经营性财产"的改革在缺乏国家公私产划分的情形下，即便有《事业单位非经营性资产转经营性资产管理实施办法》等，也必然存在失范与无序问题，既容易扭曲行政事业单位的公益目标，也容易造成"官商勾结"的官僚经济问题，滋生"小金库"，导致国有财产流失。

导致上述立法状况，根源不在于立法，而在于行政事业性国有财产本身。一方面，我国的行政单位还包括准行政性质的政协、执政党及各民主党派组织机构等，而且国家机关职能分工及其转型尚未到位。另一方面，我国事业单位与政府关系密切，社会自治能力不足。因此，我国行政事业性国有财产不仅面临着"行政转事业"、"行政事业转企业"、"国家公产转国家私产"、"国有财产转私有财产"等，还面临着"企业转行政事业"以及"国家私产转国家公产"等多重改革重任。在此背景下，作为立法重点的行政事业性国有财产管理体制也难以理顺，即使借鉴国外及我国台湾地区的"相对集中管理"与"统分结合"的管理经验也无法奏效。某种意义上说，这也是我国行政事业性国有财产立法的困境所在。当然，行政事业性国有财产管理并非本书研究宗旨，留待本书后续的国有财产法制度篇研究。

随着《企业国有资产法》的颁布以及"大小国资立法"争论暂告结束，无论立法界还是学术界有人建议制定《行政事业性国有资产法》等。① 是否

① 参见申海平《关于制定〈行政事业性国有资产法〉的若干问题》，载《山东社会科学》2009年第3期，第111页。

有此必要？笔者以为，在目前行政事业性国有财产改革尚未到位以及尚未理清国有财产立法思路的情况下，如若制定《行政事业性国有资产法》，将面临着与《企业国有资产法》一样"先天不足"的后果。也有学者借鉴《企业国有资产监督管理暂行条例》的做法，建议近期先制定《行政事业单位国有资产监督管理暂行条例》。① 笔者也不予赞同。笔者以为，除了如同前已述及的理由外，现有的《行政单位国有资产管理暂行办法》和《事业单位国有资产管理暂行办法》等立法足已替代有学者建议的立法功能。

国有财产的公权力制度安排及立法意义的相对性决定了包括行政事业性国有财产在内的国有财产立法必须寻求立法条件的成熟性。这从某一侧面也反映了现有行政事业性国有财产立法层次较低有其可取之处。当务之急不是如何修改现有立法缺陷，而是为其科学立法创造条件。因此，当前急需制定如前所述的《国有财产改革法》，甚至在必要时可以考虑制定诸如《行政事业性国有财产改革实施条例》等配套改革法案，加快行政事业性国有财产改革，合理定位行政事业性国有财产、理顺中央与地方的分权关系、合理区分国家公私产以及合理构建相应的国有财产管理体制等。同时，修改完善诸如《事业单位非经营性资产转经营性资产管理实施办法》等相关法规，配合拟将制定的《国有财产改革法》等，进一步规范行政事业性国有财产改革。

在此基础上，行政事业性国有财产如何立法？鉴于笔者主张制定国有财产基本法《国有财产法》，故笔者建议我国借鉴日本、韩国、法国及我国台湾地区等立法经验，由拟将制定的《国有财产法》直接规范行政事业性国有财产。国有企业、国有资源等的特殊性决定了除了《国有财产法》，尚需另行单独特殊立法。但行政事业性国有财产不同于国有企业、国有资源等的立法特殊性，公权力的制度安排更为凸显，由此决定了行政事业性国有财产立法主要内容无非是中央与地方关系、管理体制、国家公私产的区别法律规制、监督、法律责任等，而这基本能够被《国有财产法》所涵盖。同时，考虑到我国地域广阔、行政事业性国有财产庞大、地区差异以及法治环境等现实国情，我国还可以考虑借鉴美国的《联邦财产

---

① 参见唐鸣、陈荣卓《行政事业单位国有资产流失：路径考察与制度防范———种法律视角下的分析与建议》，载《经济法学、劳动法学》2007 年第 4 期，第 85 页。

管理法》、甚至芬兰制定的《博物馆法》等立法经验，在《预算法》等普适性的财政法前提下，在《国有财产法》的基础上，中央与地方结合实际情况再另行制定本级政府所有的行政事业性国有财产管理法规，细化《国有财产法》，以与《国有财产法》配套实施。

至于行政事业性国有财产的私产行为，除了拟将制定的《国有财产法》及其配套法规作出原则性界定外，不再另行立法规范，而与私有财产一道适用私法规范。

此外，对于私人投资的事业单位财产，毫无疑问适用私法规范。但在社会公共管理职能的立法方面应当同等适用所有公私事业单位。而我国立法理念及其立法实践却滞后于事业单位改革。因此，有关事业单位的社会公共管理职能的立法如涉及私立学校的各类《教育法》等应作出相应修改，以适应公私一体化平等对待原则。

五　资源性国有财产立法

从国外尤其西方国家来看，关于资源性财产立法主要有如下特点：一是资源既有政府所有，也有私人所有，故资源立法除有政府所有的资源性财产管理立法外，还有公私资源同等适用的履行社会公共管理职能的资源立法。二是由于政府所有的资源实行分别所有原则，故普遍采取中央与地方分别立法的做法。从中央政府所有的资源性财产（即资源性国有财产）管理立法来看，主要有两种做法：一是制定国有财产基本法，其中对政府的出资人机构与资源性国有财产之间的权属管理法律关系作出一般性规定。同时，还通过资源性国有财产的特别立法加以具体规范。典型国家有法国、日本、韩国等。比如法国除了《国有财产法典》（后来被《公法人财产总法典》所取代）外，还有《国有土地法典》等单行资源立法。日本除了《国有财产法》（早先是《官有财产管理规则》）外，先后还有单行资源立法如《河川法》、《北海道国有未开垦地处置法》、《国有林野法》、《农地法》、《森林法》等。等。二是没有国有财产基本法，仅通过资源性国有财产的专门立法加以规范。许多国家采取这种做法。比如美国的《联邦土地政策和管理法》（FLPMA）、《农地保护政策法》以及有关矿产资源的专门立法等、德国的《土地法》等。除此以外，美国还通过设立国有特殊企业利用和开发某些国有资源，如美国的田纳西流域管理局、阿巴拉契亚区域开发委员会等，并有专门立法规制如《田纳西流域管理局法》、《阿巴拉契亚开发法案》等。

从我国来看，清朝末期就有关于资源性企业的特殊立法，如《开平矿务招商章程》、《黑龙江矿务招商章程》等。北洋政府及民国时期就有资源性国有财产的专门立法，如北洋政府时期的《国有荒地承垦条例》、《矿业条例》等、民国时期的《渔业法》、《土地法》、《森林法》等。我国台湾地区除了《国有财产法》外，还有专门资源立法，如《土地法》、《矿业法》、《森林法》等。而且，这些专门立法对资源的国家公私产作了相应区分并加以区别法律规制，比如国有土地有国有公用土地与国有非公用土地区别法制问题等。①

但在我国大陆地区，由于自然资源属于国家所有和集体所有，而且主要是国有，从而决定了资源性国有财产立法无所谓社会公共管理职能与出资人职能分离的问题。因而，现有的《水法》、《矿产资源法》、《森林法》、《草原法》、《土地管理法》等兼有社会公共管理职能与国有财产出资人职能等多重立法功能。这在原苏联东欧国家也不例外，如《苏联和各加盟共和国土地法纲要》、《苏联和各加盟共和国水法纲要》、《苏联和各加盟共和国森林法纲要》等。但随着国有财产改革深化，尤其资源性财产市场化的趋势暨私有化的可能性，现有的资源性国有财产立法难以适应社会公共管理职能与出资人职能分离的原则，也缺乏与国有企业法、行政事业单位立法等法律法规及其规章的衔接与配合，也缺乏与《物权法》等民商法的衔接与配合。由此造成资源性国有财产产权主体模糊、产权虚化等问题。尽管资源性国有财产近年来尝试林权、采矿权、探矿权、土地使用权流转等改革，但依然受高度集中的计划经济体制影响以及国家所有权、集体所有权的限制，导致相关立法滞后性，存在市场化程度低、无偿使用、过度开发、资源利用率低、国有财产流失严重等问题。比如《矿产资源法》关于探矿权、采矿权流转的限制与《物权法》等民商法的衔接与配合问题等。而且，在缺乏国有财产国家公私产划分的情形下，上述资源性立法在资源的市场化与非市场化方面存在真空，导致资源的公益目标与私益目标的错位，不仅影响到可持续发展，也是影响目前房价居高不下、资源浪费等的原因之一。

---

① 参见郑明安《台湾地区国有土地利用法制问题之研究》，载《海峡两岸土地利用研讨会论文集》，2004 年，第 63—71 页。

如前所述，公权力的制度安排是国有财产法治化的关键，国有财产立法仅具有相对意义。资源性国有财产也不例外。故无须急于追求资源性国有财产立法，而是寻求立法条件的成熟。面对资源市场化暨所有权多元化改革的发展趋势，资源性国有财产如何立法？有学者建议"单独制定一部资源性国有资产基本法，同时制定一部统一的国有资产监管法，再另行对现有单行的资源部门法进行修改"。① 笔者不予赞同。笔者主张制定一部统一的国有财产基本法《国有财产法》，既然如此，就无须再另行制定资源性国有财产基本法和统一的国有财产监管法，上述建议都可以在拟将制定的《国有财产法》中加以原则规定，更何况国有财产监管问题并非单纯依赖立法所能解决，关键取决于国有财产合理的市场定位以及公权力的制度安排。至于具体法律问题，则由单行资源立法加以解决。

因此，笔者认为，待资源性国有财产改革条件成熟时，我国资源性国有财产立法思路应当包括如下几个方面：（1）资源立法实行社会公共管理职能与国有财产出资人职能分离的原则，资源性国有财产立法主要从出资人管理国有财产职能角度进行立法考量。（2）对资源性国有财产按照国家公私产区别法律适用原则进行立法规制。对于国家公产性质的资源，如国家保留地、国防、军事用地等由公法规范。对于国家私产性质的资源，涉及私权行为与私有资源在内的私有财产一道适用私法规范。比如探矿权、采矿权、林权等流转适用《物权法》、《合同法》等民商法规范。（3）制定一部统一的国有财产基本法《国有财产法》，规范政府的出资人机构与资源性国有财产之间的权属管理法律关系，对包括资源性国有财产在内的所有国有财产的重大共性问题如中央与地方关系、国家公私产区分法律适用、国有财产管理体制、监督制度以及法律责任等作出一般性规定。（4）修改现行的单独资源立法，将社会公共管理职能与出资人职能进行分离，从出资人管理国有财产职能角度考虑，在《国有财产法》的基础上，再根据各种资源的特殊性，分别单独资源性国有财产立法，如《国有森林法》、《国有土地法》等，细化资源性国有财产的国家公私产区别法律适用等主要法律问题。（5）本着国有资源的充分利用与开发原则，可以考虑借鉴美国等国建立田纳西流域管理局等资源利用及其立法经验，

---

① 参见腾晓慧、姜言文《资源性国有资产保护的法的价值取向》，载《法学杂志》2006年第6期，第54页。

建立一些国有资源利用的特殊国有企业，如长江流域管理局、大兴安岭地区管理局等，① 并加以单独立法规制，实行"一特一法"或"一类一法"的立法模式。（6）修改现行的单独资源立法及相关法律法规，从社会公共管理职能进行资源立法，以区别于资源性国有财产立法，适用所有公私资源，以体现同等对待原则。但这种资源立法已非国有财产法研究范畴，但属于经济法研究对象。

　　当然，限于本书宗旨，关于特殊企业、行政事业单位以及资源性国有财产立法的具体内容不再详叙，留待本书的后续研究，作为国有财产法的分支部门法篇。

---

　　① 我国目前已经建立了新疆塔里木河流域管理局，但远远不够，也未上升到特殊企业管理资源的足够高度，而且也缺乏特殊企业立法规制。

参考文献

一 中文部分：

1. 国内著作类

[1] 陈健：《政府与市场——美、英、法、德、日市场经济模式研究》，经济管理出版社 1995 年第 2 版。

[2] 陈允、应时：《罗马法》，商务印书馆 1931 年版。

[3] 陈朝壁：《罗马法原理》，法律出版社 2006 年版。

[4] 程恩富：《西方产权理论评析》，当代中国出版社 1997 年版。

[5] 辞海编辑委员会：《辞海》（经济分册），上海辞书出版社 1980 年第 2 版。

[6] 邓建鹏：《财产权利的贫困——中国传统民事法研究》，法律出版社 2006 年版。

[7] 《法律年鉴》，法律出版社 1987 年版。

[8] 法学教材编辑部《罗马法》编写组：《罗马法》，群众出版社 1983 年版。

[9] 范忠信、陈景良主编：《中国法制史》，北京大学出版社 2007 年版。

[10] 顾功耘主编：《经济法教程》，上海人民出版社 2002 年版。

[11] 顾功耘：《国有经济法论》，北京大学出版社 2006 年版。

[12] 郭广辉、王利军：《我国所有权制度的变迁与重构》，中国检察出版社 2005 年版。

[13] 郭建：《中国财产法史稿》，中国政法大学出版社 2005 年版。

[14] 《国有资产法》起草工作组编：《国有资产立法研究》，经济科学出版社 1995 年版。

[15] 《汉书·食货志上》。

[16] 何超明：《澳门经济法的形成与发展》，广东人民出版社 2004 年

第 2 版。

［17］何勤华主编：《外国法制史》，法律出版社 1997 年版。

［18］何勤华、魏琼主编：《西方民法史》，北京大学出版社 2006 年版。

［19］何永坚：《中华人民共和国企业国有资产法释义及实用指南》，中国民主法制出版社 2008 年版。

［20］黄道秀、李永军、鄢一美译：《俄罗斯联邦民法典》，中国大百科全书出版社 1999 年版。

［21］江平主编：《民法学》，中国政法大学出版社 2000 年版。

［22］蒋忠新译：《摩奴法论》，中国社会科学出版社 1986 年版。

［23］孔祥俊：《民商法新问题与判解研究》，人民法院出版社 1996 年版。

［24］李昌庚：《回归自然的经济法原理》，知识产权出版社 2010 年版。

［25］李昌麒主编：《经济法学》（修订本），中国政法大学出版社 1999 年版。

［26］李昌麒：《经济法学》，中国政法大学出版社 2002 年版。

［27］李松森：《中央与地方国有资产产权关系研究》，人民出版社 2006 年版。

［28］李秀清：《日耳曼法研究》，商务印书馆 2005 年版。

［29］梁慧星主编：《民商法论丛》第 4 卷，法律出版社 1996 年版。

［30］梁慧星主编：《中国物权法草案建议稿：条文、说明、理由与参考立法例》，社会科学文献出版社 2000 年版。

［31］林榕年、叶秋华主编：《外国法制史》，中国人民大学出版社 2003 年版。

［32］刘俊海：《公司的社会责任》，法律出版社 1999 年版。

［33］刘隆亨：《经济法概论》，北京大学出版社 2005 年第 6 版。

［34］刘玉平：《国有资产管理》，中国人民大学出版社 2008 年版。

［35］罗红波、戎殿新：《西欧公有企业大变革》，对外经济贸易大学出版社 2000 年版。

［36］《孟子·腾文公上》。

［37］米辰峰主编：《世界古代史》，中国人民大学出版社 2001 年版。

［38］潘静成、刘文华主编：《经济法》，中国人民大学出版社 2005 年第 2 版。

［39］漆多俊主编：《经济法学》，高等教育出版社 2003 年版。

［40］漆多俊主编：《经济法学》（修订版），武汉大学出版社 2004 年版。

［41］《钦定大清会典事例·户部·田赋·开垦》。

［42］屈茂辉：《中国国有资产法研究》，人民法院出版社 2002 年版。

［43］《三国志》卷十五《魏志·司马朗传》。

［44］沈荣华编著：《中国地方政府学》，社会科学文献出版社 2006 年版。

［45］沈志渔、罗仲伟等：《21 世纪初国有企业发展和改革》，经济管理出版社 2005 年版。

［46］沈宗灵：《比较法总论》，北京大学出版社 1998 年版。

［47］史树林、庞华玲等：《国有资产法研究》，中国财政经济出版社 2003 年版。

［48］史际春：《国有企业法论》，中国法制出版社 1997 年版。

［49］史际春：《当代国际惯例：国有资产管理》，海南出版社 1998 年版。

［50］史际春、温烨、邓峰：《企业和公司法》，中国人民大学出版社 2001 年版。

［51］史际春主编：《经济法》，中国人民大学出版社 2005 年版。

［52］史际春、邓峰：《经济法总论》（第二版），法律出版社 2008 年版。

［53］史际春等：《企业国有资产法理解与适用》，中国法制出版社 2009 年版。

［54］《诗经·小雅·北山》。

［55］（台湾）史尚宽：《物权法论》，荣泰印书馆 1979 年版。

［56］孙国华、朱景文主编：《法理学》（第二版），中国人民大学出版社 2004 年第 2 版。

［57］孙宪忠：《德国当代物权法》，法律出版社 1997 年版。

［58］《唐律疏议·杂律》。

［59］佟柔主编：《论国家所有权》，中国政法大学出版社 1987 年版。

［60］佟柔主编：《中国民法》，法律出版社 1990 年版。

［61］王贵国总主编：《中国财产法》，法律出版社 1998 年版。

［62］王金存：《破解难题—世界国有企业比较研究》，华东师范大学出版社 1999 年版。

［63］王利明：《国家所有权研究》，中国人民大学出版社 1991 年版。

［64］王利明：《物权法论》，中国政法大学出版社 1998 年版。

［65］王利明主编：《民法》，中国人民大学出版社 2000 年版。

［66］王利明：《中国物权法草案建议稿及说明》，中国法制出版社2001
　　　年版。

［67］王利明：《物权法研究》（修订版）（上卷），中国人民大学出版社
　　　2007年第2版。

［68］王名扬：《法国行政法》，中国政法大学出版社1988、1997年版。

［69］王全兴：《经济法基础理论专题研究》，中国检察出版社2002年版。

［70］王卫国：《中国土地权利研究》，中国政法大学出版社1997年版。

［71］王欣新：《公司法》，中国人民大学出版社2008年版。

［72］伍柏麟、席春迎：《西方国有经济研究》，高等教育出版社1997
　　　年版。

［73］吴宏伟：《经济法》，中国人民大学出版社2007年版。

［74］吴振国：《西方发达国家企业法律制度概观》，中国法制出版社
　　　1999年版。

［75］肖厚国：《所有权的兴起与衰弱》，山东人民出版社2003年版。

［76］谢次昌：《国有资产法》，法律出版社1997年版。

［77］谢怀栻：《台湾经济法》，中国广播电视出版社1993年版。

［78］徐国栋主编：《绿色民法典草案》，社会科学文献出版社2004年版。

［79］徐孟洲：《经济法学原理与案例教程》，中国人民大学出版社2006
　　　年版。

［80］薛源编着：《美国财产法》（American Property Law）（英文版），对
　　　外经济贸易大学出版社2006年版。

［81］杨景宇、安建：《中华人民共和国企业国有资产法释义》，中国市场
　　　出版社2008年版。

［82］《养吉斋全录》卷一。

［83］杨开峰编著：《国有企业之路：法国》，兰州大学出版社1999年版。

［84］杨文：《国有资产的法经济分析》，知识产权出版社2006年版。

［85］杨紫烜主编：《经济法》，北京大学出版社、高等教育出版社1999
　　　年版。

［86］游绍尹主编：《中国法制通史》，中国政法大学出版社1990年版。

［87］张建文：《转型时期的国家所有权问题研究——面向公共所有权的
　　　思考》，法律出版社2008年版。

［88］张晋藩主编：《中国法制史》，中国政法大学出版社2002年版。

［89］张梦梅主编：《新编外国法制史》，中国政法大学出版社1991年版。

［90］张尚鹜主编：《走出低谷的中国行政法学——中国行政法学综述与评价》，中国政法大学出版社1991年版。

［91］张守文：《经济法总论》，中国人民大学出版社2009年版。

［92］张树义：《行政法与行政诉讼法学》，高等教育出版社2002年版。

［93］张学仁主编：《香港法概论》，武汉大学出版社1992年版。

［94］赵旭东主编：《公司法学》，高等教育出版社2006年第2版。

［95］朱大旗：《金融法》，中国人民大学出版社2007年版。

［96］朱勇主编：《中国法制史》，法律出版社1999年版。

［97］《左传·僖公十五年》。

［98］《左传·宣公十五年》。

2. 国外著作类

［99］［德］马克思：《资本论》第1卷，中国社会科学出版社1983年版。

［100］［德］《马克思恩格斯全集》第3卷，人民出版社1960年版。

［101］［德］《马克思恩格斯全集》第1、19、23卷），人民出版社1972年版。

［102］［德］汉斯·J.沃尔夫、奥托·巴霍夫、罗尔夫·施托贝尔：《行政法》，高家伟译，商务印书馆2002年版。

［103］［德］罗伯特·霍恩、海因·科茨、汉斯·G.莱塞：《德国民商法导论》，托尼·韦尔英译，楚建译，中国大百科全书出版社1996年版。

［104］［德］沃尔夫冈·费肯杰：《经济法》（第一、二卷），张世明、袁剑、梁君译，中国民主法制出版社2010年版。

［105］［德］乌茨·施利斯基：《经济公法》，喻文光译，法律出版社2006年版。

［106］［法］弗朗索瓦·泰雷、菲利普·森勒尔：《法国财产法》（上、下），罗结珍译，中国法制出版社2008年版。

［107］［法］弗雷德里克·巴斯夏：《财产、法律与政府》，秋风译，贵州人民出版社2003年版。

［108］［法］古斯塔夫·佩泽尔：《法国行政法》（第十九版），廖坤明、周洁译，张凝校，国家行政学院出版社2002年版。

［109］［法］拉法格：《财产及其起源》，王子野译，生活·读书·新知三

联书店 1962 年版。

[110] [法] 孟德斯鸠:《罗马盛衰原因论》,婉玲译,商务印书馆 1962 年版。

[111] [法] 孟德斯鸠:《论法的精神》(下册),张雁深译,商务印书馆 1963 年版。

[112] [古罗马] 查士丁尼:《法学总论》,商务印书馆 1989 年版。

[113] [古希腊] 亚里士多德:《雅典政制》,日知、力野译,商务印书馆 1959 年版。

[114] [古希腊] 亚里士多德:《政治学》,吴寿彭译,商务印书馆 1997 年版。

[115] [美] 伯纳德·施瓦茨:《美国法律史》,王军等译,中国政法大学出版社 1990 年版。

[116] [美] 查尔斯·沃尔沃:《市场或政府》,中国发展出版社 1994 年版。

[117] [美] 罗斯科·庞德:《普通法的精神》,唐前宏、廖湘文、高雪原译,夏登峻校,法律出版社 2001 年版。

[118] [美] 克里斯特曼:《财产的神话——走向平等主义的所有权理论》,张绍宗译,广西师范大学出版社 2004 年版。

[119] [美] 斯蒂芬·芒泽:《财产理论》,彭诚信译,北京大学出版社 2006 年版。

[120] [美] 汤普森:《中世纪经济社会史》(上册),耿淡如译,商务印书馆 1984 年版。

[121] [美] 威廉·韦德:《行政法》,楚建译,中国大百科全书出版社 1997 年版。

[122] [美] 约翰·G. 斯普兰克林:《美国财产法精解》,钟书锋译,北京大学出版社 2009 年版。

[123] [美] 约翰·康芒斯:《制度经济学(上)》,商务印书馆 1983 年版。

[124] [南] 爱德华·卡德尔:《公有制在当代社会主义实践中的矛盾》,中国社会科学出版社 1980 年版。

[125] [日] 大塚芳司:《日本国有财产之法律、制度与现状》,黄仲阳编译,经济科学出版社 1991 年版。

［126］［日］金泽良雄：《经济法概论》，满达人译，中国法制出版社
2005 年版。

［127］世界银行编：《官办企业问题研究》，李燕生等译，中国财政经济
出版社 1997 年版。

［128］［英］布莱克斯通：《英国法释义》（又译为《英国法律评论》）
（第一卷），游云庭、缪苗译，上海人民出版社 2006 年版。

［129］［英］戴维·M. 沃克主编：《牛津法律大辞典》，北京社会与科技
发展研究所组织编译，光明日报出版社 1989 年版。

［130］［英］F. H. 劳森、B. 拉登：《财产法》，施天涛等译，中国大百科
全书出版社 1998 年版。

［131］［英］法哈特·J. 泽德：《阿拉伯国家财产法》，郭锋、陈丽洁、
汤树梅译，中国人民大学法律系 1986 年内刊。

［132］［英］梅因：《古代法》，沈景一译，商务印书馆 1959 年版。

［133］［英］约翰·哈德森：《英国普通法的形成》，刘四新译，商务印书
馆 2006 年版。

［134］［英］约翰·斯科特：《公司经营与资本家阶级》，张峰译，重庆出
版社 2002 年版。

3. 论文类

［135］曹培：《英国财产法的基本原则与概念的辨析与比较》，载《环球
法律评论》2006 年第 1 期。

［136］陈旭琴：《论国家所有权的法律性质》，载《浙江大学学报》（人
文社会科学版）2001 年第 2 期。

［137］程淑娟：《论我国国家所有权的性质——以所有权观念的二元化区
分为视角》，载《法律科学》2009 年第 1 期。

［138］程淑娟：《确信与限制——国家所有权主体的法哲学思考》，载
《河北法学》2009 年第 5 期。

［139］邓元明：《关于〈国有资产法〉立法的若干思考》，载《当代经济
科学》1995 年第 1 期。

［140］高富平：《建立国有资产分类规范的法律体系》，载《华东政法学
院学报》2000 年第 5 期。

［141］金福海：《制定〈国有资产法〉若干问题探讨》，载《政法论丛》
1996 年第 4 期。

[142] 李昌庚:《新路径视野下的农村集体土地所有权的反思与重构》,载《学术论坛》2007 年第 7 期。

[143] 李昌庚:《公司:社会化企业命题——兼论马克思主义所有制的反思与重构》,载《商丘职业技术学院学报》2008 年第 1 期。

[144] 李昌庚:《金融危机视野下经济法价值拷辨——以国有企业为例的实证分析》,载《政治与法律》2010 年第 6 期。

[145] 李昌庚:《转型视角下的中国国有企业治理法律研究》,载《法学杂志》2010 年第 12 期。

[146] 李春满:《日本国有财产管理制度简介》,载《经济研究参考》1992 年第 Z7 期。

[147] 李凤章:《国家所有权的解构与重构》,载《山东社会科学》2005 年第 3 期。

[148] 李康宁、王秀英:《国家所有权法理辨析》,载《宁夏社会科学》2005 年第 7 期。

[149] 李砾、王丹:《行政公产理论问题研究》,载《广西政法管理干部学院学报》第 17 卷第 4 期（2002 年）。

[150] 李曙光:《论〈企业国有资产法〉中的"五人"定位》,载《政治与法律》2009 年第 4 期。

[151] 李源山、黄忠河:《日本国有财产管理与监控的启示》,载《外国经济与管理》1998 年第 6 期。

[152] 蔺翠牌:《论国有资产所有权主体的唯一性和统一性》,载《中央财经大学学报》1997 年第 8 期。

[153] 刘纪鹏:《关于〈国有资产法〉起草的若干建议》,载《首都经济贸易大学学报》2004 年第 6 期。

[154] 刘俊海:《制定〈国有资产法〉的思考》,载《河南省政法管理干部学院学报》2008 年第 5 期。

[155] 刘士国:《评"国家所有权主体的唯一性和统一性"》,载《山东法学》1998 年第 1 期。

[156] 刘云升:《国家所有权面临新的挑战——评〈中国物权法草案建议稿〉对国家所有权制度的构建》,载《河北法学》2001 年第 1 期。

[157] 吕世论、彭汉英:《财产法史考略》,《南京大学法律评论》1997 年春季号。

［158］马铁：《王钰建议成立国有财产管理委员会》，载《经济改革与发展》1994 年第 2 期。

［159］马毅等：《英国土地管理制度介绍与借鉴》，载《中国土地》2003 年第 12 期。

［160］牛立夫：《对我国所有权的三分法的法学思考》，载《内蒙古社会科学》（汉文版）2005 年第 2 期。

［161］彭传生：《赤色国有财产管理局（二）》，载《国有资产管理》2010 年第 2 期。

［162］屈茂辉：《制定中国国有财产法的基本思路》，载《湖南社会科学》2004 年第 1 期。

［163］曲伟：《60 年发展：中国创造震惊世界的奇迹》，载《光明日报》2009 年 10 月 30 日。

［164］阮慧斌、王永礼：《透视日本国有财产法律制度》，载《人民政坛》2001 年第 11 期。

［165］申海平：《关于制定〈行政事业性国有资产法〉的若干问题》，载《山东社会科学》2009 年第 3 期。

［166］史际春、姚海放：《国有制革新的理论与实践》，载《华东政法学院学报》2005 年第 1 期。

［167］史忠良、史言信：《正确处理中央与地方间国有资产产权关系》，载《管理世界》2007 年第 8 期。

［168］孙树明：《国有财产立法问题》，载《中国经贸导刊》1988 年第 21 期。

［169］孙孝福、王全兴：《国有资产法初探》，载《中南财经大学学报》1994 年第 2 期。

［170］唐鸣、陈荣卓：《行政事业单位国有资产流失：路径考察与制度防范——一种法律视角下的分析与建议》，载《经济法学、劳动法学》2007 年第 4 期。

［171］腾晓慧、姜言文：《资源性国有资产保护的法的价值取向》，载《法学杂志》2006 年第 6 期。

［172］田田：《国有控股公司的特殊立法问题研究》，载《江淮论坛》2001 年第 6 期。

［173］王军：《国企改革与国家所有权神话》，载《中外法学》2005 年第

3 期。

[174] 王克稳:《〈企业国有资产法〉的进步与不足》,载《苏州大学学报》(哲学社会科学版) 2009 年第 4 期。

[175] 吴宣恭:《论法人财产权》,载《中国社会科学》1995 年第 2 期。

[176] 谢次昌:《国家所有权理论在实践中的运用和发展》,载《中国法学》1996 年第 6 期。

[177] 由嵘:《1925 年改革与现代英国财产法》,载《中外法学》1993 年第 1 期。

[178] 余能斌、程淑娟:《经济转型时期物权立法的一面镜子——以俄罗斯的国家所有权立法为鉴》,载《现代法学》2006 年第 5 期。

[179] 余睿:《论行政公产的法律界定》,载《湖北社会科学》2009 年第 9 期。

[180] 袁祥:《企业国有资产法的三个"为什么"》,《光明日报》2008 年 10 月 29 日第 5 版。

[181] 张宏森:《国有资产法基点略论》,载《当代财经》1994 年第 1 期。

[182] 张建文:《社会转型与国有财产制度的变迁——以公产、私产区分的国家财产理论为视角》,载《长白学刊》2005 年第 5 期。

[183] 张建文:《社会转型时期国有财产领域中央与地方关系之重构——以国家所有权主体的论证为中心》,载《郑州大学学报》(哲学社会科学版) 2007 年第 6 期。

[184] 张力:《论国家所有权理论与实践的当代出路——基于公产与私产的划分》,载《浙江社会科学》2009 年第 12 期。

[185] 张力:《国家所有权的异化及其矫正——所有权平等保护的前提性思考》,载《河北法学》2010 年第 1 期。

[186] 周林彬、李胜兰:《试论我国所有权主体制度改革与创新》,载《云南大学学报法学版》2001 年第 3 期。

4. 电子文献类

[187] http://www.chinadaily.com.cn/hqgj/jryw/2010 - 11 - 20/content_1241510.html, 2010 年 11 月 20 日访问。

[188] http://zhidao.baidu.com/question/12611735.html, 2010 - 12 - 27 访问。

［189］http：//news. sohu. com/20100830/n274563138. shtml，2011 - 1 - 8
访问。

［190］http：//www. china. com. cn/chinese/kuaixun/340891. htm，2011 - 1 - 8
访问。

［191］《并购重组新政渐近，央企整合"三管齐下"》，载 http：//www.
kiiik. com/info/1419469. html，2011 - 1 - 28 访问。

［192］陈金亮、马淑萍：《日本、美国政府资产管理的基本情况及启示》，
载 http：//www. studa. net/guanliqita/081002/14532597 - 2. html，
2010 - 12 - 27 访问。

［193］邓瑾：《政府花钱得有新办法》，http：//www. infzm. com/content/
54284，2011 - 1 - 28 访问。

［194］丁晓红：《美国内政部土地管理局土地利用规划手册》，载 http：//
www. china - up. com：8080/international/message/showmessage. asp?
id = 643，2010 - 12 - 29 访问。

［195］高富平：《传统公有制财产的物权法规范》，载 http：//www. fa-
tianxia. com/civillaw/list. asp? id = 14352，2010 年 8 月 4 日访问。

［196］国务院发展研究中心课题组：《国外公共资产管理模式分析与借鉴》，
载 http：//www. mof. gov. cn/preview/xingzhengsifa/zhengwuxinxi/tas-
hanzishi/200806/t20080617_ 45926. html，2011 - 1 - 1 访问。

［197］国务院机关事务管理局：《英国、法国、德国中央政府房地产管理考
察报告》，http：//www. ggj. gov. cn/bgs/bgswxzl/200406/t20040622_
1823. htm，2010 - 12 - 30 访问。

［198］国资委直属机关团委：《市场经济条件下国有企业功能与中央企业
发展战略研究》，载 http：//www. sasac. gov. cn/n1180/n1271/
n4213364/n4213643/4317084. html，2011 - 1 - 23 访问。

［199］季晓南：《正确分析和认识当前"国进民退"的讨论》，载 http：//
www. sasac. gov. cn/n1180/n6881559/n6987010/7234618. html，2011 -
1 - 30 访问。

［200］林跃勒：《俄罗斯私有化及其对中国产权改革的借鉴》，载 http：//
www. chinaacc. com/new/287/296/2008/7/hu04652141416178002348 - 0.
htm，2011 - 1 - 3 访问。

［201］王名扬： 《行政主体的财产》，http：//www. yadian. cc/paper/

70629/，2010 年 7 月 23 日访问。

5. 论文集

[202] 高富平：《拉美所有权制度的形成与演变——大陆法系所有权变迁之透视》，中国政法大学 1998 年博士论文。

[203] 黄军：《国家所有权行使论》，武汉大学 2005 年博士学位论文。

[204] 龙翼飞：《论我国国家所有权制度发展中的若干问题》，中国人民大学 1991 年博士学位论文。

[205] 王军：《国家所有权的法律神话》，中国政法大学 2002 年博士学位论文。

[206] 郑明安：《台湾地区国有土地利用法制问题之研究》，载《2004 年海峡两岸土地利用研讨会论文集》。

6. 主要法律法规类

[207]《中华人民共和国宪法》（1982 年 12 月 4 日实施，2004 年修订）。

[208]《中华人民共和国民法通则》（1987 年 1 月 1 日实施）。

[209]《中华人民共和国物权法》（2007 年 10 月 1 日实施）。

[210]《中华人民共和国企业国有资产法》（2009 年 5 月 1 日实施）。

[211]《中华人民共和国公司法》（1994 年 7 月 1 日实施，2005 年修订）。

[212]《企业国有资产监督管理暂行条例》（2003 年 5 月 13 日实施）。

[213]《中华人民共和国立法法》（2000 年 7 月 1 日实施）。

[214]《行政单位国有资产管理暂行办法》（2006 年 7 月 1 日实施）。

[215]《事业单位国有资产管理暂行办法》（2006 年 7 月 1 日实施）。

[216]《事业单位非经营性资产转经营性资产管理实施办法》（1995 年 12 月 1 日实施）。

[217]《境外国有资产管理暂行办法》（1999 年 9 月 27 日实施）。

[218]《深圳经济特区国有资产管理条例》（1995 年 3 月 15 日实施，2005 年 4 月 29 日失效）。

[219]《中华人民共和国土地管理法》（1986 年公布，2004 年修订）。

[220]《中华人民共和国森林法》（1979 年公布，2000 年修订）。

[221]《中华人民共和国草原法》（1985 年公布，2002 年修订）。

[222]《中华人民共和国矿产资源法》（1986 年公布，1996 年修订）。

[223]《中华人民共和国水法》（1988 年公布，2002 年修订）。

[224] 我国台湾地区《"国有"财产法》（1969 年 1 月 27 日公布，2002

年修订）。

［225］我国台湾地区《"国有"财产法施行细则》（1970 年 3 月 27 日公
布，2000 年修订）。

［226］我国台湾地区《"国营"事业管理法》（1949 年 1 月 20 日实施，
2002 年 6 月 19 日失效）。

［227］我国台湾地区《公营事业移转民营条例》（1953 年公布，2003 年
修订）。

［228］我国台湾地区《公营事业移转民营条例施行细则》（2000 年 11 月
实施）。

［229］《日本国有财产法》（1948 年 6 月 30 日公布，2002 年修订）。

［230］《韩国国有财产法》（1950 年公布，2001 年修订）。

［231］《法国国有财产法典》（1962 年公布，2006 年失效）。

［232］《法国公法人财产总法典》（2006 年公布）。

［233］《法国民法典》（1804 年公布）。

［234］《美利坚合众国宪法》（通称美国联邦宪法）（1789 年实施）。

［235］《美国田纳西流域管理局法》（the TVA Act）（1933 年公布）。

［236］《美国联邦土地政策和管理法》（1997 年公布）。

［237］《苏俄民法典》（1923 年实施）。

［238］《俄罗斯联邦民法典》（1995 年 1 月 1 日实施）。

二　外文部分

［239］Adolf A. Berle, Jr. and Gardiner C. Means, The Modern Corporation and
Private Property, New York: Commerce Clearing House, 1932.

［240］A. R. W. Harrison, The Law of Athens, Oxford at The Clarendon Press,
1968.

［241］Aristotle, Politics, The Basic Works of Aristotle, trans. Benjamin Jow-
ett. ed. and introd. Richard McKeon. New York: Random House, 1941.

［242］A. W. B. Simpson, A History of the Land Law, Clarendon Press, Ox-
ford, Second Edition, 1986.

［243］Cento Veeijanorski: Selling the State: Privatization in Britain, Weiden-
feld and Nicolson, London, 1987.

［244］Douglas M. MacDowell, The Law in Classical Athens, Thames and Hudson Ltd Press, London, 1978.

[245] F. H. Lawson and Bernard Rudden, The Law of Property (Third Edition), Oxford University Press, 2002.

[246] Garrett Hardin: The Tragedy of the Commons, Science, 1968 (162).

[247] Jahn Vickers & George Yarrow: Privatization: An Economic Analysis, Cambridge, London, England, 1988.

[248] James McGill Buchanan, Liberty, Market and State——Political Economy in the 1980s, Wheatsheaf Books Ltd, 1986.

[249] Joseph William Singer: Property Law: rules, policies, and practices, CITIC Publishing House, Aspen Publisher inc. , 2003.

[250] Lex Ribuaria 79 (76). See Law of the Salian and Ripuarian Franks, Translated and with an Introduction by Theodore John Rivers, AMS Press, New York, 1986.

[251] Martin S. Flaherty, "History 'Lite' In Modern American Constitutionalism", Columbia Law Review, April, 1995.

[252] Richard Schlatter: Private Property——The History of an Idea, New York/Russell, 1951.

[253] Russ Versteeg, Early Mesopotamian Law, Carolina Academic Press, Durham, North Carolina, 2000.

[254] Coase, Ronald: The Nature of the Firm, Chicago: The University of Chicago Press, 1937.

[255] Baumol、Panzar & Willig: Contestable Market and the Theory of Industry Structure, Harcourt Brace Jovanovich, 1982.

[256] Berle, A. & Means, G: The Modern Corporation and Private Property. New York: McMillan, 1932.

[257] Barzel, Y: Economic Analysis of Property Rights, Cam-bridge University Press, 1989.

[258] L. G. B. Gower: Principles of Modern Company Law (Fifth Edition), SWEET & MAXWELL, 1992.

[259] Mariko Watanabe: Holding company risk in China: a final step of state-owned enterprises and emerging problem of corporate governance, China Economic Review, 2002.

[260] Colin Mayer: Financing the New Economy: financial institutions and corporate governance, Information Economics and Policy, 2002.

[261] Rolf H. Carlsson: Ownership and Value Creation: Strategic Corporate Governance in the New Economy, published by John Wiley & Sons, Ltd. , 2001.

[262] Mark J. Roe: Political Determinants of Corporate Government——Political Context, Coporate Impact, published by Oxford University Press, 2003.

[263] J. M. Keynes: The General Theory of Employment, Interest and Money, Shaanxi People's Publishing House, 2005.

[264] James Mcgill Buchanan: Liberty, Market and State——Political Economy in the 1980s, Wheatsheaf Books Ltd. , 1986.

[265] Cass R. Sunstein: Free Markets and Social Justice, Oxford University Press, 1997.

[266] Alexander Hamilton, John Jay, James Madison: The Federalist Papers , China Social Sciences Pub. House, 1999. etc.

修订版后记

本书是笔者博士论文《国有财产法原理研究》的修订版，与《国有财产法基本制度研究》几乎同时问世。该书也是《国有财产法基本制度研究》的前提和基础。这两本书是笔者教育部规划基金课题"国家公私产法律制度研究"的主要研究成果。

值此本书付梓出版之际，首先要感谢美国密歇根州立大学及其法学院给本人提供了访学机会，并给本人学习、研究以及资料收集等提供了诸多无私帮助。尤其是美国密歇根州立大学法学院的迈克尔·劳伦斯（Michael A. Lawrence）教授给予本人难以言尽的无私帮助！

其次，要感谢江苏省教育厅以及南京晓庄学院给予本人出国访学的机会，并从财力和精神上提供了大力支持！也从工作、学习和生活等方面提供了诸多关心和支持！

再次，要感谢在本书课题研究过程中，得到国家教育部的课题经费支持！这不仅是物质上的支持，也是精神上的支持！因为对于来自于普通地方高校的普通老师而言，获得国家课题经费支持相对比较困难。因此，笔者感谢国家教育部和有关课题评审专家对本人课题的欣赏与支持！

最后，还要特别感谢我的导师中国人民大学法学院的史际春教授给予我的诸多关心和帮助！还要特别感谢我的妻子苏敏女士、我的女儿李宪君以及家人给予我的大力支持！

当然，如同笔者任何专著中提及，所有感谢都应当化作感恩之心！以一颗感恩的心去回报国家和社会！

李昌庚
2014 年 12 月

一版后记

值此在博士论文基础上的专著付梓之际,我要特别感谢我的导师史际春教授!是史老师引领我进入人大法学殿堂,并引领我进入尚未成熟的国有财产法领域!当初,本想考虑以行政事业性国有财产立法或是国有资产监管等某个领域作为博士选题。然而,导师一直告诫自己:在国有财产法领域,立论要高点,眼光要看远点。随着研究深入,逐渐体悟导师思想的深邃与超前!否则,只能是缘木求鱼、治标而不治本的做法!导师对我论文的悉心指导自不待言,甚至导师身在海外还不忘时时电邮论文资料给我,令我终身难以忘怀!

著书立说的过程就是检讨自己知识不足的过程,本专著仅仅是一个"开始",尚有诸多后续研究,从国有财产法的原理篇到制度篇和分支部门法篇,甚至是毕生精力主要攻于此。或许是一种沉重压力,但又是前进动力!而这又要感恩于史老师,使我的研究有了延续性和实践性,从而为我的祖国甚至是生长我的世界做点事情!或许有点自不量力,但愿尽其一生,而不辜负导师对我的殷切期望!

我还要感谢我的师母!虽然言语不多,但我能深切体会到师母对我如同家人般的关心、体谅与理解!

我还要感谢人大法学院刘文华老师及其师母!多次与刘老师及师母交流,深切感受到年近八十的刘老师见多识广、思想开明与包容的大家风范,如同慈父般地循循善诱,指点社会迷津,使自己置身于现实社会环境而终身受益!但愿自己不辜负他们的殷切期望!

我还要感谢人大法学院的吴宏伟老师、徐孟洲老师、王欣新老师、朱大旗老师、刘俊海老师、孟雁北老师、杨东老师、宋彪老师、姚海放老师等!听过他们的课,多次交流过,给予自己诸多思想启发!和他们在一起,如同家人一般!深切感受到人大经济法教研室的家庭般温暖!还要感谢我的师兄师弟们尤其阎卫军、郭丁铭、吴长军、徐宏、林树杰、王璞等给予我诸多帮助！

我还要感谢中国人民大学及人大法学院！母校给了我学习和发展的平台！还要感谢南京晓庄学院领导、同事等给予我学业上的大力支持！

我还要感谢在博士论文答辩过程中，徐孟洲教授、朱大旗教授、黄勇教授、徐晓松教授、王艳林教授等对我提出的诸多宝贵意见及其鼓励！

最后，我进一步体会到：一个人要想做点事情，有时候需要忍受寂寞与孤独！正因为如此，使我陪家人的时间较少，尤其我的女儿李宪君，自己深深感到内疚！因此，我要感谢我的夫人苏敏女士和我的女儿李宪君对我的支持、理解与宽容！在写作过程中，值此我和我夫人几乎同时生病住院，我的母亲和岳父岳母为此承担了诸多家务。在此，感激之情自不待言！

此外，本书所有参考文献的作者均是我感谢的对象！因为无论是否同意他们的观点，自己的知识和思想是建立在前人研究的基础上！

当然，要感谢的人很多，在此不一一列举。但愿以一颗感恩的心回报社会！

李昌庚

2011. 8. 28